습관은 실천할 때 완성됩니다.

좋은습관연구소가 제안하는 44번째 습관은 생성형 AI를 내 사업에 활용하는 습관입니다. 생성형 AI가 뜨거운 열풍을 타고 우리 곁으로 다가왔습니다. 생성형 AI의 똑똑함과 편리함에 매료된 많은 분들이 업무를 도와주는 도구로서 생성형 AI를 사용하기 시작했습니다. 책을 만드는 저만 해도 제목 아이디어를 얻거나, 예시 목차를 짜거나, 팩트 체크 등을 할 때 생성형 AI의 도움을 받고 있습니다. 이 책은 개인적인 업무 툴을 넘어 각 산업에서 진행 중인 "생산형 AI를 활용한 비즈니스" 사례 모음집입니다. "비즈니스 모델을 바꾸고 있다"고 할 정도의 근본적인 변화를 보여주는 사례들로 제조업에서 서비스업, 자동차 산업에서 의료&바이오 산업까지 다양한 분야의 비즈니스 케이스가 담겨 있습니다. "기술에서 비즈니스로" 실용적 가치를 증명해야 하는 시간이 다가오고 있습니다. 생성형 AI를 활용한 새로운 비즈니스를 기획하고 있는 기업이라면 꼭 참고했으면 합니다.

생성형 AI
산업별 활용 트렌드

이호수 지음

"기술에서 비즈니스로"

좋은습관연구소

사랑하는

에이미, 올리비아, 리차드, 맥스웰,

&

소영에게

목차

프롤로그 10

1부. 생성형 AI 도입 전략
프롬프트 엔지니어링 26 | API 통합 32 | 플러그인 이용 33 | 파인튜닝 36 |
자체 모델 개발 39 | 하이브리드 접근법 41 | AI 플랫폼 활용 42 |
노코드/로우코드 플랫폼 이용 44

2부. 직무별 생성형 AI 활용 사례

1. 인사채용
구인 광고 생성 48 | 지원자 적합성 분석 50 | 인터뷰 및 시뮬레이션 지원 51 |
성과와 혁신 64

적용 사례 - SAP 56 | 유니레버 59

2. 마케팅과 광고
다양한 광고 카피 생성 66 | 역동적인 영상 광고 콘텐츠 제작 68 |
개인화된 랜딩 페이지 및 이메일 69 | 챗봇 및 가상 비서 71 | 성과와 혁신 81

적용 사례 - 코카콜라 71 | 나이키 77 | 현대자동차 79

3. 디자인과 제조
생성형 디자인 82 | 제조 결함 분석 및 신속 대응 84 | 예측 유지보수 85 |
생산 공정 최적화 88 | 성과와 혁신 101

적용 사례 - 에어버스 88 | US 스틸 90 | 지멘스 92 | 나이키 94 | 매터포트 97

3부. 산업별 생성형 AI 활용 사례

4. 금융
금융 정보 검색 및 분석 104 | 고객 맞춤형 금융 추천 106 | 고도화된 챗봇 기능 106 |
사기 거래 탐지 108 | 규제 변경에 따른 코드 수정 도움 111 | 성과와 혁신 125

적용 사례 - 미래에셋증권 112 | 두나무 114 | 모건 스탠리 117 |
켄쇼 테크놀로지스 121

5. 의료 및 바이오제약
신약 개발 126 | 개인 맞춤 의료 128 | 임상 진단에 도움 제공 128 |
합성 의료 데이터 생성 129 | 임상문서 작성 자동화 131 | 성과와 혁신 140

적용 사례 - 아마존 132 | 엔비디아 134 | 모더나 137

6. 법률
법률 업무 혁신을 견인하는 생성형 AI 142 | 소송 분야 144 | 거래·계약 분야 146 |
성과와 혁신 162

적용 사례 - 웨스트로 148 | 렉시스넥시스 151 | 리걸온 테크놀로지 154 |
루미넌스 156 | 인텔리콘연구소, 로앤굿, 로앤컴퍼니 160

7. 자동차
챗GPT와 내비게이션의 통합 164 | 챗GPT와 운전자 보조 시스템의 통합 165 |
실시간 교통 상황 제공 166 | 성과와 혁신 172

적용 사례 - 폭스바겐 167 | BMW 169 | 소니혼다모빌리티 171

8. 유통(쇼핑)

개인화 마케팅 174 | 고객 경험 개선 176 | 수요 예측과 물류 비용 감소 176 |
성과와 혁신 185

적용 사례 - 스티치픽스 177 | 웨이페어 181 | 까르푸 183

9. 엔터테인먼트와 게임

창의적 스토리라인과 콘텐츠 생성 186 | 자동 게임 만들기와 개발 프로세스 향상 189
| NPC 캐릭터의 기능 강화 190 | 테스트·디버깅 간소화 191 | 성과와 혁신 216

적용 사례 - 넷플릭스 192 | 픽사 196 | 에픽 게임즈 201 | 야하하 스튜디오 203 |
음악 "베토벤 심포니 X(10)" 205 | 영화 "원 모어 펌킨" 210 |
게임 "마인크래프트" 213

10. 교육

생성형 AI에 의한 교육 혁신 219 | 맞춤형 학습 제공 221 | 가상 교사 및 튜터 221 |
코스 디자인 및 콘텐츠 생성 222 | 효율적인 학습 관리 223 | 성과와 혁신 232

적용 사례 - 듀오링고 225 | 칸미고 228

11. 출판

생성형 AI 기술을 출판에 이용 234 | 작가들의 챗GPT 사용자 경험 242 |
성과와 혁신 249

적용 사례 - 스프링거 네이처 243 | 포브스 244 | 히든브레인연구소 248

12. 뷰티

AI와 증강현실의 결합을 통한 가상 체험 251 | 성과와 혁신 258

적용 사례 - 모디페이스 252 | 로레알 254

4부. 해결해야 할 문제와 다가올 미래

13. 직면한 문제들

콘텐츠 저작권 262 | 편향성과 공정성 265 | 품질과 창의성 저하 267 | 개인정보 보호 269 | 효율적 자원 관리와 지속 가능성 270 | 노동 시장의 변화 272

14. 생성형 AI 활용 가이드라인

생성형 AI 도구에 익숙해진다 275 | 구성원의 역할과 책임을 명확히 한다 278 | 문제를 정확하게 정의한다 281 | 환각 문제를 해결한다 283

15. 미래 전망

LLM의 진화는 현재 진행형 286 | 준대형 언어 모델(sLLM)의 등장 290 | 온디바이스 AI와 sLLM 결합 293

에필로그 296
부록: 주요 생성형 AI 제품 목록 299
참고 문헌 308

프롤로그

최근 우리 생활에 갑작스럽게 등장해 화제가 된 것이 생성형 AI의 대표 주자 챗GPT다. 사용자들 사이에서는 이 기술의 혁신성에 놀라움과 찬사가 끊이지 않는다. 미디어에서도 관련된 소식을 실시간으로 퍼 나르기 바쁘다. 온라인에는 수많은 단톡방이 생겼고 사람들은 새로운 기술과 툴을 숙지하느라고 숨이 가쁠 정도다. 말로만 무성하던 AI의 진짜 실력을 비로소 경험해 볼 수 있는 시점이 되었다.

생성형 AI는 변화와 혁신을 가져오는 새로운 시작으로 여겨진다. 최근 몇 년 동안 눈부신 발전을 거듭한 후 개인과 기업이 전에 경험하지 못한 가치와 성과를 이끌어 낼 수 있는 핵심 수단으로 자리 잡기 시작했다. 가히 생성형 AI의 전성시대라 할 정도로 인터넷의 출현 이래 가장 강력하고 혁신적인 기술로 평가받는다.

생성형 AI의 대표주자 격인 챗GPT, 제미나이(Gemini), 미드저니(Midjourney), 달리(DALL-E) 등은 기존의 AI와 달리, 새롭고 창의적인 콘텐츠를 만들어낼 수 있는 능력을 갖고 있다. 내가 필요로 하는 각종 업무나 문서 처리 등을 마치 비서처럼 해결해주고, 이미지며 동영상이며 주문한 대로 뚝딱 만들어준다. 이러한 도구의 전방위적 사용은 엄청난 변혁을 예고하고 있다. 놀라운 속도와 예상치 못한 방식으로 일하는 방식을 바꾸고 있다.

분석형 AI와 생성형 AI

산업계에서는 '분석형 AI'라고 부르는 기존 방식으로 이미 많은 가치를 창출했다. 하지만 분석형 AI 대부분은 특정 작업을 수행하도록 개발되었기 때문에 광범위하거나 새로운 상황에 적용하기 어렵다는 한계를 갖고 있다. 반면 '생성형 AI'는 이런 한계를 뛰어 넘어 다양한 상황에도 적용 가능하다. 그래서 분석형 AI는 데이터 분석과 의사결정에 탁월한 능력을 갖춘 박식한 전략가에 가까운 반면, 생성형 AI는 참신하고 창의적인 콘텐츠를 제작하는 아티스트에 가깝다. 이러한 특징은 응용 분야를 보면 잘 드러난다. 분석형 AI는 비즈니스 인텔리전스, 금융 모델링, 예측 분석 등에 적합하고 생성형 AI는 예술, 디자인, 콘텐츠 생성 등 창의적인 분야에서 더 많이 활용된다.

분석형 AI와 생성형 AI를 비교할 때, 또 다른 차이점은 사용 목적과 데이터 처리 방식에 있다. 분석형 AI는 인간의 지능이 필요한 광범위한 작업을 수행하는 기능을 갖고 있으며 특히 미래 사건에 대한 분석 및 예측에 초점을 맞추고 있다. 그래서 업무에 대한 분석 혹은 의사 결정이 필요하다거나 AI 기반 로봇을 사용하고 싶거나 지루하고 단조로운 수동 작업을 자동화하려는 경우라면 분석형 AI가 유용하다. 반면, 생성형 AI는 새로운 콘텐츠 생성에 초점을 맞추고 있으며 창의성과 상상력을 사용하여 완전히 새로운 것을 만들어낼 수 있기 때문에 패턴을 발견하고 새롭고 독창적인 형태의 결합을 가능케 한다. 대신 대규모 훈련 데이터셋이 필요한 큰 모델을 사용한다. 요리 레시피 생성, 문장의 요약, 기술 및 법률 보고서 생성, 이미지 생성 등과 같은 광범위한 작업을 수행할 수 있다.

생성형 AI와 분석형 AI는 대립적인 것이 아니라 서로 보완적인 관계에 있다. 그래서 각각의 장점을 적절하게 활용하는 것이 중요하다. 서로 다른 장점과 한계를 가지고 있으며 이를 이해하는 것은 AI를 효과적으로 활용하는 데 매우 중요하다. 분석형 AI와 생성형 AI를 올바르게 적용하면 비용을 절감하고 운영을 최적화하는 데 큰 도움을 얻을 수 있다.

몇년 전까지만 해도 AI를 제대로 활용하려면 컴퓨터 과학, 수학, 확률 및 통계학, 인지 과학 등 다양한 학문적 지식이 요구되었고 AI가 제시하는 결과를 해석하는 것은 어려웠으며, 그것을 현업에 적용하는 일은 더 어려웠다. AI는 마치 쇼윈도우 안에 전시된 고가의 명품처럼 화려했지만 실제로는 손에 넣기 어려웠다. 'AI'라는 용어가 많은 사람의 입에 오르내렸지만 이에 접근하여 사용할 수 있는 이들은 소수의 전문가에 국한되었다. 마치 중세시대 성경이 어려운 라틴어로 기록되어 있어 일반 대중은 읽을 수 없었고, 학력이 높은 소수의 성직자들만 접근할 수 있었던 것과 유사했다. 마치 "일반인 접근 금지"라는 경고 표지가 붙어 있는 것 같았다.

혜성처럼 등장한 챗GPT와 생성형 AI

이러한 상황에서 마치 스릴러 영화에서나 나옴직한 급반전 같은 사건이 발생했다. 2022년 11월 오픈AI(OpenAI)가 챗봇 스타일의 챗GPT 서비스를 출시한 것이다. 그동안 쇼윈도우에서만 보던 AI라는 명품을 이제는 누구나 가질 수 있게 된 사건이었다.

챗GPT가 선풍적인 인기를 끌었던 이유를 세 가지로 요약해보자.

첫째, 무엇보다도 어려운 수식이나 프로그래밍 언어가 아닌 일상에서 사용하는 자연어로 AI와 소통을 할 수 있게 된 것을 들 수 있다. 사용자가 챗GPT에게 한국어로 물어보면 챗GPT는 한국어로 사용자가 원하는 방식으로 친절하게 답해준다. 사용자는 차가운 기계가 아닌 사람과 소통하고 있다는 친근한 느낌을 갖게 된다. 비로소 사람 냄새 나는 AI가 탄생한 것이다.

둘째, 가끔 태연하게 거짓 답변을 하는 '환각(Hallucination)' 현상에도 불구하고 챗GPT의 답변은 비교적 정확하고 창의적이다. 우리는

프롤로그   13

구글이나 네이버에서 키워드로 검색했을 때, 검색 자체가 가지고 있는 본질적인 한계를 알고 있다. 검색 엔진은 관련 링크만 제공할 뿐 실제 내용은 알려주지 않는다. 우리는 검색 결과 리스트를 하나씩 열어가며 찾고자 하는 정보가 포함되어 있는지를 확인해야 한다. 하지만 챗GPT는 사용자가 찾는 정보를 그가 지정한 형식으로 바로 답변해준다. 그리고 사용자는 만족스러운 답을 얻을 때까지 계속 질문해도 된다.

셋째, 직관적이고 사용자 친화적인 유저 인터페이스(UI)를 갖고 있다. 챗GPT가 거부감없이 빠른 속도로 상용화되는 데에는 UI가 큰 몫을 했다. IT 역사상 몇 안 되는 중요한 이정표 중 1994년 넷스케이프와 인터넷 익스플로러를 필두로 한 웹브라우저의 등장, 2008년 터치스크린을 탑재한 아이폰의 등장을 들 수 있는데, 모두 접근이 쉽고 사용성이 좋은 UI 덕분이었다. 챗GPT 역시 간단하고 사용하기 좋은 대화형 UI로 자신의 진가를 발휘하고 있다.

위의 세 가지 뚜렷한 장점 때문에 기업은 물론이고 학생, 가정주부, 일반인들까지 챗GPT를 다양한 목적으로 사용하고 있다. 결과적으로 출시 5일 만에 사용자 수가 100만 명에 도달했으며, 챗GPT 사이트의 월간 방문자 수는 3개월 만에 10억 명을 돌파했다. 아무도 상상하지 못한 일이었다.

이제는 일반인들도 생성형 AI에 쉽게 접근할 수 있게 되면서 'AI 관찰자'에서 'AI 참여자'로 신분이 바뀌어버렸다. 마치 한글이 만들어진 후 어려운 한자가 아닌 한글을 누구나 사용할 수 있게 된 것처럼 말이다. 혹자는 이를 두고 'AI의 민주화'라고도 했다.

생성형 AI로 비롯된 산업의 혁신

생성형 AI는 데이터 검토, 분석, 데이터 요약 생성, 인사이트 추출, 보고서 생성, 시각 자료 생성 등 다양한 작업을 아주 훌륭하게 수행한다. 종종 과거에는 상상하지 못한 놀랄만한 결과를 도출하기도 한다. 이제는 생성형 AI의 도움으로 더 나은 의사결정을 하게 되었고 기업의 성과도 높일 수 있게 되었다. 그러다 보니 여러 생성형 AI 기반 스타트업들이 속속 등장하고 있으며, 기존 기업들은 자신들의 제품이나 서비스에 AI 기능을 빠르게 탑재하고 있다. 이제는 생성형 AI를 사용하거나 도입을 고려 중인 조직의 82%가 이 기술이 자신들의 업계에 큰 변화를 가져올 것이라고 예상한다[1].

생성형 AI는 빠른 속도로 각 산업의 패러다임을 재정의하고 있다. 금융 부문에서는 사용자의 소비 패턴과 투자 성향을 분석해 개인화된 재무 상담을 제공한다. 의료 및 제약 산업에서는 신약 개발을 가속화하고 의료진의 임상 문서 작업 간소화를 해준다. HR 부서의 핵심 업무인 인재 채용에서도 채용 프로세스의 효율성과 생산성을 높여준다. 마케팅에서는 소비자의 행동, 선호도, 지역 상황 등을 분석해 맞춤형 광고를 신속하게 제작함으로써 타겟팅의 정확도를 높인다. 법률 분야에서는 대량의 법률 문서를 학습 및 분석하여 판례 연구와 계약 업무를 지원하고, 제조에서는 디자인 설계부터 생산까지 최적화를 도모한다. 자동차는 챗GPT를 차량 내 AI 비서와 통합해 운전자의 경험을 개선시킨다. 소매 유통에서는 다양한 고객 맞춤형 쇼핑 경험을 제공하고, 엔터테인먼트에서는 개인 취향에 맞춘 콘텐츠 추천을 비롯해 영화와 애니메이션 제작을 지원하기도 한다. 스토리라인의 개발도 AI가 도와주고 있다. 게임 산업에서는 사용자의 행동과 선호에 기반해 동적으로 게임 내용을 조정하여 개인화된 경험을 제공한다. 교육에서는 학습자의 수준과 흥미에 맞춰 교육 콘텐츠를 생성하고, 도서 출판에서는 독자의 관심사에 맞는 책을 제안하거나 작가의 글쓰기 및 편집 활동을 보조하는 역할을 한다. 뷰티 산업에서는 고객의 얼굴을 분석하여 개인에게 어울리는 화장품을 추천하고, 사용자의 요구와 최신 트렌드를 반영한 제품 디자인을 생성한다.

이처럼 생성형 AI는 산업별로 다양한 방식으로 혁신을 만들고 있다. AI 기술의 발전은 이제 시작에 불과하며 새로운 직업의 창출, 기존 업무의 재설계, 산업 구조의 변화 등을 계속 수반할 것이다. 결과적으로 우리 사회와 경제에 광범위한 영향을 미칠 것이다.

생성형 AI를 활용한 비즈니스 성공 사례

빠른 속도로 진화하는 상황을 반영하듯 챗GPT와 생성형 AI는 연일 뉴스와 소셜 미디어의 헤드라인을 장식하며 큰 관심을 모으고 있다. 그리고 이를 반증하듯 2023년 초부터 관련 책의 출간도 봇물 터지듯 하고 있다. 심지어는 챗GPT가 작가로 등장하는 일도 생겼다. 하지만 아직은 대부분의 책이 주로 기술 설명, 도구 사용법, 프롬프트 활용에만 초점을 맞추고 있을 뿐 실제 산업 현장에서 생성형 AI를 적용한 비즈니스 성공 사례를 다루는 서적은 찾기가 어렵다. 그러다 보니 내가 만나본 산업계 종사자들은 생성형 AI를 활용해 자신의 가치를 높이는 것에 대한 갈증이 높았으며, 비즈니스 적용 사례에 대해서도 궁금해했다. 기업에서 새로운 과제를 기획할 때 제일 먼저 하는 일 역시도 이른바 '선진 혹은 성공 사례'를 찾는 일이다. 하지만 생성형 AI 분야에서는 널리 알려진 예가 그리 많지 않다. 생성형 AI가 대두한지 얼마 안 된 것도 있지만 기업이 자신의 성공 사례를 외부에 공개하길 꺼리기 때문이다.

이 책을 집필하게 된 직접적인 동기 역시도 이러한 이유로 비롯되었다. 기업의 리더를 만났을 때 그들이 안겨준 부담스러운 숙제는 "주위에 생성형 AI에 관한 이론이나 거창한 담론은 넘치지만, 기업과 산업체가 이를 현업에 사용한 성공 스토리는 들어본 적이 없다. 서점에서도 찾을 수가 없다. 사업 현장에서 생성형 AI를 갖고서 새로운 프로젝트를 추진해야 입장에서 답답함을 느낀다. 이런 내용을 담은 책을 하나 써 달라."였다. 내게는 어디 가서 하소연할 수 없는 '절규'로 들렸다. 그리고 이는 비단 기업의 CEO들만의 문제는 아니었다. 내게 인터뷰를 요청하는 언론인들 그리고 내 주변 지인들이나 일반인들도 모두 같은 고민을 하고 있었다. 실제 활용되는 사례로써 내 일의 변화와 미래를 알고 싶다는 의견을 나에게 피력했다.

내가 이 일을 해낼 수 있을지를 두고 한 달여를 고민했다. 그러던 중 AI와 관련해 한국의 학계, 정부, 기업, 미디어 분야 리더 수백 명이 있는 단톡방에 질문을 한 번 올려보았다. "생성형 AI를 현실 사업에 적용해 성공한 케이스를 알려달라." 하지만 별 반응 없이 아주 조용했다. 내가 느낀 분위기는 기술에 대해서는 많은 의견을 나누고 피력하지만, 정작 비즈니스로 연결되어 운영 효율성 개선이나 시장 경쟁력이 높아진 사례나 사실에 대해서는 구체적으로 알지 못한다는 생각이 들었다. 마치 요란한 팡파르와 함께 시작했지만, 시나브로 마케팅 슬로건으로 변모하는 모습 같았다.

국내 AI 분야 중 정부 전략, 논문 발표 등 연구 활동 영역은 글로벌 10위 이내 수준이지만 상용화 등은 상대적으로 뒤처져 있다. 미디어에서 화려한 헤드라인이나 장밋빛 미래를 예측하는 말들은 넘쳐흐르지만 정작 생성형 AI의 산업 현실 문제 적용에 관련해서는 별다른 소식이 없다. 여러 전문가가 포진한 단톡방에서 나의 질문에 아무 답이 없었던 것도 아마도 그런 이유인것 같았다. 결국, 나는 작년 가을부터 책 쓰기를 시작했다.

이 책의 구성

이 책은 생성형 AI 기술 자체를 설명하기 보다는 다양한 산업에 적용된 최신 사례를 발굴하고 이를 소개하는 것에 초점을 맞췄다. 기업 적용 사례를 다루기 위해서는 먼저 기업이 속한 산업의 속성과 생성형 AI가 적용될 수 있는 분야를 살피는 것이 필요하다. 이를 위해, 어려운 기술 적용 방식과 복잡한 비즈니스 모델에 대해 자세히 설명하기보다는 "트렌드 읽기"라는 관점에서 최신 사례를 다양하게 많이 접근하는 방식을 취했다. 특정 직무 혹은 산업에 이런 문제가 있는데, 이를 개선하기 위해 생성형 AI를 이렇게 활용하여 성공적인 결과를 도출했다는 식으로 기술했다. 이를 참고하면 우리 기업도 어떻게 AI를 활용할 수 있는지 아이디어를 떠올릴 수 있다.

이 책은 총 4부로 구성되어 있다.

1부에서는 산업의 특성과 기업에 역량에 맞는 다양한 AI 도입 전략을 소개한다. 기업에 생성형 AI를 도입할 수 있는 여러 접근 방식에 대한 소개와 어느 분야에서 활용하면 좋은지 그리고 장점과 한계에 대해 기술했다. 기업의 생성형 AI 도입을 위한 전략 수립에 도움이 될 것이다.

2부에서는 직무별 생성형 AI 활동 사례를 소개했다. 인사 채용, 마케팅과 광고, 디자인과 제조 영역에서의 생성형 AI 활용 사례를 담았다.

3부에서는 산업별로 은행 및 금융, 의료 및 바이오 제약, 법률, 자동차, 유통, 엔터테인먼트와 게임, 교육, 출판, 뷰티 등의 분야에서 생성형 AI 적용 사례를 담았다.

4부에서는 생성형 AI를 직무와 산업에 적용함으로써 발생하는 현안 문제들에 대해 언급했다. 생성형 AI 등장으로 생긴 문제점과 기업이 꼭 지켜야 원칙들 그리고 sLLM의 등장과 온디바이스 AI의 결합이 미칠 미래 전망에 대해 언급했다.

생성형 AI는 전통적으로 사용해 오던 분석형 AI를 대체하는 것은 아니다. 두 기술은 서로 보완적인 관계에 있으며 문제와 목적에 따라 함께 활용되어야 한다. 그리고 기존 AI로 구현된 시스템은 점차 생성형 AI 기술 요소를 포함하며 진화하고 있다. 따라서 산업 적용 부분에 있어서 굳이 AI와 생성형 AI를 엄밀히 구별할 필요는 없다. 이 책에서도 분석형 AI와 생성형 AI를 혼용해서 말하는 경우가 많음을 미리 밝힌다.

챗GPT와 같은 생성형 AI가 시장에 나온 지 얼마 되지 않아 이를 활용해 의미 있는 성과를 낸 기업은 아직 드물다. 이 책의 집필을 위해 인터넷, 유튜브, 기업 보고서, 학회 자료 등의 공개 자료는 물론이고 챗GPT를 비롯한 여러 생성형 AI 도구들 그리고 예전 미국 직장 동료 및 지인 등 여러 채널을 통한 자료 확보에 많은 노력을 기울였다. 하지만 생성형 AI 기술의 발전 속도가 너무 빠르고 변화가 많아 책 내용 중 일부는 벌써 철 지난 사례가 될 가능성이 있다. 또 기업이 자신의 AI 적용 사례나 기술을 상세히 밝히지 않는 경우에는 불가피하게 리버스 엔지니어링 스타일로 추론하기도 했다. 따라서 일부 내용은 이미 구전이 되었거나 다소 미흡할 수 있음을 이해해 주길 바란다.

이 책은 생성형 AI에 관심이 있는 학생이나 일반 직장인 그리고 AI 관련 의사결정을 해야 하는 CEO 및 리더, 생성형 AI를 산업 현장에서 활용하고자 하는 기업인이 보면 좋다. 기술을 다루는 AI연구원이나 전문가의 경우, 전 산업별로 AI가 어떻게 활용될 수 있는지를 알 수 있는 사례집으로 보면 좋을 것 같다. 이 책이 독자들에게 생성형 AI에 대한 이해를 높이고, 산업 현장에서 이를 활용할 수 있는 능력을 키우는 데 도움이 되기를 바란다.

감사의 말씀

먼저 좋은습관연구소의 이승현대표님께 특별한 감사의 말씀을 드린다. 풍부한 출판과 편집 경험을 바탕으로 책의 방향과 전체 프레임을 전문가답게 설정해 주셨으며 초기 원고의 난삽함을 매의 예리한 눈으로 정리해 깔끔하고 읽기 편한 책으로 편집해 주었다.

집필을 망설이고 있을 때 소명 의식을 일깨워주며 격려와 함께 용기를 북돋아 주고 하루 시간을 온전히 집필에 집중하도록 배려를 아끼지 않은 아내 소영에게도 감사를 보낸다. 그리고 멀리 외국에서 늘 향기로운 기쁨 바이러스를 보내주며 "아빠, 책 쓰는 것 잘되어가고 있어?"라고 안부를 전하는 에이미와 올리비아에게도 고마움의 말을 전한다.

생성형 AI는 역사가 짧을 뿐 아니라 빠른 속도로 진화 중인 기술이어서 기술과 비즈니스에 초점을 맞추기가 쉽지 않았다. 더욱이 산업체의 적용 사례도 드물어 자료 확보가 간단치 않았다. 하지만 광야를 걷는 인생 순례길에 늘 빛으로 함께 하시는 하나님께서 귀중한 자료를 접할 길을 마련해 주시고, 집필 기간 내내 어려운 내용을 쉽게 설명할 수 있는 지혜를 주셨다. 하얀 천에 수를 놓듯, 한 땀 한 땀 내용을 채워 주셨다. 말로는 표현할 수 없는 하나님의 사랑과 은혜에 감사를 드린다.

2024년 8월 이호수

1부
생성형 AI 도입 전략

생성형 AI의 등장으로 산업과 기업들은 자연스럽게 활용에 대한 깊은 고민에 빠졌다. 기술을 어떻게 활용해서 기업의 운영 효율을 높이고 시장에서의 경쟁력을 확보할까는 중요한 과제가 되었지만 이를 해결하는 과정은 만만치가 않다.

AI 도입의 일반적인 흐름은 다음과 같이 진행될 수 있다. 초기에는 기술 이해를 하고자 직원들이 AI 툴을 개인적으로 사용해보는 것이다. 이 과정을 통해 직원들은 AI가 실제 업무에서 어떻게 활용될 수 있는지 개인적인 역량과 직관을 가지게 된다. 이후 성공적인 테스트 또는 프로토타입을 바탕으로 AI를 특정 업무 프로세스에 통합하고, 이후에는 업무 툴로 공식화한다. 그런 다음 기업의 서비스나 제품에 AI 기능을 넣거나 고객에게 제공하여 추가적인 가치를 창출한다. 이처럼 생성형 AI의 기업 내 도입 결정은 단순히 개발이냐 솔루션 구매냐의 문제가 아니라 비즈니스적인 요구와 기술 역량 평가의 복합적인 과정을 필요로 한다. 단계마다 세밀한 계획과 평가가 필요하며 회사의 전략적 목표를 지원하고 강화하는 방향으로 진행되어야 한다.

산업마다 혹은 기업마다 생성형 AI의 활용 형태는 다르다. 모든 기업이 생성형 AI 솔루션을 자체적으로 개발할 필요는 없다. 외부 솔루션을 적극 도입하는 것이 효율적일 수 있으며 그 외에도 여러 가지 접근 방식이 있다. 중요한 것은 우리 기업의 특성, 산업적 특성에 맞춘 전략이다.

금융 업계에서는 데이터 보안과 규제가 매우 중요하다. 따라서 대형 금융기관들은 AI 솔루션을 직접 개발하여 보안과 규제 요구 사항을 충족시킨다. 이런 경우, 내부 개발팀은 기업의 특수 요구에 맞는 솔루션을 구축하고 민감한 데이터를 안전하게 처리한다. 반면 소매업에서는 고객 서비스와 마케팅 자동화가 주요한 AI 활용 분야로 직접 개발보다는 외부 솔루션 도입이 더 효율적이다. 챗봇이나 상품 추천 시스템과 같은 서비스는 이미 검증된 외부 솔루션이 있으며 이를 이용해 빠르게 도입할 수 있다. 제조업에서도 공정 시스템의 최적화 유지나 품질 관리 등 생산 과정의 효율화를 높이고자 생성형 AI를 활용할 수 있다. 이 경우에는 솔루션 개발보다는 특정 분야에 특화된 외부 AI 솔루션 도입이 시간과 비용 측면에서 훨씬 효과적이다. 이는 기업이 자신의 핵심 역량에 집중하면서도 최신 기술을 빠르게 적용하는 방법이 된다.

어떤 분야는 좀 더 혁신적인 접근이 필요할 수도 있다. 헬스케어 산업에서는 환자 데이터의 민감성과 규제의 복잡성으로 AI 솔루션 도입이 쉽지 않다. 이때는 학계나 정부 출연 연구 기관과의 협업을 통해 AI 솔루션을 공동 개발해서 규제 범위를 낮추거나 오픈 소스 커뮤니티를 활용하여 신뢰성과 투명성을 확보하는 걸 고려해 볼 수 있다.

이처럼 기업들이 생성형 AI 모델을 활용하여 자사의 문제를 풀고자 하는 것은 각 기업의 상황과 산업 특성, 기업의 요구 사항, 리소스, 기술 역량에 따라 모두 다르다. 생성형 AI의 도입 결정은 IT 부서 또는 기술 전문가가 중요한 역할을 하지만, 대부분의 AI 프로젝트는 회사의 미션 크리티컬한(Mission Critical, 아주 중요한) 분야의 문제를 다루기 때문에 최종적인 결정은 경영진이 하는 것이 바람직하다.

지금부터 각 기업에 생성형 AI를 도입할 수 있는 여러 접근 방식에 대해 정리해 보고자 한다. 각 접근 방식에 대한 소개와 어느 분야에서 활용하면 적절한지 그리고 장점과 한계에 대해 기술했다. 이를 참고하면, 우리 회사에서는 어떤 접근 방식을 취하는 것이 바람직한 도입 결정인지 판단하는 데 도움이 된다.

프롬프트 엔지니어링

프롬프트 엔지니어링은 생성형 AI 모델의 성능을 최적화하기 위해 입력 프롬프트를 정교하게 설계하는 기법이다. 이를 통해 사용자는 더 구체적이고 유용한 응답이나 결과물을 얻을 수 있다. 즉, AI 모델의 성능을 극대화하는 데 중요한 역할을 한다.

구체적인 예를 들어보자. "AI의 윤리적 문제에 대해 설명해줘."보다는 개선된 프롬프트인 "자율주행차 산업에서 발생할 수 있는 AI의 윤리적 문제 4가지를 예시와 함께 설명해줘." 또는 "기후 변화에 대해 글을 써줘."보다는 개선된 프롬프트인 "당신은 환경 과학자다. 일반인을 위해 기후 변화의 주요 원인과 그 영향에 대해 300단어 정도의 글을 작성해줘."를 사용하면 훨씬 정확한 응답이나 결과물이 도출될 수 있다.

프롬프트 엔지니어링의 여러 기법은 다음과 같다.

- **단계별 지시** Chain of Thought: AI에게 복잡한 문제를 해결할 때 사고 과정을 단계별로 보여주도록 요청한다. 예) "한 상자에 사과 15개가 들어간다. 농부가 450개의 사과를 수확했는데 30개는 썩어서 버려야 한다면, 몇 개의 상자가 필요할까? 풀이 과정을 단계별로 보여줘."

- **역할 부여** Role Playing: AI에게 특정 역할을 부여하여 그 관점에서 응답하도록 한다. 예) "당신은 호흡기 전문의다. 일반인들을 대상으로 코로나19의 전파 방식과 예방법에 대해 설명해줘. 의학 용어는 최소화하고, 쉬운 언어로 4가지 핵심 포인트를 설명해줘."

- **제약 조건 설정** Constrained Generation: AI의 응답에 특정 제약을 둔다. 예) "광합성 작용을 초등학교 3학년 학생이 이해할 수 있도록 100단어 이내로 설명해줘."

- **다중 관점 요청**Multiple Perspectives: 하나의 주제에 대해 여러 관점을 요청한다. 예)"기후 변화에 대해 환경운동가, 석유 회사 CEO, 기후 과학자의 관점에서 각각 한 문단씩 작성해줘."
- **사전 지식 활성화**Knowledge Priming: AI에게 특정 정보를 먼저 제공한 후 질문한다. 예)"블록체인은 분산 장부 기술로 데이터를 여러 노드에 분산 저장하여 보안성과 투명성을 높인다. 이 기술이 어떻게 금융 산업을 혁신할 수 있는지 설명해줘."
- **예시 제공 기반 학습**Few-Shot Learning: 프롬프트 엔지니어링에서 매우 효과적인 기법이다. AI에게 원하는 출력 스타일의 예시를 몇 가지 제공한 후, 유사한 패턴으로 새로운 내용을 생성하도록 요청하는 방법이다. AI는 사용자의 의도를 더 정확히 파악하고 원하는 형식의 응답을 제공할 수 있다. 예)"다음과 같은 형식으로 세 가지 과일에 대해 설명해줘: 사과는 빨간색, 둥근 형태, 달콤하고 아삭한 맛이 있어. 바나나는 [여기에 설명을 채워줘], 또 오렌지는 [여기에 설명을 채워줘]."
- **반복적 개선**Iterative Refinement: 초기 응답을 바탕으로 추가적인 개선을 요청한다. 주어진 맥락 안에서 더 정확하고 구체적인 결과를 얻을 수 있다. 예)"새로운 스마트폰 모델에 대한 제품 설명을 작성해줘." 이어서 "기술적 특징을 더 자세히 설명해줘." 이어서 "경쟁 제품과의 차별점을 3가지 이상 추가해줘." 이어서 "제품의 주요 타겟 고객층을 명시하고, 그들에게 어필할 수 있는 요소들을 강조해줘."

이러한 프롬프트 엔지니어링 기법을 상황에 맞게 적절히 사용하면 사용자는 AI로부터 더욱 정확하고 유용한 응답을 얻을 수 있으며 AI 모델의 성능을 최대로 끌어올릴 수 있다.

현업에서 프롬프트 엔지니어링은 흔히 챗봇의 성능 향상에 많이 사용된다. 고객 지원 챗봇을 운영하는 기업이 있다고 가정해보자. 이 기업은 챗봇이 고객의 질문에 더 정확하게 답변하도록 하기 위해 프롬프트 엔지니어링을 사용한다. 일반적으로 사용되는 챗봇 최적화는 두 가지 접근 방식이 포함된다. 즉, 다양한 상황에서 챗봇이 최적의 답변을 할 수 있도록 여러 프롬프트를 마련하는 것과 특정 질문의 세부적인 응답 기준을 설정하는 것이다.

첫 번째 접근 방식은 다양한 상황마다 챗봇이 어떻게 응답해야 하는지 지침을 주는 것이다. 예를 들어보자.

- **제품 사용법 질문에 대한 프롬프트**: "고객이 제품 사용법에 대해 물어볼 때, 단계별 지침을 제공하세요."
- **반품 절차 질문에 대한 프롬프트**: "고객이 반품 절차에 대해 물어볼 때, 필요한 모든 절차를 상세히 설명하세요."
- **가격 문의에 대한 프롬프트**: "고객이 가격에 대해 물어볼 때, 최신 가격 정보를 제공하세요."

두 번째 접근 방식은 고객의 다양한 질문에 대해 어떻게 응답해야 하는지 세부적이고 명확한 응답 지침을 미리 설정해두는 것이다. 예를 들어보자.

- **제품 사용법:** 질문 "이 제품을 어떻게 사용하나요?"에 대한 답변은 "제품 사용법은 다음과 같습니다: ①제품을 전원을 켜세요. ②설정 버튼을 누르세요. ③화면에 나타나는 안내를 따라 초기 설정을 완료하세요. ④기능을 선택하여 사용을 시작하세요."
- **반품 절차:** 질문 "반품은 어떻게 하나요?"에 대한 답변은 "반품 절차는 다음과 같습니다: ①구매 영수증을 준비하세요. ②고객 지원팀에 연락하세요. ③반품 승인 후, 제품을 원래 포장에 넣어 보내세요. ④반품 확인 후 환불 처리가 이루어집니다."
- **가격 문의:** 질문 "이 제품의 가격은 얼마인가요?"에 대한 답변은 "현재 이 제품의 가격은 23,000원입니다. 더 많은 정보를 원하시면 웹사이트를 방문해주세요."

이러한 방식으로 설정된 프롬프트들은 고객의 개별적이고 다양한 질문을 분석, 챗봇이 의도(intent)와 대상(entity) 맥락(context) 등을 추출한 후 일관되고 정확한 답변을 제공하도록 도와준다. 즉, 반품 문의인지 가격 문의인지를 확인하고 (의도) 무슨 제품(대상)인지를 파악한 다음 반품 과정이나 환불 과정을 상황(맥락)에 맞게 안내하는 것이다.

프롬프트 엔지니어링은 비용 측면에서도 효율적이다. 기존의 AI 모델을 활용하면서도 간단한 지시 사항 조정으로 다양한 작업을 할 수 있다. 추가적인 학습이나 고가의 인프라도 필요 없어서 예산이 제한된 중소기업이나 신속한 결과가 필요한 프로젝트에 유리하다.

그러나 프롬프트 엔지니어링에는 한계가 있다. 복잡한 작업에는 충분치가 않다. 법률 자문 서비스를 제공하는 AI 시스템을 구축한다고 가정해보자. 법률 문서는 매우 복잡하고 세밀한 해석이 필요하다. AI 모델이 특정 법률 용어나 문맥을 잘못 이해할 수도 있다. 이를 해결하기 위해서는 추가적인 데이터 학습이나 모델 튜닝이 필요하다. 단순히 몇 가지 프롬프트 조정만으로 정확하고 신뢰할 수 있는 결과를 얻기 어려운 것이다. 또 다른 단점으로는 AI 자체가 갖고 있는 한계다. 프롬프트 엔지니어링은 기본적으로 사용하려는 AI 모델에 의존한다. 모델 자체가 특정 도메인의 지식이 부족하거나 특정 추론 능력이 부족하다면, 아무리 프롬프트를 최적화한다고 해도 만족스러운 결과를 얻기 어렵다. 의료 진단을 위해 프롬프트를 통해 모델의 응답을 조정하려고 해도 모델이 특정 질병의 복잡한 증상과 징후를 충분히 이해하지 못한다면 한계에 부딪힐 수밖에 없다.

종합하면 프롬프트 엔지니어링은 간단한 작업에는 매우 효과적이며 비용 역시도 효율적이다. 그러나 복잡한 작업을 하거나 모델의 내재적 한계를 극복하기에는 부족한 점이 있다. 따라서 기업은 작업의 복잡성과 모델의 능력을 고려하여 프롬프트 엔지니어링 접근 방법을 채택할지 아니면 추가적인 학습이나 튜닝을 할지를 신중하게 판단해야 한다.

API 통합

API 통합(API Integration)이란 "서로 다른 소프트웨어 시스템, 애플리케이션 또는 서비스를 그들의 API(Application Programming Interface)를 통해 연결하고 상호작용하게 하는 것"을 말한다. 이미 개발되어 있는 유명 시스템을 자사 애플리케이션과 통합하는 것으로 이를 통해 서로 다른 시스템이 통신하고 데이터를 공유할 수 있게 된다.

API 통합의 예시는 매우 많다. 소셜 미디어에 로그인할 때 페이스북이나 구글의 API를 사용하여 사용자 인증을 하거나, 페이팔(Paypal)이나 스트라이프(Stripe, 온라인 및 모바일 결제 플랫폼)의 API를 통해 결제 기능을 추가한다든지, 구글 맵스 API를 이용하여 위치 기반 기능을 구현하거나, 기상청 API를 통해 실시간 날씨 데이터를 가져오는 등이다.

API 통합으로 얻어지는 이점은 상당하다. 서로 다른 시스템들이 효과적으로 상호 통신하고 협력할 수 있게 되면 다양한 소스의 데이터를 통합하여 더 풍부한 정보를 제공할 수 있으며 외부 서비스의 기능을 자신의 애플리케이션에 추가할 수도 있다. 무엇보다도 기존의 솔루션을 활용함으로써 개발에 드는 시간과 비용이 절감되는 장점이 크다. 복잡한 AI 모델을 처음부터 개발하고 학습시키는 데 많은 시간과 자원이 들어가는 데 기업 입장에서는 이를 할 필요가 없어진다. 그래서 작은 규모의 기업이나 AI 전문 인력이 부족한 조직에 API 통합은 큰 도움이 된다. 그리고 지속적인 업데이트로 항상 최신 기술로 유지되며 대형 AI 모델일수록 대규모의 인프라와 자원을 바탕으로 구현되기 때문에 높은 안정성을 제공한다. 서비스 중단이나 성능 저하의 고민도 필요 없다.

하지만 API 통합 방식에도 단점이 존재한다. 가장 큰 단점으로는 호출 비용이다. 고성능 AI 서비스를 사용함에 따라 API 호출 비용이 계속 발생하고 사용량이 많아질수록 상당한 금액으로 증가한다. 특히, 대규모의 데이터 처리나 실시간 응답이 중요한 애플리케이션은 이러한 비용이 큰 부담이 된다. 그리고 데이터 프라이버시와 보안 이슈도 고려해야 한다. API를 통해 전송되는 데이터는 AI 서비스 제공자에게 노출될 수밖에 없다. 비록 서비스 제공자가 높은 수준의 보안을 제공한다고 하더라도 직접 관리하는 것이 아닌 만큼 통제력이 약해질 수 있다. 의존성 문제도 고민해야 할 포인트다. 기업은 외부 AI 서비스의 정책 변화나 서비스 종료 등의 리스크에 노출된다. AI 서비스 제공자가 가격 정책을 변경하거나 서비스 제공을 중단할 경우 기업 입장에서는 심각한 문제를 겪게 될 가능성이 있다.

플러그인 이용

생성형 AI 구현에서 플러그인(Plug-in) 사용은 위에 설명한 API 통합과 함께 AI 시스템의 기능을 확장하는 또 하나의 접근 방식이다. 대표적으로 챗GPT의 플러그인 스토어에서 제공하는 플러그인들을 생각할 수 있다[2]. 챗GPT 플러그인 스토어는 사용자가 챗GPT의 기능을

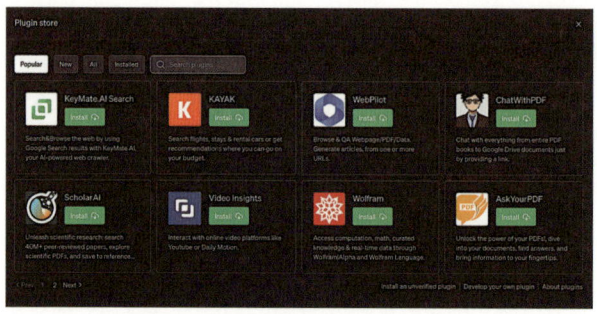

그림 1: 챗GPT의 플러그인 스토어 (출처: 오픈AI)

확장하기 위해 플러그인을 탐색하고 설치할 수 있는 마켓플레이스다 (그림 1).

챗GPT의 플러그인 스토어는 개념적으로 애플의 앱스토어와 유사한 면이 있다. 두 플랫폼 모두 사용자에게 기본 기능을 확장할 수 있는 방법을 제공한다. 앱스토어에서 사용자가 다양한 앱을 다운로드하여 스마트폰의 기능을 확장하는 것처럼 플러그인 스토어를 통해 사용자는 챗GPT의 기능을 확장할 수 있다. 사용자 경험 측면에서도 두 스토어 모두 사용자가 쉽게 탐색하고 원하는 앱이나 플러그인을 찾을 수 있도록 카테고리별 분류, 검색 기능, 리뷰 시스템 등을 제공한다. 이를 통해 사용자는 자신에게 필요한 기능을 쉽게 찾아 설치할 수 있다. 또한 제3자 개발자들이 자신의 앱이나 플러그인을 각 스토어에 등록하여 사용자들에게 제공할 수 있도록 개방적이다. 다만 앱스토의 앱들이 독립적으로 실행되는 소프트웨어인 반면, 챗GPT의 플러그인은 AI 모델과 상호 작용하며 작동한다.

앞에서 살펴본 API 통합은 외부 서비스와 직접적인 통신으로 데이터를 주고받는다. 반면, 플러그인은 AI 시스템의 기능을 확장하거나 특화된 작업을 수행하는 것으로 AI 플랫폼 제공자가 정의한 특정 인터페이스를 따라 외부 데이터 소스나 서비스에 접근할 수 있다. 따라서 이 접근법은 사용자 맞춤형 솔루션을 쉽게 개발할 수 있으며 유연성이 높고 다양한 서비스와 연동 및 실시간 데이터 접근이 가능하다는 장점을 갖고 있다.

챗GPT와 연동된 플러그인을 활용하면 기업은 자신의 특정 요구에 맞춰 AI 기능 중 일부를 조정하고 확장할 수 있다. 기존 플러그인으로부터 일반적인 AI 솔루션에서 얻기 어려운 맞춤형 기능과 성능을 확보할 수 있으며, 고객에게 더 나은 사용자 경험을 제공할 수 있다. 또한 기존 플러그인을 사용해 특정 도메인 지식이나 내부 프로세스에 맞춰 개발된 AI 모델을 통합해서 쓸 수 있다. 간단히 말하자면, 챗GPT 개발사인 오픈AI가 제공하는 인프라와 기술을 활용함으로써, AI 모델을 처음부터 구축하고 학습시키는 데 소요되는 시간과 자원을 절약할 수가 있다는 것이다. 또한 플러그인 형태로 제공되는 기능들은 이미 검증된 기술이므로 안정성과 신뢰성이 높다.

다만 플러그인 접근 방식에도 몇 가지 단점이 존재한다. 첫 번째는 비용이다. 플러그인을 사용하게 되면 기본적인 API 사용료 외에도 플러그인 자체 비용이 추가된다. 특히 대규모 데이터 처리나 실시간 응답이 중요한 애플리케이션의 경우에는 비용 부담이 크다. 둘째로, 데이터 프라이버시와 보안 이슈다. API 방식과 마찬가지로 우리의 데이터가 서비스 제공자에게 노출되는 방식이다 보니 자칫 문제가 될 수 있다. API 방식과 마찬가지로 의존성 문제도 동일하게 발생한다. 플러그인을 사용하는 기업은 이에 대한 대비책을 마련해야 한다.

파인튜닝

파인튜닝은 기업이 기존의 생성형 AI 모델을 기업의 특화된 데이터로 추가 학습시켜 특정 도메인이나 작업에 더 적합하게 만드는 과정을 말한다.

아래는 특화 데이터로 질문-답변 쌍의 데이터를 준비한 사례로 헬스케어 기업에 사용할 챗봇을 만들기 위한 추가 데이터 예시다.

- [질문: "머리가 아프고 열이 나요. 어떤 약을 먹어야 하나요?"; 답변: "머리가 아프고 열이 날 때는 타이레놀을 복용할 수 있습니다. 하지만 증상이 지속되면 의사와 상담하세요."]
- [질문: "피부에 발진이 생겼어요. 어떻게 해야 하나요?"; 답변: "피부 발진이 생기면 해당 부위를 깨끗하게 유지하고, 알로에 베라 젤을 발라주면 도움이 됩니다. 증상이 심하면 의사와 상담하세요."]
- [질문: "눈이 가렵고 빨개졌어요. 무슨 약을 써야 하나요?"; 답변: "눈이 가렵고 빨개질 때는 인공눈물을 사용하거나, 항히스타민 안약을 사용할 수 있습니다. 증상이 지속되면 안과를 방문하세요."]

기존의 챗GPT에 위와 같은 사용자의 데이터를 사용해 파인튜닝을 하게 되면 개선된 응답 결과를 볼 수 있다.

이번에는 의료 외에 챗봇을 많이 사용하는 금융권에서의 파인튜닝 결과 예시를 살펴보자. 파인튜닝 모델이 얼마나 기존 모델보다 더 디테일한 답이 가능한지 확인할 수 있는 사례다.

- **기존 모델**: "투자에는 다양한 옵션이 있습니다. 주식, 채권, ETF 등을 고려해보세요."
- **파인튜닝된 모델**: "고객님의 연령대와 위험 성향을 고려할 때, ABC Equity Fund와 XYZ Bond Fund가 적합할 수 있습니다."

- **기존 모델**: "금융 상품의 수익률은 과거 성과를 기준으로 예측할 수 있습니다."
- **파인튜닝된 모델**: "최근 5년간 ABC Equity Fund는 연평균 8%의 수익률을 기록했습니다."

- **기존 모델**: "고객님의 위험 성향에 맞는 몇 가지 투자 옵션을 소개해 드리겠습니다."
- **파인튜닝된 모델**: "고객님께서는 과거에 주로 저위험 상품을 선호하셨습니다. 따라서 안정적인 수익을 제공하는 XYZ Bond Fund를 추천해 드립니다."

- **기존 모델**: "다양한 금융 상품을 비교해보세요."
- **파인튜닝된 모델**: "ABC Equity Fund는 최근 3년간 변동성이 낮았으며, 수익률은 시장 평균보다 높았습니다."

- **기존 모델**: "어떤 금융 상품을 찾으시나요?"
- **파인튜닝된 모델**: "고객님, 지난번 상담에서 말씀하신 은퇴 후 안정적인 수익을 목표로 한 상품을 찾고 계신다면, ABC 연금 펀드를 추천해 드립니다."

위의 예에서 볼 수 있는 바와 같이 파인튜닝의 주요 장점은 맞춤화된 성능 향상이다. 기업 특화 데이터를 사용하여 모델을 학습시킴으로써 해당 모델은 특정 산업이나 용도에 맞는 더 정확한 결과를 제공할 수 있다. 예를 들어, 의료 데이터를 사용해 파인튜닝한 AI 모델은 일반적인 모델보다 의료 용어를 더 잘 이해하고 특정 진단이나 치료 방법에 대해 더 정확한 정보를 제공한다. 일반적인 AI 모델은 모든 사용자에게 동일한 성능을 제공하지만, 파인튜닝된 모델은 특정 기업의 요구사항에 맞춰 최적화되므로 더 나은 맞춤형 서비스를 제공할 수 있다.

파인튜닝에도 몇 가지 단점이 존재한다. 첫 번째로 데이터 준비와 처리에 많은 노력을 필요로 한다. 파인튜닝을 위해서는 양질의 특화 데이터가 필요하며 이를 수집하고 정제하는 과정이 상당히 복잡하고 많은 시간을 필요로 한다. 두 번째로 파인튜닝 자체가 복잡하고 비용이 많이 든다. 모델의 추가 학습을 위해서는 고성능 하드웨어와 충분한 시간 그리고 전문적인 지식을 갖춘 인력이 필요한데, 중소기업이나 기술력이 부족한 조직에서는 큰 부담이 될 수밖에 없다. 마지막으로 파인튜닝된 모델은 계속적인 유지보수가 필요하다. 도메인(기업이 속한 사업) 지식과 관련된 새로운 데이터가 발생하는 경우 이를 정기적으로 업데이트하고 재학습해야 한다. 이는 추가적인 리소스와 비용 그리고 지속적인 관리를 필요로 한다.

종합해 보면 파인튜닝은 기업 특화 데이터를 사용하여 생성형 AI 모델을 특정 산업과 특정 작업에 최적화해서 사용할 수 있는 강력한 도구다. 하지만 데이터 준비와 처리, 학습 과정의 복잡성, 유지보수의 필요성 등의 단점도 함께 고려되어야 하는 AI 도입 방식이다.

자체 모델 개발

기업 자체적으로 생성형 AI 모델을 처음부터 개발하는 접근법은 가장 높은 수준의 커스터마이징과 제어가 가능하다. 하지만 예상하다시피 상당한 리소스와 전문 지식을 필요로 한다.

자체 개발은 무엇보다 완전한 맞춤화가 가능하다. 자사의 특정 요구 사항에 정확히 맞춘 모델을 개발할 수 있기 때문에 범용적으로 사용되는 AI 모델보다 훨씬 더 효율적이고 정확하다. 특정 산업의 용어, 규제 조건, 특유의 데이터 패턴 등을 반영하게 되면 해당 산업 내에서 독보적인 성능을 발휘한다. 그리고 AI 모델의 동작 방식, 데이터 처리 방법, 학습 알고리즘 등 모든 면에서 세밀한 조정이 가능해 지속적인 개선과 최적화가 가능하다. 그리고 모델 개발과 운영이 모두 내부에서 이루어지기 때문에 민감한 데이터가 노출될 위험도 없다. 그래서 금융, 의료, 국방 등 고도의 보안이 요구되는 분야에서는 자체 AI 모델을 고려하지 않을 수 없다.

자체 AI 모델이 갖고 있는 단점을 살펴보자. 고성능 AI 모델을 개발하기 위해서는 막대한 컴퓨팅 자원과 인프라가 필요하다. 당연히 초기 투자 비용과 지속적인 운영 비용을 수반한다. 고도로 숙련된 AI 연구자와 엔지니어도 있어야 한다. 당연히 중소기업이나 기술력이 부족한 기업에게는 현실적으로 접근하기 어려운 방법이다. 그리고 개발 과정에서 예상치 못한 문제들이 발생할 수 있는데, AI 모델의 성능을 최적화하고 실제 데이터와 환경에서 안정적으로 동작하도록 만들기 위해서는 지속적인 연구와 실험이 동반되어야 한다. 개발 과정에 시행착오가 동반될 수밖에 없기 때문에 상당한 시간이 소요되며 최신 기술을 쫓아가기 위해 지속적인 학습 또한 필수가 된다.

기업은 이러한 요소들을 종합적으로 고려하여 자체 모델 개발이 가져올 수 있는 이점과 이에 따르는 부담을 균형 있게 평가해서 도입 여부를 선택해야 한다.

하이브리드 접근법

여러 AI 모델과 기술을 결합한 하이브리드 방식으로 애플리케이션을 구축하는 방식이다. 이 접근법은 각 모델의 강점을 활용하면서 특정 요구 사항을 충족시키는 데 매우 유용하다.

우선 하이브리드 접근법의 주요 장점 중 하나는 다양한 요구 사항을 효과적으로 처리할 수 있다는 점이다. 예를 들어 고객 지원 애플리케이션 구축에서 일반적인 언어 처리에는 챗GPT 같은 고성능 생성형 AI를 사용하고 특정 산업의 지식이 필요한 작업에는 자체 개발 전문 AI 모델을 사용한다. 이렇게 하면 일반적인 대화와 질문에 폭넓은 응답을 제공하면서도 특정 분야에 대해서는 깊이 있는 답변 제공을 할 수 있다. 결과적으로 전체적인 성능 향상을 꾀할 수 있다.

하이브리드 접근법은 유연성과 확장성도 얻을 수 있다. 필요에 따라 다양한 모델을 추가하거나 교체할 수 있으며 변화하는 비즈니스 요구 사항에 신속하게 대응할 수 있도록 도와준다. 새로운 서비스나 제품을 출시할 때도 해당 분야에 맞는 AI 모델을 추가로 통합해 애플리케이션 기능을 확장할 수 있다. 이러한 유연성은 경쟁이 치열한 시장에서 큰 장점이 된다.

그러나 하이브리드 접근법에도 단점이 존재한다. 첫 번째로 여러 모델을 결합하고 통합하는 과정이 복잡하다. 각 모델의 특성과 요구사항을 이해하고 통합 시스템 아키텍처를 설계하려면 상당한 전문 지식과 경험을 요구한다. 각 모델 간의 데이터 전송과 처리 속도, 호환성의 문제도 해결해야 한다. 두 번째로 유지보수와 관리의 복잡성이다. 여러 모델을 사용하기 때문에 업데이트나 최적화에도 각각 대응해야 한다. 예를 들어, 챗GPT가 업그레이드되면 이를 기존 시스템에 맞게 재통합하고 테스트하는 작업이 필요하다. 마지막으로 비용 문제도 무시할 수 없다. 여러 AI 모델을 결합하여 사용하는 것 자체가 초기 비용의 부담을 뜻한다.

종합적으로 보면, 하이브리드 방식으로 여러 AI 모델과 기술을 결합하는 접근법은 다양한 요구 사항을 효과적으로 처리하고 유연성을 제공하는 강력한 도구지만 통합의 복잡성, 유지보수의 어려움, 비용 문제 등이 있어서 도입 시 이런 점을 충분히 고려한 후 진행해야 한다.

AI 플랫폼 활용

일부 기업들은 마이크로소프트(MS)의 애저(Azure) AI나 구글의 버텍스(Vertex) AI와 같은 클라우드 기반 AI 플랫폼을 사용하여 생성형 AI 기능을 구축하고 배포한다. 이러한 클라우드 기반 AI 플랫폼 사용의 장점 중 하나는 개발 과정의 간소화다.

MS의 애저는 종합적인 클라우드 컴퓨팅 플랫폼을 말한다. 애저 AI는 애저 내에서 제공되는 AI 관련 서비스와 도구다. 구글은 구글 클라우드 플랫폼내에 구글 클라우드 AI, 버텍스 AI가 AI에 특화된 플랫폼이다. 애저 AI는 다양한 AI 서비스와 도구를 제공하여 개발자가 머신러닝 모델을 쉽게 구축, 훈련, 배포할 수 있도록 돕는다. 기업은 복잡한 인프라 설정이나 관리 부담을 덜 수 있으며 보다 빠르게 AI 솔루션을 시장에 출시할 수 있다. 버텍스 AI 또한 데이터 준비, 모델 훈련, 평가, 배포까지의 모든 과정을 통합 제공하고 있어 개발자들이 일관된 환경에서 작업할 수 있도록 도와준다.

플랫폼은 확장성과 유연성을 제공한다. 클라우드 인프라를 통해 필요에 따라 자원을 쉽게 확장하거나 축소할 수 있다. 트래픽이 급증하는 특정 기간은 더 많은 컴퓨팅 자원을 사용하여 AI 모델을 지원하고 이후에는 자원을 줄여 비용을 절감한다. 이는 급변하는 시장 환경에 대응하기 위한 중요한 장점이 된다.

하지만 클라우드 기반 AI 플랫폼을 사용하는 데에도 몇 가지 단점이 존재한다. 첫째로 비용이다. 클라우드 서비스를 위해 대규모 데이터 처리나 고성능 컴퓨팅 자원이 필요한 경우 비용이 상당히 클 수밖에 없다. 둘째로 데이터 프라이버시와 규제 문제다. 클라우드에 데이터를 저장하고 처리하는 것은 특정 국가나 지역의 규제를 준수해야 한다. 예를 들어, 유럽 연합의 GDPR(General Data Protection Regulation, EU에서 개인정보 보호를 강화하고 통일하기 위해 제정된 규정으로 2018년 5월부터 시행) 같은 것으로 이는 개인 정보가 AI 학습 데이터로 사용되지 않도록 요구할 권리를 말한다. 마지막으로 클라우드 서비스 제공자에 대한 의존성 또한 단점이 된다.

노코드/로우코드 플랫폼 이용

노코드(No-Code) 및 로우코드(Low-Code) 플랫폼은 최소한의 코딩 지식으로 애플리케이션을 개발할 수 있게 도와주는 도구이다. 노코드 플랫폼으로는 버블(Bubble), 아달로(Adalo), 웹플로우(Webflow), 에어테이블(Airtable), 자피어(Zapier) 등이 있고, 로우코드 플랫폼으로는 아웃시스템즈(OutSystems), 멘딕스(Mendix), 애피안(Appian) 등이 있다. 이러한 플랫폼들은 각각 특정한 용도나 산업에 특화되어 있으며, 사용자의 기술 수준과 개발하고자 하는 애플리케이션의 복잡성에 따라 선택할 수 있다.

노코드 또는 로우코드 플랫폼을 사용하여 생성형 AI 기반 애플리케이션을 빠르게 개발하는 방식은 기술적 지식이 적은 팀에게는 매우 유용하다. 드래그 앤 드롭 인터페이스와 직관적인 워크플로우를 제공하고 있어서 비즈니스 분석가나 마케팅 전문가 같은 기술적 배경이 없는 사람도 AI 기능을 포함한 애플리케이션 개발을 해볼 수 있다. 그래서 기업 내 다양한 부서에서도 AI 기술을 활용하여 생산성을 높이고 혁신을 촉진하는 데 기여할 수 있다.

속도 또한 장점이다. 전통적인 개발 방식으로는 AI 모델을 설계, 코딩, 테스트하는 데 많은 시간이 소요되지만 노코드 또는 로우코드 플랫폼을 사용하면 이러한 과정이 대폭 단축된다. 세일즈포스(Salesforce)의 아인슈타인(Einstein), MS의 파워앱스(Power Apps), 또는 버블 그룹(Bubble Group)의 버블(Bubble)과 같은 플랫폼을 이용하게 되면 사전 구축된 AI 기능 또는 서비스 모듈을 이용해 업무 프로세스를 자동화하거나 고객 서비스를 개선할 수 있다. 이러한 모듈은 플랫폼 내에서 드래그 앤 드롭하거나 간단한 설정만으로도 사용이 가능하다.

이제, 단점을 얘기해보자. 일단 맞춤화의 한계가 있다. 노코드 또는 로우코드 플랫폼은 일반적으로 표준화된 기능과 템플릿을 제공하기 때문에 특정한 요구 사항이나 복잡한 커스터마이징에 일일이 대응할 수 없다. 특정 산업의 고유한 규제나 절차를 준수해야 하는 애플리케이션이라면 노코드 개발 플랫폼만으로는 충분하지가 않다. 성능과 확장성의 문제도 고려해야 한다. 중소규모의 애플리케이션에는 적합하지만 대규모 데이터 처리나 높은 성능을 요구하는 경우에는 한계를 갖는다. 그리고 플랫폼 의존성도 문제다. 플랫폼 간의 호환성 문제로 다른 시스템과의 통합이 어렵거나 불가능한 경우도 있다.

지금까지 다양한 형태의 생성형 AI의 도입 방안을 살펴보았다. AI의 도입은 산업과 기업의 운영 효율성을 높이고 경쟁력을 강화하는 복잡한 과정이다. 초기에는 직원들의 개인적 사용에서 시작하고 성공적인 테스트를 마친 후에는 업무 프로세스에 통합하고 최종적으로는 고객에게 가치를 제공하는 방식으로 AI를 적용해야 하다. 생성형 AI 도입은 기업의 전략적 목표와 상황예산, 기술 역량, 데이터 관리 범위 등을 고려해 경영진이 최종 의사결정을 해야 흔들림 없이 지속해서 추진될 수 있다.

이어지는 글에서 본격적으로 산업별 AI 도입 사례를 다루고자 한다. 앞서 설명한 여러 방식의 AI 도입 전략이 실제로 어떻게 적용되는지 산업별/기업별로 확인하고 나아가 우리 기업은 어떻게 활용할 수 있는지 함께 고민해보자.

2부
직무별 생성형 AI 활용 사례

1. 인사 채용

생성형 AI는 다양한 산업에 광범위하게 적용되고 있다. 채용 분야도 그중 하나다. 이력서 스캔이나 대면 인터뷰만으로 채용하던 시대는 지났다. AI는 직무를 설명하는 구인 광고 초안을 작성하고, 후보자 응답을 분석하고, 채용 직무와 후보자 역량을 비교하는 리포트를 작성해주는 등의 반복적이고 노동집약적인 업무를 대신 해줄 수 있다. 채용 담당자들은 챗GPT를 이용해서 이러한 일들을 이전보다 훨씬 빠르게 해결할 수 있다.

인사 전문가를 대상으로 하는 설문조사에 따르면, 생성형 AI를 사용함으로써 얻는 가장 큰 혜택으로 소모적인 업무의 자동화(33%), 효율성 및 생산성 향상(31%) 등을 꼽는다. 그리고 채용 지원자들도 자기소개서 작성(37%), 이력서 작성 및 키워드 최적화(34%), 링크드인 또는 온라인 프로필 개선(34%)에서 생성형 AI를 사용하고 있거나 사용할 계획이 있다고 응답했다[3].

생성형 AI가 인사 채용 영역에서 보여준 혁신은 여러 단계에 적용 중이며 효율성, 공정성, 정확성을 높이는 데 기여하고 있다.

구인 광고 생성

채용 프로세스에 생성형 AI를 적용해서 얻는 이점은 자동화와 도우미의 역할이다.

채용 담당자가 채용 분야 직무를 잘 설명하는 것은 매우 중요하고 어려운 일이다. 직무를 전혀 모르는 사람에게 이를 잘 소개한다는 것은 꽤 깊은 통찰이 필요하다. 심지어 채용 담당자가 해당 업무의 이해가 부족한 상황이라면, 더더욱 신중을 기울여 설명해야 한다. 여기에 회사의 가치나 기업 문화까지 반영하는 것은 꽤 시간을 필요로 하는 난이도 높은 일이 된다. 하지만 생성형 AI를 사용한다면 이러한 일을 더 쉽고 빠르게 해낼 수 있다.

챗GPT나 뤼튼(wrtn) 같은 모델을 이용하여 채용 공고를 작성한다고 해보자. 해당 직무에 대한 상세한 요구 사항, 기업 문화, 광고에 포

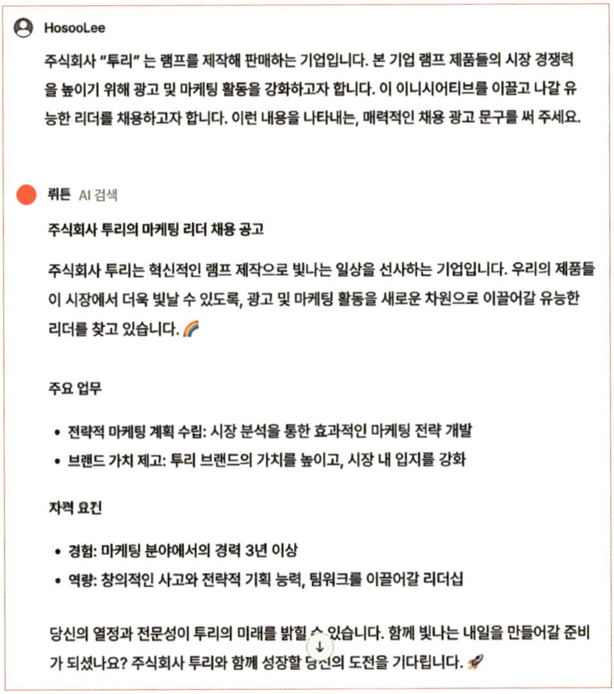

> **HosooLee**
> 주식회사 "투리" 는 램프를 제작해 판매하는 기업입니다. 본 기업 램프 제품들의 시장 경쟁력을 높이기 위해 광고 및 마케팅 활동을 강화하고자 합니다. 이 이니시어티브를 이끌고 나갈 유능한 리더를 채용하고자 합니다. 이런 내용을 나타내는, 매력적인 채용 광고 문구를 써 주세요.

> **뤼튼** AI 검색
> **주식회사 투리의 마케팅 리더 채용 공고**
>
> 주식회사 투리는 혁신적인 램프 제작으로 빛나는 일상을 선사하는 기업입니다. 우리의 제품들이 시장에서 더욱 빛날 수 있도록, 광고 및 마케팅 활동을 새로운 차원으로 이끌어갈 유능한 리더를 찾고 있습니다. 🌈
>
> **주요 업무**
> - 전략적 마케팅 계획 수립: 시장 분석을 통한 효과적인 마케팅 전략 개발
> - 브랜드 가치 제고: 투리 브랜드의 가치를 높이고, 시장 내 입지를 강화
>
> **자격 요건**
> - 경험: 마케팅 분야에서의 경력 3년 이상
> - 역량: 창의적인 사고와 전략적 기획 능력, 팀워크를 이끌어갈 리더십
>
> 당신의 열정과 전문성이 투리의 미래를 밝힐 수 있습니다. 함께 빛나는 내일을 만들어갈 준비가 되셨나요? 주식회사 투리와 함께 성장할 당신의 도전을 기다립니다. 🚀

그림 2: 생성형 AI 뤼튼으로 생성한 구인 광고 문구이다.

함하고 싶은 특정 키워드나 문구 등을 생성형 AI 서비스에 요청한다. AI는 제공된 정보를 바탕으로 구인 광고 초안을 생성한다. 채용 담당자는 이 초안을 검토하고 필요한 수정 사항을 지시하여 최종 구인 광고를 완성한다. 그림 2는 마케팅 리더 채용을 위한 구인 광고 생성 요청에 대해 뤼튼 플랫폼이 생성한 문구이다.

전세계 인사담당자가 사랑하는 AI 채용 도구라는 별칭이 붙은 텍스티오(Textio)는 AI 기반의 쓰기 플랫폼을 제공하는데, 특히 채용 공고 서비스에 집중한다. 이 서비스를 이용하게 되면 더 매력적이고 포괄적인 직무 광고 글을 만들 수 있다. 링크드인(LinkdIn)은 자체 AI 도구를 이용하여 구인 광고를 최적화하고 후보자 매칭 기능을 강화한다. 한마디로 적합한 인재를 기업이 더 쉽고 빨리 찾을 수 있도록 돕는다.

지원자 적합성 분석

지원자의 이력서와 자기소개서를 검토하는 과정에서 중요 정보를 추출하고 분석하려면 복잡한 과정을 거쳐야 한다. 하지만 생성형 AI는 자연어 처리 기술을 사용하여 이력서와 지원서의 텍스트에서 교육 배경, 경력 경험, 기술, 자격증, 언어 능력 등 중요 정보를 금방 추출한다. 특정 키워드나 문구의 빈도를 분석하여 지원자의 전문성이나 직무 적합성을 평가한다. 그리고 지원자의 포트폴리오, 프로젝트, 이전 업무 성과 등 추가 자료도 분석한다. AI는 분석 결과를 바탕으로 인터뷰 진행 여부를 결정해 채용 담당자에게 알려준다. 이때, 기업의 채용 정책에 따라 특정 기준이나 점수 시스템을 적용할 수도 있다. 최종 인터뷰 대상자 결정은 채용 담당자가 AI의 추천을 참고하여 결정한다.

대기업이라면 어마어마한 숫자의 이력서를 상시적으로 검토해야 하는 상황에서 이러한 방식은 이력서를 검토하는 시간을 줄이는 등 채용 과정의 효율성을 크게 향상시킨다. 그리고 공정하고 객관적인 평가를 가능하게 한다. 하지만 혹시 있을 수 있는 AI의 편향을 주의 깊게 관찰하고 최종 결정 단계에서도 이를 확인해야 한다.

널리 사용되고 있는 AI 솔루션으로 링크드인에서 제공하는 채용 및 인재 관리 플랫폼인 링크드인 탤런트 솔루션(LinkedIn Talent Solution)을 들 수 있다. 이 서비스는 기업과 채용 담당자들이 적합한 인재를 찾을 수 있도록 지원자의 이력서와 지원서에서 정보를 추출하고 분석하는 도구를 제공한다[4]. 에잇폴드(Eightfold)도 채용 및 인재 관리 솔루션을 제공한다. 지원자의 이력서를 분석하고 경력 경로와 기술 세트에 가장 적합한 역할을 추천한다.

인터뷰 및 시뮬레이션 지원

이제 인터뷰 과정에서 채용 담당자가 AI를 어떻게 활용할 수 있는지 알아보자. 챗GPT는 인터뷰 과정에서 채용 담당자의 인터뷰 질문과 후보자의 답변을 예측해서 실제 후보자가 답변하는 내용과 비교 평가한다.

프롬프트팰(PromptPal)과 같은 플랫폼은 이러한 과정을 위해 특별히 개발되었다. 마케팅 관리자 직위를 위해 채용 과정을 진행한다고 가정해보자. 직무 분석을 통해 중요한 역량을 파악한 후 해당 역량을 평가할 수 있는 질문을 준비한다. 이후 프롬프트팰을 이용해 각 질문의 잠재적인 답변을 생성하고 후보자 적합성 평가 기준을 마련한다. 이렇게 마련한 기준은 실제 인터뷰 시 지원자의 답변을 보다 효과적으로 평가하는 방법이 된다. 후보자의 사고 방식, 문제 해결 능력 그리고 직무와 관련된 기술적 지식을 기준을 갖고서 객관적으로 평가할

> **You**
> ABC전자의 채용 면접관으로서 "소프트웨어 개발자" 직무에 지원한 후보자를 면접할 때 내가 질문할 구체적인 질문 5개를 리스트해 주시오.
>
> **ChatGPT**
> ABC전자의 소프트웨어 개발자 직무에 지원한 후보자를 면접할 때, 다음과 같은 구체적인 질문들을 고려해 볼 수 있습니다. 이 질문들은 후보자의 기술적 능력, 문제 해결 능력, 협업 능력 및 직무에 대한 열정을 평가하기 위해 설계되었습니다.
>
> 1. **기술 스택과 경험에 관한 질문:** "귀하가 가장 능숙하다고 생각하는 프로그래밍 언어는 무엇이며, 이 언어를 사용하여 어떤 프로젝트를 수행했는지 구체적인 예를 들어 설명해 주십시오." 이 질문은 후보자가 어떤 기술에 능숙하며, 그 기술을 실제로 어떻게 활용했는지를 파악할 수 있게 해줍니다.
> 2. **문제 해결 능력 질문:** "복잡한 소프트웨어 버그를 발견했을 때, 그 문제를 어떻게 진단하고 해결했는지에 대한 경험을 공유해 주십시오." 이 질문은 후보자의 문제 해결 접근 방식과 과정, 그리고 결과적으로 어떻게 문제를 해결했는지에 대한 이해를 돕습니다.
> 3. **협업과 팀워크에 관한 질문:** "과거에 팀 프로젝트에서 겪었던 가장 어려운 협업 경험은 무엇이었으며, 그 상황을 어떻게 극복했는지 설명해 주십시오." 이 질문은 후보자가 팀 내에서 어려움을 어떻게 극복했는지, 협업을 통해 문제를 해결하는 능력을 파악할 수 있게 해줍니다.
> 4. **새로운 기술 학습에 대한 질문:** "최근에 새롭게 배우기 시작한 기술은 무엇이며, 그 기술을 배우기로 결정한 이유와 학습 과정에서 어떤 방법을 사용했는지 설명해 주십시오." 이 질문을 통해 후보자가 기술적으로 성장하고자 하는 의지와 학습 능력을 평가할 수 있습니다.
> 5. **직무 관련 열정과 동기에 관한 질문:** "소프트웨어 개발자로서 본인의 경력 목표는 무엇이며, ABC전자에서 이 목표를 어떻게 달성하고자 하는지 설명해 주십시오." 이 질문은 후보자가 이 직무에 얼마나 열정적이며, 장기적인 경력 계획과 회사와의 연관성을 어떻게 보고 있는지를 이해할 수 있게 해줍니다.

그림 3: 채용 담당자가 직무에 필요한 역량을 리스트해 달라는 요청을 하면, 챗GPT가 후보자에게 할 질문을 자동으로 생성해 준다.

수 있다.

인터뷰에 필요한 질문도 채용 담당자가 필요한 역량을 프롬프트에 입력하면 챗GPT를 이용해서 자동 생성할 수 있다. 아래 그림처럼 "ABC전자의 채용 면접관으로서 소프트웨어 개발자 직무에 지원한 후보자를 면접할 때 내가 질문할 질문 5개를 리스트해 주시오"라는 프롬프트를 입력하면 후보자에게 질문 예시를 생성해준다(그림 3).

채용 담당자가 후보자의 답변을 평가하기 어려울 때, 챗GPT에게 다음과 같이 평가 기준을 물어볼 수도 있다. "내가 소프트웨어 개발자 직무에 지원한 후보자를 면접하는 자리에서 '프로젝트를 성공적으로 완료하기 위해 어떤 노력을 기울였습니까?'라고 질문했을 때 어떤 기준으로 후보자의 답변을 평가하면 좋을까요?" 그러면 챗GPT는 그림 4과 같이 답변해준다.

흥미로운 것은 이를 반대로 이용해 인터뷰 지원자가 챗GPT에게

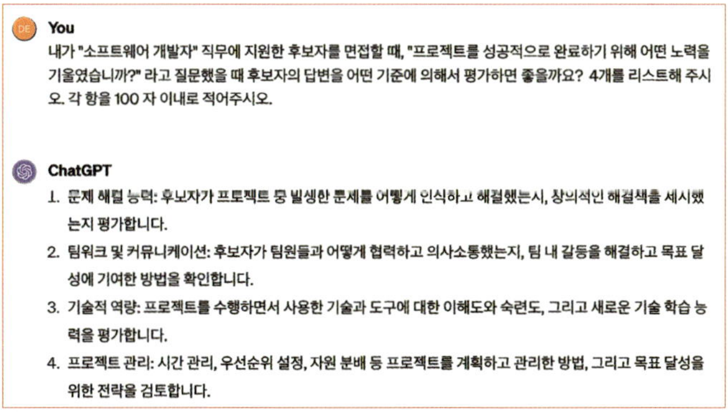

> **You**
> 내가 "소프트웨어 개발자" 직무에 지원한 후보자를 면접할 때, "프로젝트를 성공적으로 완료하기 위해 어떤 노력을 기울였습니까?" 라고 질문했을 때 후보자의 답변을 어떤 기준에 의해서 평가하면 좋을까요? 4개를 리스트해 주시오. 각 항은 100 자 이내로 적어주시오.
>
> **ChatGPT**
> 1. 문제 해결 능력: 후보자가 프로젝트 중 발생한 문제를 어떻게 인식하고 해결했는지, 창의적인 해결책을 제시했는지 평가합니다.
> 2. 팀워크 및 커뮤니케이션: 후보자가 팀원들과 어떻게 협력하고 의사소통했는지, 팀 내 갈등을 해결하고 목표 달성에 기여한 방법을 확인합니다.
> 3. 기술적 역량: 프로젝트를 수행하면서 사용한 기술과 도구에 대한 이해도와 숙련도, 그리고 새로운 기술 학습 능력을 평가합니다.
> 4. 프로젝트 관리: 시간 관리, 우선순위 설정, 자원 분배 등 프로젝트를 계획하고 관리하는 방법, 그리고 목표 달성을 위한 전략을 검토합니다.

그림 4: 챗GPT가 채용 면접관이 후보자의 답변을 평가할 사항과 기준에 대해 알려준다.

You

당신은 ABC전자의 채용 면접관으로서 나를 인터뷰하고 있습니다. 나는 ABC전자에
생성형 AI 혹은 챗GPT 역량을 활용할 수 있는 직무에 지원하기를 희망합니다. 당신이 면접시 나에게 물어볼 구체적인 질문 5개를 리스트해 주시오.

ChatGPT

ABC전자에서 생성형 AI나 챗GPT 기술을 활용할 수 있는 직무에 지원하는 당신을 대상으로, 다음은 면접 중에 제시될 수 있는 구체적인 질문 5개입니다:

1. **기술 경험 및 이해도:** "생성형 AI와 챗GPT 기술에 대한 이해와 경험을 바탕으로, 과거에 수행한 프로젝트나 연구 중 이 기술을 어떻게 활용했는지 구체적인 예를 들어 설명해 주실 수 있나요? 특히 어떤 문제를 해결하거나 어떤 가치를 창출했는지에 대해 강조해주세요."
2. **혁신적 사고:** "생성형 AI 기술을 활용하여 ABC전자의 제품이나 서비스에 어떤 혁신을 가져올 수 있다고 생각하십니까? 구체적인 아이디어나 제안을 들려주세요."
3. **기술적 도전과 문제 해결:** "AI 기술을 개발하거나 구현할 때 마주칠 수 있는 주요 도전 과제들은 무엇이라고 생각하십니까? 특정 도전 과제를 예로 들고, 그것을 어떻게 극복하려고 시도했는지 설명해주세요."
4. **윤리적 고려사항:** "생성형 AI의 사용에 있어서 윤리적 고려사항은 매우 중요합니다. 귀하가 AI 기술을 개발하거나 활용할 때 윤리적 기준을 어떻게 설정하고 유지할 것인지, 그리고 이러한 기준이 왜 중요한지에 대해 설명해주세요."
5. **팀워크 및 협업:** "생성형 AI 기술을 효과적으로 팀이나 프로젝트에 통합하기 위해, 귀하는 어떤 형태의 협업과 의사소통 기술을 가지고 계신가요? 과거 팀 내에서 기술적 의견 차이를 어떻게 조정했는지, 그리고 다양한 배경을 가진 사람들과 어떻게 협력했는지에 대한 경험을 공유해주세요."

이 질문들은 당신의 기술적 능력, 혁신적인 사고방식, 팀 내에서의 협업 능력, 그리고 윤리적 고려사항에 대한 이해를 평가하기 위해 설계되었습니다. 준비하시면서 이러한 포인트들에 대해 구체적인 예시와 함께 생각해 보시기 바랍니다.

그림 5: 챗GPT는 면접관이 다음과 같은 질문을 할 것이라고 지원자에게 알려준다.

이렇게 물어볼 수도 있다. "당신은 ABC전자의 채용 면접관으로서 나를 인터뷰하고 있습니다. 나는 ABC전자에 소프트웨어 개발자 직무에 지원하기를 희망합니다. 당신이 면접시 나에게 물어볼 구체적인 질문 5개를 리스트해 주시오." 그러면 AI는 면접관이 다음과 같은 질문을 할 것이라고 지원자에게 알려준다(그림 5). 지원자는 이런 모의 인터뷰를 다수 진행해봄으로써 인터뷰를 보다 잘 준비할 수 있다(그림 6).

정리해보면, 생성형 AI는 방대한 양의 데이터를 분석하여 후보자의 향후 성과, 문화적 적합성 등을 예측한다. 기업은 이러한 예측 능력을

> 당신은 AI와 IT 연구개발을 수행하는 'Hope AI 연구소'에서 채용을 담당하는 면접관 입니다. 당신은 ChatGPT 개발 부서에 지원한 나를 인터뷰하고 있습니다. 나를 step by step 으로 모의 인터뷰해 보기 바랍니다.

안녕하세요, Hope AI 연구소에서 면접관을 맡고 있는 XX입니다. 오늘은 ChatGPT 개발 부서 지원자인 XXX님과 인터뷰를 진행하려고 합니다. 준비가 되셨나요?

1. 자기소개 부탁드립니다.
2. ChatGPT 개발에 관심을 가지게 된 이유가 무엇인가요?
3. GPT 모델을 설명해보세요.
4. GPT-3와 GPT-2의 차이점은 무엇인가요?
5. ChatGPT에서 구현하고자 하는 기능 중에서 가장 도전적인 것은 무엇인가요?
6. ChatGPT를 발전시키기 위해 어떤 연구나 기술적인 개선이 필요하지 생각해보셨나요?
7. 예를 들어서, ChatGPT에 추가하고 싶은 새로운 기능이 있다면 어떤 것인가요?
8. 프로젝트를 수행할 때 팀 내에서 가장 어려운 문제는 무엇인가요?
9. 협업을 할 때 가장 중요하게 생각하는 가치는 무엇인가요?
10. 마지막으로, 본인이 ChatGPT 개발 부서에 합격하게 된다면 어떤 역할을 수행하고 싶은지 말씀해주세요.

위 질문들로 인터뷰를 진행하도록 하겠습니다. 어려운 질문이나 더 궁금한 사항이 있으시다면 언제든지 말씀해주세요.

> Let's start role play

Sure, let's begin!

안녕하세요, Hope AI 연구소에서 면접관을 맡고 있는 XX입니다. 오늘은 ChatGPT 개발 부서 지원자인 XXX님과 인터뷰를 진행하려고 합니다. 준비가 되셨나요?

응, 준비되었습니다.

좋습니다. 그럼 첫 질문은 자기소개를 해주시겠어요?

네, 제 이름은 XXX이고 현재 대학에서 컴퓨터 공학을 전공하고 있습니다. 컴퓨터 프로그래밍을 하면서 새로운 기술과 기술적인 문제를 해결하는 것에 큰 관심을 가지게 되었고, AI와 자연어 처리 분야에서 일하는 것이 꿈입니다. 그래서 Hope AI 연구소의 ChatGPT 개발 부서 지원에 도전하게 되었습니다.

좋습니다. 그렇다면 두 번째 질문으로, ChatGPT 개발에 관심을 가지게 된 이유가 무엇인가요?

저는 ChatGPT 개발에 관심을 가지게 된 이유는, 인공지능과 자연어 처리 기술이 지금까지의 사람들과의 상호작용을 크게 변화시키고 있다고 생각하기 때문입니다. ChatGPT를 통해, 자연스러운 대화를 하는 인공지능 챗봇을 만들 수 있을 것이라고 생각해서 지원하게 되었습니다.

좋습니다. 그럼 세 번째 질문으로, GPT 모델을 설명해보세요.

GPT 모델은 인공지능 분야에서 자연어 처리를 위해 사용되는 딥러닝 모델 중 하나입니다. GPT는 "Generative Pre-trained Transformer"의 약자로, 대용량 텍스트 데이터를 학습한 후 다양한 자연어 처리 작업을 수행할 수 있는 모델입니다. 이 모델은 Transformer 아키텍처를 사용하여 학습되며, 입력 시퀀스와 출력 시퀀스를 학습하는 방식을 취합니다.

좋습니다. 네 번째 질문으로, GPT-3와 GPT-2의 차이점은 무엇인가요?

GPT-3와 GPT-2는 모두 OpenAI에서 개발한 GPT 모델 시리즈의 일부입니다. GPT-3은 GPT-2보다 훨씬 더 큰 규모의 모델이며, 더 많은 파라미터를 가지고 있습니다. GPT-3는 175억 개의 파라미터를 가지고 있으며, 이전 모델인 GPT-2보다 약 10배 이상 큽니다.

그림 6: 챗GPT를 이용하여 후보자는 가상으로 면접관과 모의 인터뷰를 진행해 볼 수 있다.

바탕으로 채용 결정을 내린다. 이제는 대면뿐만이 아니라 비대면 혹은 가상 인터뷰도 점점 증가하고 있다. AI가 진행하는 가상 인터뷰로 지원자의 응답을 분석하고 평가할 수도 있다. 그리고 언어적 응답, 비언어적 응답 모두를 고려할 수도 있다.

하이어뷰(HireVue)는 비디오 인터뷰 서비스를 제공하는데 AI를 사용하여 후보자의 비디오 인터뷰 내용을 분석한다. 분석은 언어, 톤, 표정을 포함하여 후보자의 응답에서 다양한 요소를 평가하여 후보자의 적합성을 판단한다. 또 탤뷰(Talview)는 원격으로 후보자를 인터뷰하는 프로세스를 서비스로 제공한다. 비디오 인터뷰와 AI 분석을 결합하여 지원자의 성격 및 역량을 평가하는 서비스다.

적용 사례 – SAP

SAP의 센스(Sense) 플랫폼은 AI 기술과 머신러닝을 활용하여 후보자의 스킬, 경험, 선호도와 채용하고자 하는 직책·직무 요구 사항을 비교 분석해 가장 적합한 후보자를 찾아낸 후 자동화 도구와 AI를 이용해 이력서 분석, 초기 면접, 후보자 평가 등의 채용 과정을 간소화하고 가속화한다. 센스는 SAP 뿐 아니라 전 세계의 다양한 산업 분야에서 사용되며 채용에 걸리는 시간은 30%, 비용은 35% 절감시켰으며 적합한 지원자의 수를 55% 증가시키는 효과를 얻었다.

SAP은 1972년 독일에서 IBM 출신의 동료 다섯 명이 함께 시작한 회사다. 이들은 기업용 소프트웨어를 바꾸고 비즈니스 수행 방식을 재창조했다. 현재 SAP은 데이터베이스, 분석, 인텔리전트 기술 및 경험 관리를 위한 엔드투엔드 비즈니스 애플리케이션 소프트웨어 및 서비스 분야의 시장 선도 기업이다. SAP의 전사적 자원 관리는 재무, 인사, 제조, 영업, 물류·유통, 설비 및 공사 관리 기능을 포함하고 있다. 오늘날 전 세계 2억 명의 사용자와 10만 명 이상의 직원을 보유하고 있다.

SAP의 기업 고객 중에는 인사, 특히 인력 채용 프로세스의 자동화 및 최적화에 관심이 있는 기업이 많다. 이에 SAP는 생성형 AI 기술을 활용하여 직무 요구 사항에 부합하는 후보자를 발견하고 채용에 이르는 전 과정을 자동화하는 솔루션을 개발해 제공하고 있다.

SAP은 자사는 물론이고 고객 기업의 인재 채용에 도움을 주고자 센스 탤런드 랩(Sense Talent Lab)이라는 혁신 센터를 구성했다. 이 센터는 머신러닝 및 생성형 AI 기술을 활용하여 인재 채용과 인력 관리를 개선하는 솔루션 개발을 목표로 한다.

이곳에서는 지원자의 이력서 및 프로필을 스크리닝하고 채용 담당자와 면접 일정을 잡으며 후보자에게 맞춤한 채용 지원이 가능한 도구를 개발한다. 특히 인사 채용팀이 채용 과정의 모든 단계에서 후보자와의 상호작용을 개인화할 수 있도록 돕는 AI 기반 인재 참여 플랫폼인 더 센스 탤런트 인게이지먼트 플랫폼(The Sense Talent Engagement Platform)을 제공한다. 이를 간단히 '센스'라고 부른다. SAP의 센스 플랫폼은 우수한 인재를 신속하게 찾고 채용함으로써 인사 담당자의 생산성을 높여준다. 센스 플랫폼에는 이 같은 상호작용을 돕는 생성형 AI 기반의 어시스턴트 센스 AI 코파일럿(Sense AI Copilot)이 있다[5].

센스는 기업이 인재를 찾고, 유치하며, 관리하는 전 과정을 혁신적으로 개선하기 위해 설계된 종합 인재 관리 플랫폼이다. 채용부터 온보딩, 성과 관리, 그리고 학습 및 개발에 이르기까지 인재 관리에 필요한 모든 것을 하나의 시스템 안에서 효율적으로 관리하도록 도와준다. 구체적인 기능은 다음과 같다.

- **맞춤형 채용 공고 생성**: 채용 담당자가 각 지원자에게 적합한 맞춤형 채용 공고를 만들어 제공한다.
- **자동 이력서 요약**: 지원자의 이력서와 링크드인 프로필을 분석한 후, 분석 보고서를 채용 담당자에게 제공해 지원자를 빠르고 효율적으로 평가하는 데 도움을 준다.
- **후보자 면접 질문 생성**: 지원자의 역할 및 경험에 맞는 맞춤형 면접 질문을 생성한다. 이는 면접관이 지원자의 능력을 더 정확하게 평가하는 데 도움이 된다.
- **후보자 평가**: 면접관의 질문에 지원자의 답변을 분석한 후, 채용 담당자에게 지원자의 적합성 평가를 제공한다.
- **온보딩 경험 개인화**: 신입 직원에게 개인 맞춤형 온보딩 경험을 제공하여 회사 문화와 업무에 대한 이해를 높일 수 있도록 한다.

센스는 현재 인재 채용 및 인력 관리 분야의 선두 주자로 인정받고 있다. 이미 월마트, IBM, 코카콜라, 뱅크 오브 아메리카 같은 포춘지 선정 500대 기업에서 사용하고 있다.

SAP의 데이터에 따르면 기업의 채용 시간을 평균 30%, 채용 비용을 35% 절감시켰으며 적합한 후보자의 수를 55% 증가시키는 효과가 있었다.

적용 사례 – 유니레버

유니레버는 인사 채용 프로세스에 AI를 이용함으로써 채용 절차를 더 효율적으로 만들며 지원자의 능력을 정확하게 평가할 수 있도록 했다. 게임 기반 평가와 화상 면접을 활용함으로써 기존의 전통적인 시험 방식보다 지원자의 실제 능력을 더 정확하게 평가한다. 그리고 이력서만으로 파악하기 어려운 지원자의 정성적인 면모도 확인한다.

유니레버(Unilever)는 액스(Axe), 도브(Dove), 립톤(Lipton) 같은 수십억 달러의 가치를 지닌 브랜드를 포함해 400여 개의 브랜드 제품을 190개국에서 판매하는 세계 최고의 소비재 기업 중 하나다. 전 세계에 17만 명의 직원이 있으며 연간 180만 명의 입사 원서를 처리하고 3만 명 이상을 채용한다. 따라서 채용에 필요한 구인 광고, 지원자 선별, 신입사원 채용 작업에는 엄청난 시간과 인력, 비용이 들어간다.

유니레버는 채용이 더 효율적이고 신속하게 진행될 수 있는 혁신

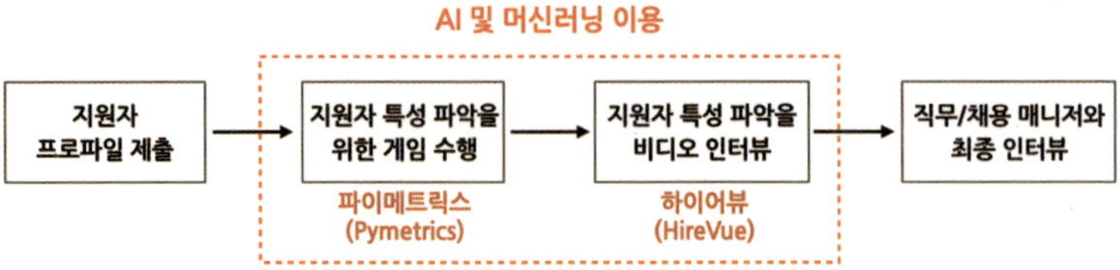

```
         AI 및 머신러닝 이용
    ┌─────────────────────────────┐
┌────────┐  ┌────────┐  ┌────────┐  ┌────────┐
│ 지원자  │→│지원자 특성 파악을│→│지원자 특성 파악을│→│직무/채용 매니저와│
│프로파일 제출│  │위한 게임 수행│  │비디오 인터뷰│  │최종 인터뷰│
└────────┘  └────────┘  └────────┘  └────────┘
              파이메트릭스      하이어뷰
              (Pymetrics)      (HireVue)
```

그림 7: 유니레버가 채택한 4단계 채용 프로세스

적인 기술 활용에 오래전부터 관심을 가져왔다. 종이, 전화, 수작업 평가에 기반하는 채용 프로세스를 혁신하고 절차를 간소화하며 더 넓은 글로벌 인재 풀을 활용하고자 했다. 이를 위해 유니레버는 채용 관련 AI를 도입하기로 하고 파이메트릭스(Pymetrics) 및 하이어뷰(HireVue)와 파트너십을 맺었다. 현재 유니레버에서 진행하는 채용 절차는 그림 7과 같은 4단계로 이뤄져 있다.

미국 뉴욕에 본사를 둔 파이메트릭스사는 채용 결정에 도움이 되는 게임 소프트웨어를 제공한다[6]. 게임은 이기고 지는 데 목적이 있는 게 아니라 지원자의 특성을 측정하는데 목적이 있다. 지원자들은 30분 정도 걸리는 12개의 온라인 게임에 참여한다. 각각의 게임으로 총 약 10만 개 이상의 특성 관련 데이터 포인트가 수집되며 주의력, 위험 감수, 의사결정 속도, 감정 인식, 문제 해결, 정확성, 협력성, 인내력, 학습 속도 이렇게 9개 능력을 평가한다. 이를 기반으로 각 지원자의 프로파일이 만들어진다.

파이메트릭스사가 개발한 게임은 기존의 대면 인터뷰에 비해 지원자들의 장단점을 훨씬 더 정량적으로 평가해 상세한 적성 프로파일

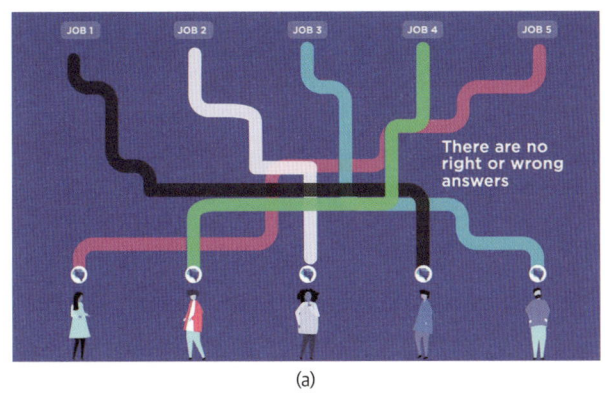

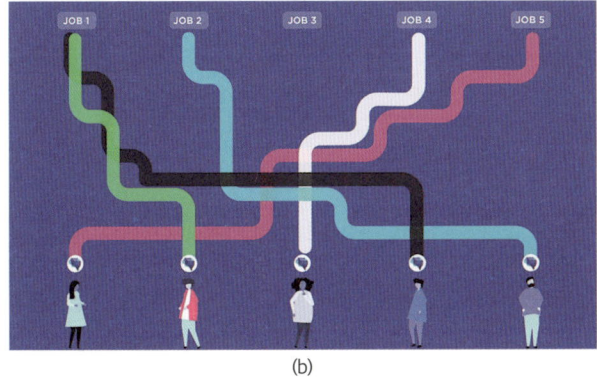

그림 8: 파이메트릭스 게임에서 도출된 지원자의 프로파일과 직무의 기존 특성 프로파일의 값을 비교하여 적합한 매치가 이루어진다. 지원자의 프로파일에 따라 희망 포지션과 적합성이 다르게 나올 수도 있다.
(출처: https://youtu.be/7RSuwNbheGQ)

을 구축할 수 있는 특징이 있다. 먼저, 머신러닝 알고리듬은 지원자 프로파일을 해당 직무의 벤치마크 특성 프로파일 값과 비교해 적합성을 도출한다. 그런 다음 지원자가 게임에 참여해서 도출한 특성 프로파일과 채용 직무의 벤치마크 프로파일과 매치시켜 가장 일치가 잘 되는 지원자를 선택한다(그림 8). 이때 그림에서 보는 것처럼 지원자가 희망하는 포지션과 지원자의 프로파일의 분석 값이 서로 다른 결과임을 보여 줄 때도 있다.

유니레버는 이 게임 플랫폼을 활용하여 지원자의 사회적, 인지적, 행동적 특성을 측정한다. 지원자가 문제에 접근하고 해결하는 방식에 귀중한 인사이트를 얻고 자연스러운 행동과 반응을 파악한다. 이 게임 기반 평가는 정답과 오답이 없기 때문에 편견을 최소화하고 기존 시험에서 흔히 발생하는 지원자의 스트레스 레벨을 줄여준다. 그리고 즉각적인 성과 피드백도 받을 수 있어 지원자는 자신의 강점과 개선이 필요한 부분까지도 파악할 수 있다. 현재 맥도날드, JP모건, 회계법인 PWC, 식품 그룹 크래프트 하인즈(Kraft Heinz)같은 다국적 기업이 초기 채용 과정에서 파이메트릭스의 프로그램을 활용한다.

유니레버의 채용 프로세스에서 파메트릭스사의 게임 수행 다음은 비디오 인터뷰다. 이를 위해 하이어뷰(HireVue)라는 면접 비디오 플랫폼 서비스를 이용한다. 이는 채용팀에 더 많은 검토자를 배치하는 것과 같은 효과가 있다. 비디오 인터뷰는 라이브로 진행되는 것은 아니다. 스마트폰이나 웹캠이 장착된 컴퓨터로 지원자가 원하는 시간과 원하는 장소 어디에서든 할 수 있다.

지원자는 다음과 같은 질문에 답변해야 한다. "당신이 가진 경험이 이 마케팅 직무에 적합한 이유를 설명하십시오." 혹은 "소프트웨어 개발 도중 가장 힘들었던 경우 중 하나를 기술하십시오." 답변 과정은 비디오로 녹화된다. 하이어뷰는 이를 텍스트로 변환한 다음 AI 및 머신러닝으로 주요 키워드를 분석한다. 지원자의 표정, 눈동자 움직임, 몸짓, 목소리 뉘앙스도 분석해 잠재적 적합성을 확인한다. 채용담당자는 이러한 분석을 바탕으로 향후 지원자가 어떤 성과를 낼 수 있을지 예측하며 회사에서 최고 성과를 내는 기존 직원들의 점수와 비교해 지원자가 회사 직무에 적합한지를 결정한다.

AI 솔루션을 활용하는 것은 기업과 지원자 모두에게 다양한 이점을 제공한다. 게임은 전통적인 심리 테스트보다 높은 몰입도와 재미를 선사해 지원자가 채용 과정 전체를 즐길 수 있도록 도와준다. 하이어뷰를 이용해서는 자신의 일정에 맞춰 면접 촬영을 할 수 있는 유연성을 얻을 수 있으며 면접관과 지원자 간의 시간 조율 같은 문제도 해결할 수 있다.

지원자가 입사 지원서를 보내면 회사는 통상 "이력서를 보내주셔서 매우 감사드리며 다시 연락드리겠습니다."라는 메일을 보내지만 그 후 아무런 소식을 받지 못하는 경우도 있다. 그리고 채용 과정이 너무 지연되어 지원자가 중간에 포기하는 경우도 있다. 하지만 AI를 활용하게 되면 지원자에게 구체적인 피드백이 갈 수 있으며, 지원자는 자신이 어떤 평가를 받았고 어떤 특성을 보여줬는지 등을 확인할 수 있다. 그리고 채용에 탈락했다면 그 이유가 무엇인지도 알 수 있다. 이러한 자동화된 피드백은 채용에 탈락한 지원자에게도 좋은 경험이 된다.

유니레버는 2016년 파이메트릭스와 하이어뷰를 활용하여 25만 명의 지원자를 최종적으로 3,500명으로 줄여 최종 평가 인터뷰에 초대

했다. 이후 실제 현업 관리자와 채용 담당자와 인터뷰를 통해 최종적으로 800명을 선발했다.

유니레버의 HR 책임자인 리나 네어(Leena Nair)는 자동화된 심사 시스템 덕분에 후보자를 인터뷰하고 평가하는 데 약 7만 맨-아워(man-hour) 시간이 단축되었다고 말했다[7]. 효율성 측면에서 18개월 동안 5만 시간 이상의 후보자 면접 시간을 절약하여 연간 100만 파운드의 비용을 절감한 것이 된다. 뿐만 아니라 AI 도입으로 채용 담당자가 지원서를 검토하는 데 드는 시간을 75% 줄였으며, 채용까지 걸리는 시간도 90% 가량 줄였다[8].

요즘 같은 디지털 시대와 MZ세대가 사회의 주류가 된 지금, 기업들은 더 이상 구식이고 비효율적인 채용 방식을 고수할 수는 없다. 세계적인 인재 영입 경쟁이 치열해지고 있다는 사실은 기업들이 새로운 방법을 모색해야 한다는 것을 의미한다. 채용 시장은 점차 지원자 중심으로 변화하고 있다. 특히 우수 인재나 특정 직무를 뽑을 때 그러한 경향성은 더욱 짙어진다. 유니레버의 예처럼 AI를 채용에 이용하는 기업은 지원자에게도 이득이 되는 경험을 제공한다.

성과와 혁신

수많은 이력서를 하나하나 보는 시대는 끝났다. 생성형 AI가 소셜 미디어부터 온라인 포트폴리오까지, 후보자 정보를 분석해 종합적인 프로필을 만든다. 지원자의 이력서와 포트폴리오를 들여다보며 업무에 딱 맞는 사람을 골라주는 일도 AI가 알아서 한다. 경험, 기술, 성과 같은 여러 가지를 종합적으로 보고 소셜 미디어 활동이나 공개된 작업물도 분석해 지원자를 입체적으로 평가한다. 결과적으로 더 입체적으로 사람을 평가한다. 채용 담당자는 AI를 활용해 채용 직무와 잘 매치되는 후보자를 빨리 골라낼 가능성이 높아지며, 이력서 보는 것 같은 반복 작업을 줄이고 더 중요하고 전략적인 일에 시간을 쓸 수 있다.

AI는 면접도 바꾼다. 챗봇이 초기 질문을 처리하고 면접 일정을 잡는 등 후보자와의 원활한 소통을 도울 수 있다. 게임이나 비디오 면접을 분석하는 고급 도구는 인재를 더욱 정확히 파악하는 통찰력을 준다. AI와 가상현실을 결합하면 지원자는 가상 면접실에서 몰입감 있는 면접을 할 수 있다. 면접관의 편견을 줄여 객관적인 평가도 가능해진다.

AI 도구는 여러 언어로 된 이력서를 번역하고 해석할 수 있어 언어 장벽으로 인한 인재 확보에도 제한받지 않는다. 다양한 국가의 이력서를 원활하게 분석하고 다양한 형식과 문화적 차이를 이해하여 해외 채용을 쉽게 한다.

채용 프로세스의 투명성과 공정성도 강화한다. 데이터 기반의 의사 결정 과정은 인사 관리에서 객관적이고 공정한 기준을 적용할 수 있게 돕는다. 규정 준수와 윤리적 기준을 확보하는 데에도 중요한 역할을 한다.

2. 마케팅과 광고

챗GPT, 제미나이, 달리2, 미드저니 등과 같은 생성형 AI는 마케팅과 광고 분야에서도 혁명적인 변화를 만들고 있다. 기존의 AI 기술은 데이터 분석과 예측에는 우수했지만 창의성과 개인화 측면에서는 한계가 있었다. 그러나 생성형 AI는 이러한 한계를 극복하고 이미지, 동영상, 텍스트와 같은 새로운 광고 콘텐츠를 매력적이고 고객 맞춤화된 형태로 만든다. 그리고 타겟 고객이 공감할 수 있는 광고를 만들어 사용자의 참여도와 클릭률을 높여 매출 증가를 이루기도 한다. 기업은 더 저렴하고, 더 빠르며, 사실상 무제한으로 제품을 광고하는 방법을 모색 중이다.

식품 기업 네슬레부터 소비재 기업 유니레버에 이르기까지 세계 최대의 광고주들은 이미 생성형 AI를 이용해 광고를 제작하고 송출하고 있다. 영국의 세계 최대 광고 회사 WPP는 소비재 기업과 협력해 광고 캠페인에 생성형 AI를 활용하고 있다. 기존 광고 제작비의 5~10% 비용으로도 광고를 만들 수 있으며 더 이상 광고 촬영을 위해 북극이나 아프리카로 갈 필요도 없다[9].

다양한 광고 카피 생성

생성형 AI를 활용한 카피 제작은 광고 산업에 혁신적인 변화를 가져오고 있다. 이 기술을 이용하면 더 빠르고 효율적으로 창의적인 광고 문안을 뽑아낼 수 있다. 수 초 내에 다양한 광고 카피 옵션을 만들어

내며 광고 캠페인을 신속하게 진행할 수 있도록 도와준다.

먼저 목표하는 고객, 캠페인 목표, 핵심 메시지 등의 정보를 AI 시스템에 입력해서 프롬프트로 문안 요청을 한다. 그러면 AI는 이 데이터를 기반으로 다양한 스타일, 다양한 톤의 광고 문안을 생성한다. 마케팅팀은 이중 가장 적합한 카피 하나를 선택하고 필요에 따라 수정해서 사용하면 된다. 그리고 특정 문화권의 언어적 뉘앙스를 이해하는 데에도 많은 도움을 주고 다양한 언어로 카피를 만들 수 있는 능력은 글로벌 캠페인 운영에 큰 도움이 된다.

그림 9는 생성형 AI 뤼튼에 입력한 신제품 광고 카피 요청 프롬프

HosooLee

넌 디지털 마케팅과 컨텐츠 제작 전문가로, 고객 중심의 이야기를 만들어 내야해. 많은 기업들이 고객 이야기를 통해 우리가 출시한 신제품을 어필할 수 있도록 도와야해. 신제품은 360도 회전하고, 주위 환경에 따라 빛의 세기와 색깔이 조정되는 LED 데스크 램프야. 너의 임무는 "키민" 이라는 이름의 신제품에 대한 매력적인 광고 문구를 만드는 거야. 우리 회사 이름 "투리"와 학생 및 오피스 회사원을 꼭 포함해서 작성해. 너의 대답은 독자의 관심을 끌 수 있는 강력한 헤드라인과 후킹 문구가 있어야해. 300자 이내로 답을 작성해줘.

뤼튼 GPT-4

"투리의 신제품, '키민'으로 빛나는 하루를 시작하세요! 학생부터 오피스 회사원까지, 모두의 책상 위를 360도 자유롭게 밝히고, 주변 환경에 따라 빛의 세기와 색을 맞춤 조절. '키민'과 함께라면, 언제 어디서나 완벽한 조명 속에서 최고의 집중력을 경험하세요!"

"빛나는 성공으로 이끄는 키민, 투리의 혁신적인 데스크 램프! 학생부터 오피스 회사원까지, 당신의 작업 공간을 맞춤형 조명으로 완성하세요. 360도 회전 기능과 환경에 반응하는 색상 변화로, 키민이 여러분의 일과 공부를 더 밝고 효율적으로 만들어 드립니다. '투리'와 함께, 빛을 통해 이야기를 만들어 가세요."

"당신의 공간을 밝히는 혁신, 키민: 투리의 새로운 LED 데스크 램프. 학생부터 오피스 회사원까지, 360도 회전과 환경에 맞춘 조명으로 집중력을 높이세요. 당신의 이야기를 빛내줄 키민과 함께라면 어떤 작업도 더 밝고 명확해집니다."

그림 9: 생성형 AI 뤼튼에 입력한 신제품 광고 카피 요청 프롬프트와 몇 초만에 생성된 3개의 광고 카피 문안들이다.

트다. 그리고 그 아래는 단 몇 초 만에 생성된 3개의 광고 카피 문안이다.

생성형 AI의 능력은 데이터를 지속적으로 학습하여 더 효과적인 광고 카피를 계속해서 만들 수 있다는 점에 있다. 결과적으로 광고의 성능을 향상시킬 수 있다. 아직은 AI가 뽑는 카피가 한두 번의 프롬프트로 완벽하게 도출되거나 아주 새로운 아이디어를 내놓는 것에는 한계를 보이지만 기존의 아이디어를 확장하거나 예상치 못한 새로운 관점을 제안하는 등 창의적인 카피나 아이디어를 떠올리는 데에는 여러 가지 도움을 준다.

역동적인 영상 광고 콘텐츠 제작

생성형 AI의 핵심 역량은 기존의 AI가 할 수 없었던 업무를 가능하게 하고 더 나아가 독창적이고 창의적인 결과물을 창출할 수 있도록 돕는 데 있다. 기존의 AI는 인구통계학적 정보나 검색 기록을 기반으로 광고 콘텐츠를 개인화할 수 있었다. 하지만 개별 시청자에게 깊은 공감을 불러일으키는 고품질의 콘텐츠를 제작하는 데에는 한계가 뚜렷했다. 생성형 AI는 이를 해소하고 맞춤형 비주얼과 음성을 통해 시청자와 정서적 유대를 강화하도록 돕는다.

인비디오(InVideo)와 달리(DALL-E) 같은 도구는 텍스트 설명이나 기존 콘텐츠를 기반으로 고품질 비디오나 이미지를 만든다. 카피는 카피 AI(Copy.ai) 및 라이트소닉(Writesonic) 같은 생성형 AI 도구를 이용하면

된다. 이런 도구를 이용하면 마케팅팀의 시간과 리소스를 절약하는 동시에 일관성과 효율성을 보장받을 수 있다.

로레알은 생성형 AI를 활용하여 여러 언어로 개인화된 소셜 미디어 광고를 만들고, 다양한 색상의 립스틱을 고객이 가상으로 사용해볼 수 있는 맞춤형 동영상 광고를 제작했다. 이러한 접근 방식은 전통적인 광고에 비해 훨씬 높은 참여율과 클릭률을 이끌어 낸다. 코카콜라는 사용자의 위치, 관심사, 심지어 날씨까지 고려하여 개인화된 동영상 광고를 생성함으로써 더욱 몰입감 있고 매력적인 광고 경험을 만들었다. 나이키 역시 과거 구매 내역, 검색 기록, 위치 데이터를 분석함으로써 사용자 관심에 맞는 제품이나 운동선수를 등장시킨 개인화된 동영상 광고를 제작했다. 유니레버는 사용자의 관심사와 최신 트렌드를 반영하여 소셜 미디어에 맞춤 된 광고 문구를 작성하고 캠페인에 사용될 식품 이미지와 동영상을 사실적으로 뽑아냈다. 그리고 다양한 문화적 선호도와 식습관에 맞춘 매력적인 음식 이미지를 자동으로 제작했다. 넷플릭스는 고객이 관심을 가질 만한 영화나 프로그램을 추천하기 위해 고객의 시청 습관과 선호도를 추출하고 이를 기반으로 개인화된 예고편 동영상을 만들기도 했다.

개인화된 랜딩 페이지 및 이메일

기존의 AI는 '이런' 광고 형태 혹은 '이런' 카피가 좋다고 추천할 수는 있지만 직접 광고를 만드는 것은 불가능했다. 하지만 생성형 AI를 이용하면 가능하다. 특히 개인화된 랜딩 페이지와 이메일에서 이러한 방식은 두드러진다. 자세히 살펴보자.

마스터카드의 자회사인 다이나믹 일드(Dynamic Yield)와 모네테이트(Monetate) 같은 광고 기술 회사는 자신들의 AI 기술을 사용해 개별 사용자 데이터 및 행동을 기반으로 웹사이트 랜딩 페이지와 이메일 메시지를 개인화했다. 사용자가 과거에 방문한 웹사이트 기록, 검색 기록, 클릭 패턴, 구매 내역, 위치 정보, 인구통계학적 데이터와 현재 웹사이트를 방문하는 동안 어떤 행동을 했는지를 실시간으로 분석해 어떤 제품이나 서비스를 찾고 있는지, 어떤 콘텐츠에 관심이 있는지를 이해한다. 그런 다음, 사용자가 이러한 기술이 내재된 웹사이트에 접속하면 사용자의 특성에 맞춘 랜딩 페이지를 자동으로 보여준다. 예를 들어, 리복(Reebok) 웹사이트를 방문한 사용자가 운동화를 자주 검색했다면, 그 사용자가 웹사이트에 접속할 때 운동화 관련 프로모션이나 추천 제품을 강조한 랜딩 페이지가 표시된다.

사용자의 구매 기록이나 관심사에 기반하여 개인화된 이메일을 보낼 수도 있다. 예를 들어, 오피스 디포(Office Depot)의 고객이 최근 프린터를 구매했다면 그 고객에게 관련 잉크 카트리지나 프린터 용지를 추천하는 이메일을 보낼 수 있다. 이메일에는 고객의 이름, 이전 구매 내역, 관심 상품 등이 포함되어 있어 더욱 개인화된 느낌을 줄 수 있다. 이러한 개인화 기술은 고객에게 더 맞춤 된 경험을 제공함으로써 고객 만족도를 높이고, 재방문율과 구매 전환율을 높이는 데 도움을 준다.

챗봇 및 가상 비서

챗봇 및 가상 비서는 현대 마케팅 분야에서 혁신적인 변화를 맞이하고 있다. 챗봇은 고도화된 AI 알고리듬을 통해 사용자의 질문을 이해하고 맞춤형 답변을 내놓는데, 24시간 연중무휴로 답함으로써 전통적인 고객 서비스 모델의 한계를 극복했다.

챗봇의 도입은 기업이 인적 자원에 대한 의존도를 줄이면서도 고객 만족도를 향상시키는 효과적인 방법으로, 디지털 시대에 기업과 고객 간의 소통 방식을 재정의하며, 마케팅 전략에 혁신을 가져오는 중요한 도구로 자리매김 중이다. 이미 금융권 등에서는 AI 챗봇을 활용해 각종 고객 상담과 금융 상품 추천 등의 서비스를 하고 있다. 마찬가지로 뷰티 업계에서도 고객의 피부 타입이나 선호하는 메이크업 스타일을 고려하여 개인화된 제품 추천 및 메이크업 튜토리얼을 제공하는 챗봇을 도입하고 있다.

적용 사례 - 코카콜라

생성형 AI의 등장으로 코카콜라는 소비자 개인의 취향과 주위 환경이나 상황에 맞춰 매력적인 광고 콘텐츠를 자동으로 만들고 있다. 이는 소비자의 관심을 끌고 브랜드의 긍정적인 인식을 만들며 마케팅 캠페인의 효과를 극대화하는데 유용하다.

코카콜라는 2023년, 생성형 AI 기술을 광고 및 마케팅 전략에 획기적으로 도입하여 전통적인 방식과는 다른 새롭고 창의적인 접근을 시도했다. 이를 위해 달리와 스테이블 디퓨전(Stable Diffusion)같은 최신 생성형 AI 기술을 활용해 마케팅 캠페인을 진행했다.

코카콜라는 먼저 지역 검색 결과의 향상, 잠재 고객 확보, 체험 마케팅 강화, 옥외 광고(OOH, Out-of-Home)의 혁신을 목표로 했다. 이외에도 대화형 AI 챗봇, 사용자 생성 콘텐츠(UGC, User Generated Contents) 콘테스트, 몰입형 증강현실 경험 등의 캠페인을 진행하기도 했다.

그중 하나로 크리스마스 카드 제작 캠페인을 살펴보자. 코카콜라는 2023년 크리스마스 시즌에 생성형 AI를 사용하여 사용자 위치와 관심사에 맞는 맞춤형 크리스마스 카드를 만드는 캠페인을 진행했다. 전 세계 40개국 이상에서 코카콜라의 팬이라면 누구나 생성형 AI 도구를 사용하여 홀리데이 분위기에 맞는 디지털 카드를 만들 수 있는 캠페인이었다. 이 홀리데이 툴은 검색 엔진 쿼리에서 사람과 유사한 텍스트를 생성하는 GPT-4와 이미지 생성형 AI인 달리를 결합한 AI 플랫폼 크리에이트 리얼 매직(Create Real Magic)을 이용했다(그림 10)[10].

AI를 이용한 카드 제작 과정을 살펴보자. 먼저 카드를 만들고자 하는 팬은 텍스트를 생성한다. 이때 챗GPT-4가 역할을 한다. 팬은 다양한 홀리데이 테마(크리스마스, 추수감사절, 설날 등)와 분위기(유쾌하고 기쁜, 감성적, 우스꽝스러운 등)를 반영하는 텍스트 프롬프트를 입력한다. 예를 들면 "크리스마스 트리 아래에서 선물을 개봉하는 손자", "설날 아침, 한복을 입고 세배하는 귀여운 아이들" 등이다. 이때 받는 사람의 이름이

그림 10: 코카콜라가 북극곰 등의 브랜드 자산과 사용자 메시지를 결합하여 만든 크리스마스 카드 (출처: https://www.createrealmagic.com/)

나 관계, 성격까지도 이용하게 되면 좀 더 따뜻하고 진심 어린 개인 맞춤형 홀리데이 메시지를 만들 수 있다. 이제 디자인을 할 차례다. 달리는 챗GPT-4로 뽑아낸 텍스트에 기반하여 카드 이미지를 생성한다. 그다음은 코카콜라의 마케팅 팀이나 디자인 팀이 이미지를 세부적으로 조정하고, 브랜드의 아이덴티티와 일치하도록 색상, 스타일, 그리고 이미지의 요소들을 브랜드 가이드라인에 맞게 조정한다. 마지막으로 통합 및 최종화 단계에서 메시지와 이미지를 하나로 통합해 최종 홀리데이 카드를 완성한다(그림 11). 완성된 홀리데이 카드는 이메일, 소셜 미

그림 11: 코카콜라는 GPT-4와 DALL-E 2를 이용해 크리스마스 카드를 만들었다. (출처: https://www.adweek.com/brand-marketing/coca-cola-holiday-campaign-create-real-magic-cards/)

디어, 그리고 필요한 경우 물리적 형태로 배포할 수 있다.

다음 사례로 코카콜라 Y3000 맛 증강현실(AR, Augmented Reality) 콘텐츠를 살펴보자. 코카콜라 Y3000은 2023년 11월 출시된 한정판 콜라다. 생성형 AI를 사용하여 개발되었으며 미래의 맛을 표현했다. 코카콜라는 스테이블 디퓨전을 활용해서 증강현실 콘텐츠를 만들고 혁신적인 마케팅 실험으로(그림 12) 소비자에게 새로운 맛과 상쾌함을 생생히 전한다.

맛을 표현하는 콘텐츠, 코카콜라는 어떻게 만들었을까? 첫 번째 단계에서 Y3000의 맛 특성을 명확하고 간결하게 전달하는 텍스트 프롬프트를 작성하여 스테이블 디퓨전에 입력함으로써 여러 이미지를 만들어 냈다. "새콤달콤하고 상쾌한 코카콜라 Y3000 맛을 표현하는 3D 이미지. 캔 주변에는 에너지 넘치는 버블 효과가 표현되어야 한다.",

그림 12: 코카콜라가 스테이블 디퓨전을 활용해 제작한 코카콜라 Y3000의 맛을 드러내는 증강현실 콘텐츠. (출처: https://www.coca-colacompany.com/media-center/coca-cola-creations-imagines-year-3000-futuristic-flavor-ai-powered-experience)

"Y3000 맛의 청량감을 강조하는 3D 이미지. 캔에서 뿜어져 나오는 시원한 에너지가 시각적으로 표현되어야 한다.", "젊고 트렌디한 이미지를 연출하는 3D 이미지. Y3000 맛을 즐기는 사람들의 활기찬 모습이 표현되어야 한다." 등이다. 이렇게 작성된 텍스트 프롬프트를 스테이블 디퓨전 모델에 입력하여 여러 이미지를 생성한 다음, 그 중 적합한 이미지 하나를 선별했다.

두 번째 단계에서는 선택된 3D 이미지를 증강현실 콘텐츠에 맞게 편집했다. 사용자가 스마트폰 카메라로 코카콜라 Y3000 캔을 스캔할 때 나타나는 증강현실 경험을 설계하는 것으로 유니티(Unity), 언리얼 엔진(Unreal Engine)과 같은 증강현실 프로그램을 이용했다. 이로써 3D 이미지와 함께 텍스트, 음향, 애니메이션 효과를 추가해 몰입감 있는 경험을 만들 수 있었다.

코카콜라는 이렇게 만든 콘텐츠를 가동시킬 수 있는 스마트폰 앱을 배포했다. 핸드폰으로 앱을 설치한 후 시중에서 구한 Y3000 캔을 스캔하게 되면 3D 이미지를 볼 수 있다. 콘텐츠는 Y3000의 맛 특성을 시각적으로 표현했고, 사용자들은 이를 보면서 코카콜라가 전하고자 하는 미래의 맛을 시각적으로 느낄 수 있었다. 이렇게 만들어진 콘텐츠는 브랜드 인지도 향상, 제품 홍보, 소비자 참여 유도, 긍정적 브랜드 이미지 구축 등의 효과를 만들어냈다.

기존 AI는 광고를 개인화하는 과정에서 주로 사용자의 인구통계학적 정보(성별, 연령, 거주 지역), 과거 행동(웹사이트 방문 기록, 검색 기록), 관심사(좋아하는 브랜드, 상품, 콘텐츠) 등을 활용했다. 하지만 이런 개인화는 사용자의 현재 위치나 날씨와 같은 실시간 정보까지는 고려하지 못했다. 하지만 생성형 AI는 이러한 한계를 극복하도록 도와준다. 사용자의 위치나 날씨에 따라 동영상의 배경이나 내용을 실시간으로 바꿀 수 있으며, 사용자의 반응에 따라 동영상의 스토리라인 전개 방식도 바꿀 수 있다.

코카콜라는 이러한 기술을 바탕으로 미국, 유럽, 아시아 등 전 세계에서 생성형 AI 기반의 광고 캠페인을 진행 중이다. 사용자가 뉴욕에 있다면 뉴욕의 명소나 문화를 보여주는 동영상 광고를 볼 수 있으며, 사용자가 서울에 있다면 서울의 명소나 문화를 보여주는 동영상 광고를 볼 수 있다. 스포츠를 좋아하는 사람에게는 그가 좋아하는 스포츠 선수나 경기 장면을 활용하여 광고가 나오게 한다든지 스포츠와 관련된 음악이나 효과음을 사용하기도 한다. 더운 곳이라면 시원한 음료를 마시는 모습을 보여주는 동영상 광고에 "날씨가 더워서 지치셨나요?"
라는 문구를 보여주는 방식이다.

적용 사례 - 나이키

나이키는 생성형 AI 을 이용해 과거에 하기 어려웠던 맞춤형 광고를 하거나 멤버십 프로그램을 강화하는 등의 마케팅 전략을 실행 중이다. AI를 이용해 고객에게 최적화된 경험을 제공해 광고 효율을 높이고, 동시에 고객의 브랜드 충성도를 끌어올리고 있다.

나이키는 나이키 멤버십, 나이키 바이 유(Nike By You, 맞춤형 운동화 디자인 서비스), 나이키 런 클럽(Nike Run Club, 러닝 기록 분석 및 맞춤형 트레이닝 서비스) 등의 앱을 통해 이미 여러 개인화된 서비스를 제공하고 있다. 최근에는 AI를 이용해 이를 더욱 강화하고 있다. 실시간 데이터를 활용한 다이나믹 광고, 개인 맞춤형 혜택을 제공하는 로열티 프로그램, 감성적인 영상과 사진 광고 제작, 제품 디자인과 고객 서비스 개선 등 다양한 방면에서 AI를 활용 중이다.

나이키는 생성형 AI를 사용하여 특정 지역에서 실시간 날씨, 시간, 위치 데이터를 기반으로 옥외 광고판의 이미지와 메시지를 자동으로 변경한다. 비가 오는 날에는 그림 13에서와 같이 방풍, 방수 기능이 있는 트레이닝 복을 착용한 운동선수 이미지와 함께 "비 오는 날에

그림 13: "비 오는 날에도 훈련을 멈추지 마세요"라는 메시지를 담은 나이키 광고
(출처: https://www.nike.com/in/a/running-in-the-rain)

도 훈련을 멈추지 마세요."라는 메시지를 보여준다. 이러한 광고는 기상 조건에 따라 실시간으로 변경되며 시청자의 관심을 끈다. 내가 사는 도시의 현재 날씨에 딱 맞는 러닝화를 소개하는 광고를 본다는 것은 상상만 해도 즐겁다.

소비자가 광고와 직접 상호 작용할 수 있는 인터랙티브 광고도 있다. 예를 들어, 스마트폰 화면을 터치하여 제품을 360도로 회전시켜 볼 수 있는 광고가 있다. 화면을 터치하고 드래그하면서 모든 각도에서 신발을 확인할 수 있다.

이 외에도 다양한 캠페인에서 AI를 활용한다. 에어맥스(Air Max) 제품 홍보를 위해서 소비자들이 직접 디자인한 가상 운동화를 제작해볼 수도 있다(이 내용은 바로 이어지는 '디자인과 제조' 부분에서 자세히 소개한다.).

적용 사례 - 현대자동차

현대자동차는 신차 출시를 맞아 전통적인 브랜드 홍보에서 벗어나 고객이 직접 고화질 홍보 이미지를 만들어 볼 수 있는 색다른 경험을 제공했다. 여기에 생성형 AI 기술을 이용했다.

현대자동차는 2023년 10월, 디 올 뉴 산타페(The All-New Santa Fe) 캠페인을 진행하면서 오픈 포 이매지니에이션(Open for Imagination)의 영상을 공개했다[11]. 이 캠페인은 상상 속의 공간을 현실로 연결하는 시도로 텍스트, 오디오, 이미지 등 기존 콘텐츠를 활용하여 새로운 콘텐츠를 창조하는 생성형 AI 기술을 사용했다(그림 14). 참여자는 이 과정에 직접 참여할 수 있다.

싼타페의 공개 영상에서는 넓고 견고한 테일게이트가 열리는 순간 개인의 개방된 테라스로 변하는 모습과 도심과 자연, 내부와 외부의 자연스러운 연결을 영상으로 보여준다. 현실과 상상의 경계를 넘나들며 일상을 확장한다는 메시지를 영상으로 구현한 것으로 고객은 마이크로사이트를 통해 디 올 뉴 싼타페와 다양한 배경이 조화를 이루는 고화질의 이미지를 직접 만들 수 있다. 이 작업을 위해 현대자동차는 이미지 생성형 AI 스테이블 디퓨전을 기반으로 자체 개발한 텍스트를 이미지로 변환하는 툴을 고객에게 제공했다.

참여 방법은 사용자 친화적인 간편 모드와 더 많은 자유를 부여하는 자유 모드로 구분된다. 고객이 입력한 텍스트 프롬프트에 대해 생

그림 14: 현대차가 디 올 뉴 산타페의 출시 광고 - 상상 속의 공간을 현실로 연결하는 새로운 시도. (출처: https://www.youtube.com/watch?v=jT2y_AMnzGg)

성형 AI가 생성한 울창한 숲, 맑은 해변가 등의 장소를 선택하거나 참가자가 직접 원하는 장소를 입력하여 최적화된 이미지를 생성하는 방식이다. 참가자는 아름다운 자연부터 화려한 도심, 상상 속의 가상 세계까지 다양한 배경에서 디 올 뉴 싼타페를 배치해보며 자동차에 대한 새로운 경험을 한다. 그리고 이렇게 만들어진 이미지를 인스타그램 메시지 기능과 연동하여 SNS 친구들에게 공유한다.

성과와 혁신

생성형 AI의 확산은 마케팅 및 광고 분야에 근본적인 변화를 가져왔다. 이미지, 비디오, 텍스트 등 다양한 형태의 콘텐츠를 생성할 수 있으며 사람들이 만들어내기 어려웠던 독창적이고 참신한 아이디어를 구현한다. 가장 눈에 띄는 변화는 콘텐츠 생성 과정의 자동화와 개인화다. 빠른 시간 내에 대량의 광고 콘텐츠를 만들 수 있게 되면서 여러 가지 절감 효과가 나타났다.

소비자의 행동 패턴, 선호도, 상호작용 이력을 분석해 맞춤형 광고도 가능해졌다. 맞춤화된 경험은 광고 클릭률과 전환율을 높이는 데 기여한다. 그리고 소비자의 반응을 실시간으로 분석함으로써 캠페인의 성과를 신속하게 평가하고 이를 바탕으로 광고의 조정도 빠르게 할 수 있다.

저비용으로 빠르게 만든 고품질의 콘텐츠를 타겟 소비자의 선호에 맞추어 최적화하고, 나아가 효과적인 커뮤니케이션까지도 할 수 있는 세상이다.

3. 디자인과 제조

- 생성형 AI 기술은 데이터 기반 의사결정과 자동화의 잠재력을 최대화함으로써 제조업의 패러다임을 근본적으로 변화시키고 있다. 대부분의 제조업은 고가의 설비를 필요로 하기 때문에 초기 투자 비용이 많이 들고 노동 집약적이다. 그래서 제조업 분야에서는 운영 효율성과 생산성 최적화가 주된 목표다.

최근 생성형 AI를 활용함으로써 설계부터 생산, 유지보수까지 제조 과정의 모든 단계를 최적화하고 자동화하는 새로운 가능성이 열리고 있다. 이러한 변화는 단순히 생산 자동화를 넘어서 제품 자체의 혁신을 이끈다. 그리고 제품 개발 초기의 디자인 개념을 빠르게 프로토타이핑해보고 이를 다시 변형하는 등 프로젝트 수행 시간을 단축하는 데에도 활용된다.

LG그룹은 엑사원(EXAONE)이라 명명된 산업용 자율 AI 에이전트의 사용을 그룹 내 전자, 화학, 바이오, 통신 등의 생산 라인에 광범위하게 적용할 예정이다. 설비의 셧다운을 예측하고 감지하는 것부터 부품 조립 시 발생할 수 있는 이상 탐지도 가능하다. 생산성 향상, 비용 절감, 품질 개선이라는 삼박자를 갖춘 스마트 팩토리 사례라 할 수 있다[12].

생성형 디자인

생성형 디자인(Generative Design)과 생성형 AI는 언뜻 유사하고 때로는 같은 의미로 사용되기도 하지만 같다고 할 수는 없다. 두 기술 모두

'생성'이라는 개념을 중심으로 컴퓨터 알고리듬을 사용해 새로운 아이디어, 디자인, 콘텐츠를 자동으로 생성하는 데 중점을 두고 있지만 접근 방식과 목표, 사용되는 기술 세부 사항에서는 차이가 있다.

'생성형 디자인'은 주로 디자인과 엔지니어링 문제 해결에 초점을 맞추며 특정한 목표나 제약 조건에서 최적의 해결책을 찾는 과정을 자동화하는 데 중점을 둔다. 예를 들어, 항공기 날개의 구조적 강도와 경량화를 동시에 만족하는 디자인을 탐색하는 과정에서 생성형 디자인이 사용될 수 있다. 이 과정에서는 주로 컴퓨터 알고리듬이 다양한 변수와 조건을 고려하여 수많은 디자인 대안을 만들고 이를 평가하여 최적의 결과를 도출한다. 반면, '생성형 AI'는 텍스트, 이미지, 음악 등 보다 광범위한 분야에 적용될 수 있는 기술, 인간의 창의적인 작업을 모방하거나 보조하는 역할을 한다. 생성형 AI는 주어진 데이터셋을 학습하여 새로운 콘텐츠를 생성하거나, 기존의 문제에 새로운 관점을 제시하는 데 유용하다. 정리하면, 생성형 디자인은 다양한 설계 옵션을 생성하고 최적화하는 반면, 생성형 AI는 방대한 데이터를 분석하여 창의적이고 효율적인 설계 솔루션을 제공한다.

둘의 상호 보완적인 관계는 두 기술이 융합될 때 상당한 시너지를 창출한다. 생성형 디자인과 생성형 AI의 결합은 디자인과 엔지니어링 문제를 해결하는 방식에 혁신을 가져올 뿐만 아니라 새로운 아이디어와 솔루션을 지속적으로 공급하는 기회도 제공한다. 또 빠른 속도로 디자인을 완성하며 제품 출시 시간을 대폭 단축시키기도 한다. 이는 산업 디자인, 건축, 제품 개발 등 다양한 분야에서 새로운 가능성을 열어준다.

제조 결함 분석 및 신속 대응

제조 공정에서 발생할 수 있는 결함의 분석 및 대응에 생성형 AI와 머신러닝 기술을 활용하면 문제를 신속하게 해결할 수 있다.

　자동차 제조 과정에서 소수의 차량에 결함이 발견되었다고 가정해 보자. 이 결함은 최종 검사 과정에서 확인되었으며 결함의 원인을 명확하게 파악하지 못해 자칫 전체 생산 라인이 멈추는 위험성까지 갖고 있다. 이 문제를 어떻게 해결할 수 있을까? 우선 제조 과정에서 생성되는 다양한 데이터를 수집해야 한다. 조립 라인의 센서 데이터, 작업자의 검사 로그, 부품 공급 정보, 해당 기간 동안의 생산 및 품질 관련 기록 등이다.

　이렇게 수집된 데이터를 생성형 AI가 분석한다. 자연어 처리 기능을 사용하여 작업자의 보고서와 로그에서 유의미한 정보를 추출하고, 머신러닝 알고리듬을 통해 데이터 패턴을 분석하여 결함의 원인을 추적한다. 그리고 과거 데이터와 비교하면서 유사한 상황에서의 과거 결함 사례는 없었는지, 있었다면 어떤 원인이었는지를 파악한다. 그런 다음 예측 모델링을 통해 결함의 원인이 될 변수를 찾는다. 결과적으로 특정 부품의 불량이 주요 원인임을 확인했다면 분석 결과를 제조 공정 관리팀, 품질 관리팀, 공급망 관리팀과 공유한다. 그런 다음 문제가 된 부품을 공급한 업체에 이 사실을 통보하고 추가 검사 및 품질 관리 강화를 요청한다.

　이처럼 AI는 결함의 원인을 신속하게 파악하고 적절한 조치를 취함으로써 생산 지연을 최소화하고 추가 비용을 절감할 수 있도록 도와준다. AI는 지속적으로 데이터를 학습하고 분석함으로써 미래에 있을지도 모를 유사 상황에 효과적으로 대응한다.

예측 유지보수

제조에서 장비의 결함이나 오작동은 심각한 생산 지연과 추가 비용을 초래한다. 전통적으로 제조업에서 장비의 오작동이나 결함을 식별하는 방법은 기능적 관찰이다. 기계가 정상적으로 작동하는지 관찰하고 평가하여 문제가 있는 부분을 찾아내는 방식이다. 이 방법은 매우 복잡하며 때로는 숙련된 전문가라 할지라도 정확한 진단에 어려움을 겪는다.

반면, 생성형 AI는 머신러닝 알고리듬을 사용하여 장비에서 발생할 수 있는 다양한 결함이나 이상 상태를 미리 학습하고 장비의 상태를 지속적으로 모니터링하면서 기능적 관찰을 넘어 장비의 성능 데이터를 분석함으로써 결함을 신속하게 식별하도록(예측하도록) 도와준다. 즉, 문제를 사후 대응이 아닌 사전에 감지할 수 있게 한다는 점에서 과거와는 다르다고 할 수 있다.

예측 유지보수를 위한 기술로 생성적 적대 네트워크(GAN, Generative Adversarial Network), 변형 자동인코더(VAE, Variational Auto-Encoder)가 있다. 실제 이 기술은 데이터의 생성 및 복원에 초점을 맞추고 있으며, 제조 설비의 이상 상태를 예측하고 식별하는 데 사용된다. GAN과 VAE가 어떻게 적용되는지 살펴보자.

GAN은 쉽게 얘기해 진품 감정(감별자)과 모조품 제작(위조범)에 비유될 수 있다. 감별자는 생성된 데이터가 실제 데이터와 얼마나 유사한지 판별하는 역할을 하고 위조범은 진짜 같은 가짜 데이터를 만들기 위해 지속적으로 자신의 방법을 개선한다. 이렇게 둘 사이의 상호 작용으로 실제와 거의 구별할 수 없을 정도의 고품질 이미지(데이터)가 만들어진다(엔터테인먼트 업계 등에서 활용되는 딥페이크 기술도 GAN에 기반한다).

어느 에너지 회사에 속한 발전기는 평소 일정한 패턴으로 데이터를 생성한다. 발전기가 생성하는 데이터는 온도나 압력 같은 것이다. GAN은 발전기에서 나오는 정상적인 데이터의 패턴이 평소에는 어떤 것인지 학습한다. 그리고 앞서 설명했던 방식으로 고품질의 이미지(데이터)를 생성해두고 이것을 정상 상태로 본다. 그런 다음 일상 감시를 하다가 정상 패턴과 많이 다른 데이터가 들어오면 이를 이상 상태로 보고 관리자에게 통보한다. 가령 발전기 온도가 평소보다 너무 높거나 낮은 등의 이슈가 발생하면 이를 고장의 징조로 파악하는 것이다. 그러면 회사는 문제가 심각해지기 전에 대처할 수 있다.

VAE는 복잡한 데이터 분포를 학습하고 이를 바탕으로 새로운 데이터를 생성하는 생성형 AI 모델이다. VAE는 입력 데이터를 저차원의 잠재 공간으로 압축하고 이 공간에서 샘플링하여 새로운 데이터를 생성한다. 책을 읽고 자신만의 방식으로 내용을 요약한 다음, 요약본을 바탕으로 새로운 이야기를 만들어내는 작가 같은 역할이 VAE

다. 이 과정에서 중요한 정보들은 보존되고 불필요한 정보는 생략된다. VAE가 만든 이야기(데이터)는 원본 책과는 다르지만, 요약된 핵심 정보를 사용한 원본과는 비슷하다. VAE는 이렇게 데이터를 요약하는 과정과 그 요약본을 바탕으로 새로운 데이터를 만들어내는 과정을 수행한다.

자동차 부품 제조사가 브레이크 패드를 만든다고 가정해 보자. 이 회사는 부품의 품질을 체크하기 위해 VAE 기술을 사용하는 시스템을 도입했다. VAE 기술은 여러 정상적인 브레이크 패드의 사진(데이터)을 학습하여 정상적인 브레이크 패드의 다양한 변형에도 일반적으로 나타나는 공통적인 특징들을 추출해 정상적인 기준을 스스로 만든다. 그 후 제조 과정에서 새로 만들어진 브레이크 패드의 사진을 VAE 시스템에 입력하게 되면 시스템은 이 사진과 정상적인 상태의 사진을 비교한다. 이때 차이점이 발견되면, 이를 결함으로 확인해서 알려준다.

이 두 사례는 생성형 AI인 GAN과 VAE가 어떻게 제조업의 예측 유지보수에 기여할 수 있는지를 잘 설명한다. GAN이 데이터의 정상 분포를 학습하고 이를 바탕으로 이상 상태를 감지했다면, VAE는 사진 데이터를 활용해서 이상 상태를 미리 식별한다고 할 수 있다. 두 기술 모두 제조 공정에서의 이상 감지와 예측, 유지보수에 큰 잠재력을 가지고 있다.

생산 공정 최적화

제조업에서는 설비종합효율(OEE, Overall Equipment Effectiveness)이라는 지표를 사용해서 제조 설비가 얼마나 효율적으로 운영되고 있는지를 평가한다. OEE는 설비가 가동되는 시간, 설비가 멈춰 있는 다운 타임, 설비의 작동 속도, 생산된 제품의 양 그리고 생산된 제품의 품질 등 여러 요소를 종합적으로 계산한다. 생산 공정의 최적화는 이러한 요소들을 개선함으로써 OEE를 높이는 것을 말한다. 공정에서 발생할 수 있는 비효율을 최소화하고 자원을 최적으로 활용하여 생산성과 수익성을 향상시키려는 노력이다.

생성형 AI는 제조 설비에 설치된 다양한 센서들을 이용해 기계의 작동 상태, 생산량, 품질 등에 관한 데이터를 실시간으로 수집한다. 그런 다음 이 데이터를 분석하여 OEE를 계산하고 설비의 정상 작동 패턴을 학습한다. 이렇게 하면 예상치 못한 다운 타임이나 품질 저하 같은 OEE에 부정적인 영향을 미칠 수 있는 문제를 미리 감지할 수 있다.

적용 사례 - 에어버스

에어버스는 항공기를 디자인할 때 생성형 디자인과 AI를 이용하여 기존 설계 방법보다 더 가볍고 튼튼한 부품을 생산해냈다. 실제 대형 항공기 A350 XWB의 날개 부품 설계 시 생성형 디자인을 사용해 기존 모델보다 30% 더 가벼운 날개를 디자인했다. 그리고 에어버스의 기종 중 처음으로 동체와 날개를 탄소 복합 플라스틱으로 설계했다.

항공기 디자인에서 부품의 무게, 연료 소비, 배기가스 배출량은 항공기의 경제성, 효율성, 환경적 지속 가능성에 큰 영향을 미친다. 가벼운 부품과 효율적인 디자인은 항공 산업에서 중요한 목표다. 더 적은 연료 사용과 이산화탄소를 비롯한 온실가스 배출 감소로 이어져 환경 보호에 기여하기 때문이다.

에어버스(Airbus)는 유럽에 본사를 둔 세계 최대 항공기 제조 회사로 1970년 설립되어 현재 100개국 이상에서 13만 명의 직원을 보유하고 있다. 주로 민간 여객기, 군용 항공기, 헬리콥터 등을 생산한다. 에어버스는 생성형 디자인을 이용하여 더 가볍고 튼튼한 항공기 부품을 설계하여 연료 소비와 배기가스 배출량을 줄이고 있다. 특히 A350 XWB 항공기의 날개 부품 설계에 생성형 디자인을 사용해 기존 모델보다 30% 더 가벼운 날개를 만들어 냈다[13]. 이는 몇 가지 핵심 원칙과 기술의 결합 덕분에 가능했다. 생성형 디자인은 주어진 제약 조건(강도, 무게, 내구성 등) 내에서 최적의 솔루션을 찾아낸다. 생성형 디자인을 활용한 에어버스의 제조 혁신은 다음과 같다.

- **복잡한 형상 최적화:** 자연에서 영감을 받은 형태(골격 구조, 나뭇가지의 분포 등)를 모델링해 불필요한 재료 사용을 최소화하면서도 필요한 구조적 강도를 유지할 수 있도록 했다. 이러한 복잡한 형상은 전통

적인 설계 방식으로는 도달하기 어려운 최적화 수준을 가능하게 했다.

- **재료 사용 최적화**: 특정 부분에 필요한 재료의 양과 분포를 정밀하게 조정하여 전체적인 무게를 줄였다. 필요한 강도와 강성을 유지하면서도 재료 사용을 최소화하는 데 도움을 주었다.
- **성능 중심 설계**: 성능 요구 사항(공기역학적 효율성, 연료 효율성 등)을 최우선으로 고려하여 설계 과정 전반에 걸쳐 최적화를 진행했다. 전체 구조물의 무게를 줄이면서도 성능은 유지하거나 향상시킬 수 있었다.
- **시뮬레이션과 테스트**: 수많은 디자인 변형을 신속하게 시뮬레이션하여 각각의 성능을 평가했다. 실제 제작 및 테스트에 앞서 최적의 디자인을 선별할 수 있었다.

적용 사례 - US 스틸

US 스틸은 구글 클라우드와 파트너십을 맺고 생성형 AI를 활용 철강 제조 프로세스를 개선하고 있다. '마인마인드'라는 AI 애플리케이션은 광산 운영의 효율성과 안전성을 높이기 위해 개발되었다. 장비 고장 예측, 예측 유지보수 등으로 생산성을 향상하고 비용을 절감하며 작업자의 안전을 확보하는 등의 주요 이점을 제공한다.

1901년에 설립된 US 스틸(U.S. Steel)은 선도적인 철강 생산업체이며 연간 2,240만 톤의 철강 생산 능력을 보유하고 있다. 펜실베이니아주 피츠버그에 본사를 두고 있으며 미국과 중부 유럽 전역에서 세계적 수준의 사업장을 운영 중이다.

US 스틸은 북미 최대 규모인 미네소타의 철광석 광산을 시작으로 철강 산업의 제조 프로세스를 개선해 효율성을 높이고 비용을 절감하기로 한다. 이를 위해 구글 클라우드와의 파트너십을 통해 마인마인드(MineMind)라는 애플리케이션을 개발했다. US 스틸의 첫 번째 생성형 AI 기반 애플리케이션이다.[14] 마인마인드는 기계 문제에 최적의 솔루션을 제공하여 장비 유지 관리를 간소화하고 시간과 비용을 절약하며 궁극적으로 광산 운영의 효율성과 안전성을 향상시킨다.[15] 예를 들어, 미네소타 광산 시설인 민택(Minntac) 및 키택(Keetac)에 있는 60대 이상의 고가의 대형 운반 트럭에 적용되어 기계적 문제에 최적의 솔루션을 제공하여 장비 유지 관리를 간소화한다. 유지 관리팀 구성원이 운반 트럭을 비롯한 장비의 고장을 수리하는 방법 등의 질문이 있을 때, AI는 이해하기 쉬운 요약으로 답변을 들려준다. 시간을 효율적으로 사용하면서 운반 트럭을 더 잘 관리하여 비용 절약을 도와준다. 마인마인드가 완전히 작동하면 US 스틸 기술자가 작업 주문을 완료하는 데 걸리는 시간을 약 20%까지 단축할 수 있다.[16]

US 스틸은 대량의 문서에서 필요한 정보를 효율적으로 추출하는 과정에도 구글 클라우드의 AI 기술인 다큐먼트 AI(Document AI)를 활용한다. 예를 들어 광산 운영에 필요한 각종 보고서, 계약서 기타 문서에서 중요한 데이터를 수집하고 이를 마인마인드에 통합하여 관리한다. 이로 인해 문서 처리 시간이 단축되고 인적 오류가 감소된다. 그리고 또 다른 구글 클라우드의 AI 기술인 버텍스 AI를 이용해서는 데이터 분석과 예측 모델링을 통해 생산성과 안전성을 높인다. 장비의 유지보수 주기를 예측하거나 작업 환경의 위험 요소를 미리 식별하여 사고를 방지하는 데 활용한다.

적용 사례 – 지멘스

지멘스는 '센스아이 예측 유지보수' 플랫폼을 출시하여 공장 장비 상태를 실시간으로 모니터링해 고장이 발생하기 전 미리 예측 및 유지보수를 한다. 예기치 않은 장비 고장을 방지하고 유지보수 비용을 줄이고 생산성을 향상시켜 공장 운영의 효율성을 극대화한다. 지멘스는 제조업의 예측 유지 관리 분야에서 혁신을 일으키고 있다.

공장의 예측 유지보수(Predictive Maintenance)는 AI, 머신러닝, 데이터 분석, 센서 기술을 활용하여 장비의 상태를 실시간으로 모니터링하고 고장을 미리 예측하여 유지보수를 실행하는 기술이다. 지멘스는 2022년 대량의 데이터에 존재하는 패턴을 학습하여 고장 가능성과 유지보수 필요성을 감지하는 데 사용할 수 있는 센스아이 예측 유지보수(Senseye Predictive Maintenance)라는 플랫폼을 출시했다. 지멘스는 여기에 생성형 AI를 탑재해 예측 유지 관리 분야에 혁신을 만들어냈다. 생산 시설의 가동이 멈추지 않도록 유지 관리 및 운영할 수 있도록 설계되었다[17].

센스아이는 공장의 기계에 부착된 수많은 센서를 이용해 데이터를 수집하고 분석하여 특정 장비의 정상 작동 패턴을 모델링한다. 터빈, 펌프, 발전기와 같은 중요 자산에 설치된 다양한 센서로부터 진동 수준, 온도 및 기타 운영에 필요한 매개 변수 등의 데이터를 수집한다. 생성형 AI는 이러한 패턴을 학습하여 어떤 상황이 일반적인지 혹은 그렇지 않은지를 파악한다. 나아가 식별된 문제의 우선순위를 지정하고 유지보수 작업자가 가장 긴급하게 해결해야 하는 영역을 제안한다. 이를 통해 유지보수 프로세스가 간소화되고 기술자가 중요한 문제를 먼저 해결할 수 있도록 돕는다. 그리고 다양한 유지보수 시나리오를 시뮬레이션하여 가장 효과적인 유지보수 계획을 제시한다.

호주의 철강 회사인 블루스코프(BlueScope)는 전 세계에 걸쳐 다양한 종류의 기계를 관리해야 하는 어려움을 갖고 있었다. 예측 유지보수를 활용하여 잠재적인 시스템 문제를 완화하고 가동 중단을 사전에 방지하는 문제를 고민하던 중 센스아이 플랫폼을 공장 운영에 통합하기로 했다. 기계 진동 모니터링을 위한 IoT 장치 등도 센스아이에 통합해 예방적 유지보수 루틴을 마련하고 이상 신호를 조기에 감지할 수 있도록 했다.

센스아이가 작성한 높은 수준의 통계 보고서와 핵심 성과 지표는 가동 중지 시간 방지 KPI에 특히 유용하게 활용되었다.

적용 사례 - 나이키

나이키는 생성형 AI를 사용하여 자신만의 신발을 맞춤 제작할 수 있는 서비스를 제공하고 있다. 사용자가 자신의 선호도에 따라 색상, 소재, 패턴 등을 선택하면 AI가 이를 기반으로 고유한 디자인 조합을 제안한다. 또한 테마나 디자인 아이디어를 입력하면 AI가 신발의 시각적 표현을 생성하고 여기에 나이키의 디자인 스타일, 기능성에 관한 심층적인 지식을 결합하여 최종 신발 이미지를 생성한다.

나이키는 세계 최대의 스포츠용품 제조업체로 다양한 종류의 스포츠 신발을 생산한다. 나이키는 점점 더 다양해지는 개인의 선호도에 맞춰 계속해서 새로운 디자인을 선보이는 것에 어려움을 갖고 있다. 빠르게 디자인해서 제조하는 것은 언제나 쉽지 않다. 그러나 생성형 AI를 도입하면서 이 문제를 해결해 나가고 있다.

나이키 바이 유(Nike By You)는 개인 맞춤형 플랫폼으로 고객이 직접 자신만의 신발을 맞춤으로 제작하는 서비스다. 자신의 취향에 따라 색상, 소재, 패턴 등을 선택하거나 AI가 제안하는 조합을 참고해서 직접 디자인을 완성할 수 있다(그림 15). 고객은 자신이 선택한 조합으로 디자인된 신발을 실시간으로 볼 수 있다. 그런 다음 주문 완료 버튼을 누르기만 하면 된다. 나이키 바이 유는 나이키 온디맨드 캠페인에서 고객 참여도가 30%나 증가하는 등 성공적인 서비스로 자리 잡았다.

이 서비스에 사용된 AI 기술에 대한 구체적인 정보는 공개된 바가 없으나 여러가지가 복합적으로 활용되었을 것으로 추측된다. 새로운 이미지나 디자인을 생성하는 데 효과적으로 사용되는 GAN, 사용자가 디자인 선택을 할 때마다 피드백을 학습하여 최적의 디자인을 제안하는 데 사용되는 강화 학습, 이미지나 그림을 분석하여 유사한 스타일이나 패턴을 가진 디자인을 생성하는 데 도움을 주는 컴퓨터 비전, 고객의 이전 선택이나 선호도를 바탕으로 새로운 디자인 옵션을 제안하는 데 사용되는 추천 시스템 등이다.

나이키 핏(Nike Fit)은 나이키에서 제공하는 발 측정 서비스다. 스마트폰 카메라를 사용하여 발 모양을 3D로 스캔하여 정확한 발 길이, 발 너비, 발등 높이를 측정한 후, 측정 결과를 바탕으로 나이키 제품 페이지에서 자신의 발에 맞는 사이즈를 추천받는다. 장점은 전문적인 측정 없이도 집에서 간편하게 발 측정이 가능하며 측정 결과를 바탕으로 자신에게 맞는 나이키 제품 사이즈를 추천받을 수 있다는 것이

그림 15: 나이키 바이 유 디자인 신발들. (출처: https://www.complex.com/sneakers/a/brandon-richard/nike-by-you-id-pg-4-designs)

다. 나이키 앱 혹은 웹사이트에서 나이키 핏을 실행한 후 자신의 발을 스캔만 하면 된다.

나이키디자인GPT(NikeDesignGPT)는 사용자가 맞춤형 나이키 신발 디자인을 직접 만들 수 있도록 설계된 전문 AI 도우미다[18]. 달리를 활용하여 테마나 디자인 아이디어를 사용자로부터 입력받고 해당 컨셉을 기반으로 신발 디자인을 생성한다. 이 도구는 나이키의 디자인 스타일, 기능 및 가능성에 심층적인 지식을 결합하여 나이키 마니아와 창의적인 신발 디자인을 탐색하려는 사람들에게 귀중한 리소스가 된다. 프롬프트 입력으로 "눈이 쌓인 산길 언덕을 잘 걸어 올라갈 수 있

그림 16: 나이키디자인GPT는 사용자가 맞춤형 나이키 신발 디자인을 만들 수 있도록 하는 AI 전문 도우미다. "눈이 쌓인 산길 언덕을 잘 걸어 올라갈 수 있는 나이키 신발을 디자인해 주세요"라는 텍스트를 입력하면 그림에 있는 신발 디자인을 출력한다. (출처: https://chatgpt.com/g/g-lqhvwnDpf-nikedesigngpt)

는 나이키 신발을 디자인해 주세요."라고 하면 그림 16과 같은 신발을 디자인해 준다.

지금까지 소개한 나이키 서비스는 모두 개인화된 접근 방식을 제공해 고객 만족도를 높이고 반품을 줄이는 역할을 한다.

적용 사례 - 매터포트

매터포트는 실내 공간이나 건물의 3D 모델을 만들고 탐색하는 것을 뛰어넘어, 사용자가 가정하는 다양한 상황에 따라 건물이나 실내를 변경해 볼 수 있는, 가상 복제본을 만드는 솔루션 '제네시스'를 개발했다. 매터포트는 사람들이 실제 공간을 단순히 보고 경험하는 것을 넘어서, 생성형 AI를 이용해 변경 사항을 시험해 보고 가상으로 공간을 재구성해 볼 수 있는 서비스를 제공한다.

실리콘밸리에 본사가 있는 매터포트(Matterport)는 건축 세계에서 디지털 변혁을 선도하는 기업이다. 매터포트의 획기적인 디지털 트윈(Digital Twin) 플랫폼은 물리적 건물을 데이터로 전환하는 일을 한다.

디지털 트윈이란 물리적 개체나 시스템의 디지털 복제본을 말한다(그림 17). 이는 실제 세계의 대상물을 디지털 환경에서 정확히 복제한 것으로 실시간 연동되어 작동한다. 건축 분야에서의 디지털 트윈은 건물이나 인프라의 상세한 3D 모델을 의미한다. 이 3D모델은 시각적 표현을 넘어 건물의 구조, 시스템, 성능 데이터를 포함한다. 센서와 IoT 기기를 통해 실시간으로 정보가 수집되며 건축가와 엔지니어는 건물의 성능을 모니터링하고 문제를 예측하며 가상 시뮬레이션을 해볼 수 있다. 그래서 유지보수 최적화, 에너지 효율 개선, 안전성 향상 등 다양한 이점을 얻을 수 있다. 현재 전 세계 177개국 이상에 있는 수백만 개의 건물이 계획, 건설, 운영부터 문서화, 평가, 마케팅까지 건물의 수명 주기에 걸쳐 몰입형 매터포트 디지털 트윈으로 전환되어 있다.

매터포트는 물리적 공간의 몰입형 3D 가상 투어를 생성하는 최첨단 플랫폼으로 생성형 AI를 활용하여 가상현실 기반의 콘텐츠를 만든다. 실제 건물이나 장소를 360도 촬영한 이미지를 결합하여 그림 18과 같은 3D 가상현실 공간을 생성한다. 실제 세계와 디지털 세계 사이의 간극을 메워 인터랙티브 경험을 제공함으로써 사용자가 마치 실제 공간에 있는 것처럼 공간을 둘러볼 수 있다. 이렇게 만들어진 가상현실 공간을 이용하면 실제 그곳을 방문한 것과 같은 경험을 할 수 있다.

그림 17: 실제 객체와 디지털 트윈의 개념 (출처: https://www.gao.gov/products/gao-23-106453)

매터포트를 이용해 3D 가상 투어, 인쇄에 적합한 고해상도 4K 사진, 상세한 평면도, 매력적인 가이드 및 비디오 투어 등을 이용하면 부동산 중개도 손쉽게 할 수 있다. 그리고 부동산 에이전트가 각 투어의 방문자 수를 추적하고 각 부동산에 가장 적합한 마케팅 전략을 찾아낼 수도 있다. 상업 공간부터 주거용 부동산과 사무실까지, 매터포트의 3D 모델은 부동산 중개인, 건축가 및 기업 등으로 두루 활용될 수 있다.[19]

최근 매터포트는 한발 더 나아가 사람들이 실제 공간을 단순히 보고 경험하는 것을 넘어서 변경 사항을 시험해 보고 가상으로 공간을 재구성해 보는 기능도 제공하고 있다. 2023년 6월에 출시된 매터포트 제네시스(Matterport Genesis)는 건물이나 실내를 다양한 시나리오

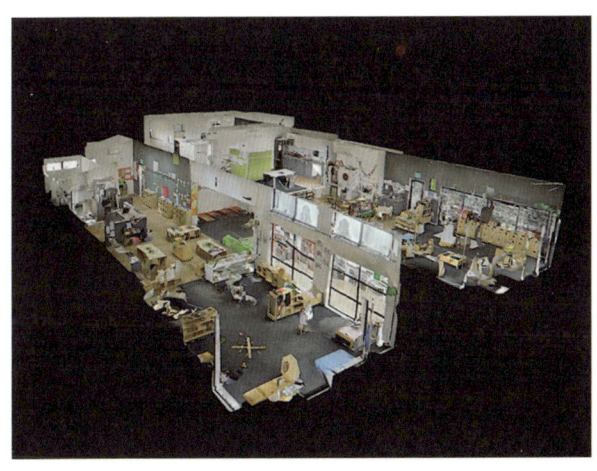

그림 18: 매터포트는 생성형 AI를 활용하여 물리적 공간의 몰입형 3D 가상현실 기반의 콘텐츠를 만든다. (출처: https://incredible.co.nz/available_technology/materport-pro-2/)

에 의해 변경해보면서 최적의 배치나 디자인 요소 등을 찾아볼 수 있는 서비스다. 3D 디지털 트윈 기술을 기반으로 사실적인 가상 공간을 구축하고 이를 변경해가면서 사용자가 원하는 새로운 디자인, 레이아웃, 가구 배치 등을 빠르고 쉽게 시뮬레이션할 수 있다[20]. 사용자는 이를 이용해 건물, 사무실, 공장의 구조 디자인 프로세스를 더욱 효율적으로 맞춤화 한다. 이러한 기능은 주거용 및 상업용 부동산에 적용될 수 있으며 공간 계획, 재개발 프로젝트, 시설 관리 등 다양한 분야에서 활용될 수 있다.

제네시스는 어떤 과정을 거쳐 개발되었을까? 생성형 AI로 주어진 데이터 세트의 패턴, 구조, 특성을 학습하도록 훈련시킨 다음, 그 지식을 사용하여 원본 데이터와 유사한 새로운 데이터 샘플을 생성하도록 했다. 제네시스는 이전 정보를 기반으로 모델링하는 방법을 가르치는 것 외에도 챗GPT와 같은 대규모 언어 모델을 사용하여 고객이 텍스트로 건네는 요청을 이해하고 이를 반영하는 콘텐츠를 생성하기도 한다. 예를 들면 "우리 집 인테리어를 바꿀 수 있나요?", "내 집이 소박한 느낌이라면 어떨까요?", "미드 센추리 모던 가구를 사용해 볼까요?" 같은 요청을 하면 제네시스 모델은 사용자의 텍스트 요청을 반영해서 생성한 콘텐츠를 신속하게 보여준다(그림 19).

제네시스의 활용 범위는 매우 넓다. 사용자가 실내 가구 배치를 변경하거나 새로운 사무실 레이아웃을 만들려고 할 때 이를 받아서 조정하고 3D로 해볼 수 있어서 배치 가능성 등을 점검할 수 있다. 그리고 에너지 소비를 줄이기 위한 건물 배치, 직원 수를 감안한 사무실 구

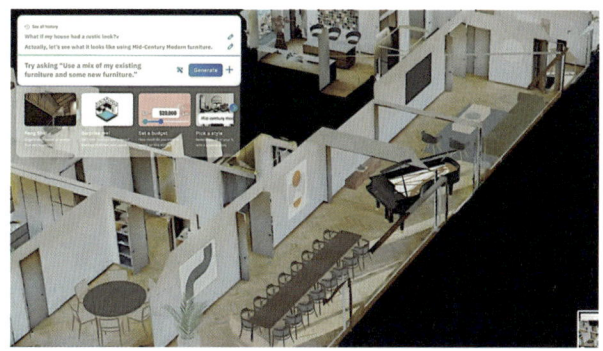

그림 19: 디지털 트윈 기술을 사용하여, 건물이나 실내를 다양한 시나리오에 의해 변경해 보면서 구조나 배치를 최적화할 수 있는 매터포트 제네시스 (출처: https://www.youtube.com/watch?v=ZCkHGWSYiTQ)

조 배치, 인테리어 시뮬레이션 등 다양한 것들을 미리 해볼 수도 있다[21].

성과와 혁신

디자인에서부터 생산, 유지보수에 이르기까지 제조의 모든 단계에서 AI의 역할이 점점 더 강화되고 있다.

생성형 AI는 복잡한 디자인 요구 사항을 빠르게 처리하고 가능한 디자인 옵션을 제시함으로써 디자이너가 다양한 아이디어를 빠른 시간 내에 탐색할 수 있게 도와준다. 디자인에 걸리는 시간과 비용 절약은 물론이고 더 혁신적이고 창의적인 해결책을 찾는 것에 여러 장점을 제공한다. 그리고 재료 사용 최적화, 에너지 효율성, 재활용 가능성을 고려하여 디자인을 생성한다. 이는 환경에 대한 책임과 경제적 이득, 두 가지를 동시에 얻을 수 있게 도와준다.

생산 라인에서의 AI 적용은 맞춤형 제조가 일상화되는 미래를 보여준다. 고객의 구체적인 요구 사항에 맞춰 제품을 대량 생산하는 것이 가능해지고, 더 나아가 공급망 관리를 혁신함으로써 제조업체가 불확실성을 관리하고 공급망의 효율성과 탄력성이 개선되도록 돕는다. AI는 제조 공정을 최적화하고 예측 유지보수를 가능하게 하고, 효율성을 극대화하기 위해 다양한 시나리오를 시뮬레이션하고 가장 효율적인 공정 순서와 레이아웃을 제안한다. 또한 장비의 상태를 실시간으로 분석하여 고장을 예측하고 사전에 유지보수를 할 수 있도록 함으로써 생산 중단을 최소화한다.

이러한 변화는 제조 산업의 미래를 재정의하며 더욱 스마트하고 유연하게 그리고 효율적인 방향으로 기업들을 이끈다.

3부
산업별 생성형 AI 활용 사례

4. 금융

- 엄격한 규제와 전통적 관행, 기술 혁신에 대한 거부감이 지배적이었던 금융 산업은 기존의 관행을 버리고 데이터 처리에서 시작하여 복잡한 금융 모델을 생성하고 시장 동향을 예측하며 개인화된 조언이 가능한 생성형 AI를 중요하게 보고 있다.

생성형 AI가 금융 서비스에 통합되는 것은 단순히 기술과 숫자에 관한 이야기는 아니다. 고객 경험, 리스크 관리, 운영 효율성에 새로운 차원을 도입하는 패러다임 전환이며 인간의 독창성과 AI의 융합을 통해 전통적인 은행 업무와 투자 관행을 뛰어넘는 금융 혁명의 이야기다.

생성형 AI를 계약서나 서비스 약관 작성 같은 것에도 사용할 수 있고 대출 계약서 작성이나 자산 포트폴리오 추천 등 좀 더 복잡한 업무에도 활용할 수 있다. 또한 고객 서비스, 마케팅, 판매, 규정 준수 등에서도 AI가 역할을 할 수 있다. 보다 효율적으로 일할 수 있도록 지원함으로써 더 전략적이고 가치 있는 업무에 집중할 수 있도록 도와준다.

금융 정보 검색 및 분석

금융 기관 직원들은 정보 검색과 분석에 상당한 시간을 소비한다. 생성형 AI는 이들에게 단비와 같은 존재다. 정책, 신용 메모, 인수, 거래, 대출, 청구서, 규제 문서 등 다양하고 구조화되지 않은 문서에서 필요한 정보를 빠르고 정확하게 찾을 수 있는 기능을 제공한다. 그뿐만이 아니다. 전 세계의 경제 데이터와 통계를 빠르게 검색하고 분석 요약해 짧은 시간 내에 보고서를 작성하기도 한다. 또 홍보 자료 작성과 프레젠테이션을 위한 PPT 초안도 만들어준다.

생성형 AI가 신용 분석 자동화에 사용되는 예를 살펴보자. 고객 홍길동이 대출을 신청하면 AI는 신용 보고서, 은행 거래 내역, 재무 제표 등을 분석한다. 이 분석으로 홍길동의 소득 대비 부채 비율은 30% 수준인 것으로 확인이 된다. 이는 소득에 비해 부채가 적당한 수준임을 의미하며 경제적으로도 안정적인 상태임을 보여준다. 여기에 최근 6개월 동안의 지출 패턴을 분석했더니 이 또한 안정적임이 확인된다. 이러한 정보를 종합하여 AI는 홍길동의 신용 점수를 850점으로 보고 이자율 4% 조건으로 대출 승인을 추천하는 보고서를 작성한다. 금융 분석가는 AI의 분석 결과를 토대로 대출 여부를 최종적으로 결정한다. 길게 얘기했지만 이 과정은 불과 몇 분 안에 완료된다. 전통적인 수동 심사보다 빠르고 정확하다.

투자 회사들은 글로벌 시장 상황을 깊이 이해하기 위해 다양한 기업 문서, 성과 데이터, 보고서 등 복잡한 데이터를 분석해야 한다. 하지만 생성형 AI 도구만 있다면 이를 간단히 해결할 수 있다. 수익 보고서, 기업의 재무 상태, 운영 결과, 분기 및 연간 보고서, 컨센서스 추정치, 거시 경제 보고서, 규제 문서 등 여러 수많은 문서를 신속하게 분석하고 요약해준다. 생성형 AI는 복잡한 데이터를 빠르고 효율적으로 처리하여 회사의 지식 기반을 강화하는 중요한 도구로 사용된다.

고객 맞춤형 금융 추천

생성형 AI를 활용한 맞춤형 상품 추천은 금융권의 가장 대표적인 AI 활용 사례다. 고객의 상태와 필요성을 정밀하게 이해하고 이에 부합하는 상품이나 서비스를 자동으로 제안한다. 당연히 고객의 나이, 소득, 재산, 소비 패턴, 투자 성향 같은 여러 요소를 고려해서 가장 잘 맞는 예금, 적금, 대출, 보험 상품 등을 추천한다. 또한 고객의 장기적인 금융 목표와 계획을 분석해 맞춤 자산 관리 방법도 제시한다.

"월급 500만 원을 받는 직장인인데, 저축을 어떻게 하면 좋을까요?", "주택을 구입하고 싶은데, 어떤 대출 상품을 이용해야 할까요?"라고 고객이 질문하면 소득, 자산, 신용도 등을 고려해 적합한 예·적금 상품이나 투자 상품, 대출 상품을 추천해준다. 그리고 고객의 금융 지식이 부족한 경우 금융 교육 자료를 제공하여 올바른 의사결정을 할 수 있도록도 도와준다.

고도화된 챗봇 기능

맞춤형 금융 상품 추천 외에 중요한 AI의 역할 중 하나가 챗봇이다. 기존 챗봇은 주로 규칙 기반으로 동작하여 정해진 스크립트 또는 키워드에 응답하는 수준이었다. 한마디로 별 도움이 안 됐다.

- **고객:** 계좌 이체 방법을 알려주세요.
- **챗봇:** '계좌 이체'에 관한 정보를 찾으셨군요. 다음 단계를 따라 진행해주세요. 먼저 로그인하세요. '이체' 메뉴를 선택하신 후, 이체할 계좌 정보와 금액을 입력하세요.
- **고객:** 이체가 안 돼요.
- **챗봇:** 죄송합니다. 고객님의 요청을 이해하지 못했습니다. 고객 센터로 문의해주세요.

하지만 생성형 AI를 이용한 챗봇 시스템을 구축하게 되면 답변의 수준이 달라진다. 예시를 보자.

- **고객:** 계좌 이체 방법을 알려주세요.
- **챗봇:** 물론이죠. 계좌 이체를 위해서는 먼저 저희 은행 앱에 로그인하신 후, '이체' 메뉴를 선택하시면 돼요. 이체할 계좌의 정보와 이체할 금액을 입력하시면 이체가 완료됩니다. 혹시 다른 은행 계좌로 이체하고 싶으시다면, 수취 은행을 선택하셔야 해요. 추가로 도움이 필요하시면 언제든지 물어보세요.
- **고객:** 이체가 안 돼요.
- **챗봇:** 이체 과정에서 어려움을 겪고 계시군요. 혹시 오류 메시지가 나타났나요? 어떤 오류 메시지인지 알려주세요. 또는 이체 단계에서 어떤 문제를 겪고 계신지 구체적으로 알려주실 수 있나요? 그렇다면 좀 더 정확한 도움을 드릴 수 있어요.

챗봇의 Q&A 모델에는 세 가지 방식이 있다. 닫힌 도메인 QA(Closed-domain QA) 모델은 특정 주제나 도메인에 초점을 맞춘 질문에 답변하도록 특화되어 있다. 의학, 법률, 금융, 과학 등 전문적인 지식이 요구되는 분야에서 사용된다. 오픈 도메인 QA(Open-domain QA) 모델은 질문에 대해 다양한 주제에 걸쳐 정보를 제공할 수 있으며 인터넷과 같은 광범위한 데이터 소스에서 정보를 검색한 다음 답변을 한다. 이 방식은 최신 뉴스에 관한 질문이나 실시간 정보가 필요한 경우에 사용된다. 추출적 QA(Extractive QA)는 이미 존재하는 텍스트에서 사용자의 질문과 관련성이 높은 텍스트 부분을 '추출'하여 그 부분을 그대로 출력해주는 방식의 질문 답변 모델이다. FAQ 문서에서 특정 질문의 답변을 찾거나 구체적인 정보(예: 인물의 생년월일)를 찾을 때 사용된다.

금융 기관에서 사용되는 챗봇은 고객들이 이해하기 어려운 복잡한 금융 거래를 잘 설명해주고 단계별로 넘어갈 수 있게 돕거나, 긴급하게 들어오는 금융 사기 등에 빨리 대응할 수 있도록 도와준다. 이는 닫힌 도메인 QA 방식이다. 이제 챗봇은 고객이 더 현명한 금융 결정을 내리는 데 도움을 주며 장기적으로 고객의 금융 건강을 향상하는 데 기여한다. 점점 더 은행 창구 기능을 대신하는 것으로 진화하고 있다.

사기 거래 탐지

점점 더 정교해지는 금융 사기에 맞설 수 있는 강력한 도구 역할을 생성형 AI가 할 수 있다. 사기 거래 감지는 아래 방식으로 진행된다.

- **데이터 수집**: 고객의 신용카드 사용, 자금 이체 기록, 위치 정보, 이메일, 채팅 기록, 소셜 미디어 게시물 등 대량의 텍스트 데이터를 수집한다. 이러한 데이터는 고객의 일상적인 거래 패턴과 행동을 이해하는 데 기초 자료가 된다.
- **행동 패턴 모델링**: 수집된 데이터를 바탕으로 일반적인 고객 행동의 모델을 생성한다. 이는 고객의 정상적인 지출 습관, 거래 위치, 금액 범위 등의 일반적인 거래 행위를 정의한다.
- **이상 탐지**: 생성된 행동 모델을 기반으로 새로운 거래 데이터를 실시간으로 분석하면서 표준에서 벗어난 활동이 있는지를 감지한다. 예상치 못한 대규모 이체, 평소와 다른 지출 패턴, 이례적인 장소에서의 거래 등이 여기에 해당한다.
- **패턴 분석**: 이상 활동이 포착되었을 때 사기 거래로 의심될 수 있는 구체적인 패턴을 찾아내기 위해 깊이 있는 분석을 수행한다. 이는 특정 키워드, 거래 시간대, 거래 빈도 등을 포함할 수 있다.
- **경고 및 대응**: 의심스러운 거래가 감지되면 즉시 경고를 발송하고 필요한 경우 거래를 차단하거나 추가적인 검증을 요구한다. 은행 직원이나 관련 당국에 신속하게 정보를 전달하기도 한다.

생성형 AI는 고객의 이메일과 채팅 메시지에서 특정한 '언어적 지문'을 분석한다. 이 기술은 피싱 시도와 같이 은행의 표준 의사소통 스타일과 일치하지 않는 사기적 언어 사용을 탐지하는 데 유용하다. 생성형 AI는 인간보다 훨씬 빠르게 대량의 데이터를 분석할 수 있기 때문에 보다 정확하고 효율적인 사기 탐지를 할 수 있으며, 새로운 사기 유형을 지속적으로 학습하고 탐지 시스템 자체를 계속 업그레이드할 수 있다.

챗GPT와 같은 AI는 실제 사기 거래를 모방하여 합성 데이터를 만들 수 있다. 이 합성 데이터는 보안 시스템 훈련에 중요하게 사용된다. 금융 기관의 보안 팀이 자신들의 탐지 시스템을 철저하게 테스트하고 필요한 개선 사항을 파악하는 데 있어서 중요한 역할을 한다.

페이팔은 생성형 AI와 머신러닝을 활용하여 사기 탐지 기능을 강화했다. 그 결과 2019년부터 2022년까지 연간 결제 금액이 거의 두 배로 증가했음에도 불구하고 사기로 인한 손실률을 거의 절반으로 줄였다. JP 모건 체이스(JP Morgan Chase) 은행은 생성형 AI로 혁신한 이상 거래 감지 시스템으로 연간 약 1억 5천만 달러의 절감 효과가 있다고 보고했다[22]. 이러한 성과는 변화하는 사기 패턴에 신속하게 대응하고 고객을 보다 효과적으로 보호할 수 있는 AI 알고리듬 및 기술 발전 때문에 가능하다.

규제 변경에 따른 코드 수정 도움

금융 서비스 업계에서는 매년 새로운 규제가 도입되고 기존의 규칙이 수정되는 것이 일반적이다. 이런 변화를 시스템에 반영하기 위해 단순한 코드 변경에서부터 새로운 기능의 개발, 기존 프로세스의 개선 및 최적화에 이르기까지 다양한 작업을 개발자들은 반복한다. 하지만 생성형 AI가 도입되면 이런 일을 더 이상 하지 않아도 된다.

AI는 금융 기관에서 변경된 규제 사항을 자동으로 반영하는 코드 패치를 생성할 수 있다. 최신 규제 문서를 분석하여 새로운 요구 사항을 이해한 후 기존 코드를 검사하여 변경된 내용과 맞지 않는 부분을 식별한다. 그런 다음 코드 수정이 필요한 지점을 찾아내어 새로운 규제에 맞도록 코드 패치를 자동으로 생성한다. 이 과정에서 생성형 AI는 자연어 처리와 코드 생성 기술을 사용하여 인간 프로그래머의 개입 없이도 효율적이고 정확하게 규제 준수 코드를 작성한다. 개발자가 수동으로 모든 코드를 검토하고 수정하는 시간을 대폭 줄여준다.

은행의 자본 요건 강화와 위험 관리 개선을 위한 바젤Ⅲ(Basel Ⅲ)같은 국제 규정을 반영하기 위해서는 수천 페이지에 달하는 규정 문서를 기반으로 코드를 일일이 수정해야만 한다. 하지만 생성형 AI를 이용하게 되면 앞서 설명했던 방식으로 해당 문서를 검토한 후 어떤 코드를 수정해야 하는지 바로 알려준다. 당연히 개발자는 수많은 시간을 절약할 수 있다.

적용 사례 – 미래에셋증권

미래에셋증권은 생성형 AI를 활용하여 개인화된 투자 조언과 포트폴리오 관리 서비스를 고객(투자자)에게 제공한다. 시장 데이터 분석, 예측 모델링, 리스크 평가를 통해 고객 맞춤형 투자 기회를 식별하고, 투자자가 자신의 목표와 선호에 맞춘 최적화된 결정을 하도록 돕는다.

미래에셋증권은 AI 기술을 활용해 투자자 맞춤형 서비스와 자산관리 서비스를 확대하고 있다. 챗GPT를 활용한 리서치 자료부터 퇴직연금 로보어드바이저, 주식종목 선별 서비스 등을 업계 최초로 선보인 바 있다[23].

'AI 투자 서비스'는 투자 성향과 목표에 맞춰 최적의 포트폴리오를 제안하여 개인의 투자 의사결정을 돕는 AI 기반 솔루션이다. 이를 이용하면 고객은 자신에게 맞는 상품과 전략을 추천받을 수 있다.

생성형 AI는 먼저 시장 동향, 경제 지표, 기업의 재무 보고서, 뉴스 기사 등 다양한 출처로부터 투자 관련 데이터를 수집한다. 그런 다음 머신러닝 알고리듬을 적용해 패턴과 트렌드를 학습한다. 이어서 과거의 시장 데이터와 현재의 경제 상황을 분석하여 미래의 시장 변동성과 기회를 예측한다. 그리고 고객의 투자 성향과 위험 감수 능력, 투자 목표를 분석하여 고객 프로파일을 생성한다. 최종적으로는 이 정보를 바탕으로 최적의 투자 포트폴리오를 제안한다.

투자자들은 AI의 도움으로 리스크를 최소화하면서도 수익을 극대화할 수 있는 전략을 채택할 수 있다. 이 과정에서 AI는 자연어 처리 기술을 활용하여 사용자와 자연스러운 챗봇 대화를 진행한다. 그리고 사용자의 피드백을 반영해 서비스를 지속적으로 개선한다.

'AI 투자 비서'는 개인 투자자들을 위한 더 직접적이고 상호작용적인 도구이다. 앞서 소개한 AI 투자 서비스가 전문적인 자산 관리와 포트폴리오 최적화에 초점을 맞췄다면, AI 투자 비서는 개인 투자자들의 일상적인 투자 활동을 지원하고 정보를 제공하는 데 중점을 두고 있다. 사용자 질문에 답변하고 실시간 시장 정보와 투자 아이디어를 제공하며, 개별 종목에 대한 분석과 추천을 수행한다. 또한 뉴스 요약, 경제 지표 해석, 투자 관련 용어 설명 등의 교육도 가능하다.

'AI 고객 맞춤 인포메이션' 서비스는 고객 개개인의 요구와 관심사에 맞춘 정보를 제공한다. 이 서비스는 고객의 금융 상태, 선호도, 투자 성향 등을 분석하여 맞춤형 금융 정보를 전달하며, 고객이 더 효율적으로 금융 관리를 할 수 있게 돕는다. AI 투자 서비스나 AI 투자 비서가 주로 투자에 초점을 맞추었다면, AI 고객 맞춤 인포메이션 서비스는 고객 맞춤형 금융 정보 제공을 더 큰 목적으로 한다.

'AI 뉴스 분석' 서비스는 보다 광범위한 시장 정보와 뉴스를 AI가 분석하여 제공하는 서비스이다. 이 서비스는 실시간으로 쏟아지는 방대한 양의 금융 뉴스, 경제 데이터, 기업 공시 등을 신속하게 분석하고 요약하는 기능을 갖고 있다. 뉴스의 중요도를 판단하고 시장에 미칠 영향을 예측하며, 복잡한 정보를 이해하기 쉽게 정리한다. 투자자들에게 시장 전반에 관한 통찰력을 제공하고 중요한 이벤트나 트렌드를 신속하게 파악할 수 있도록 돕는다. 고객 맞춤 인포메이션 서비스가 개별 고객에 초점을 맞추어 높은 수준의 개인화된 정보를 제공한다면, 뉴스 분석 서비스는 보다 광범위한 시장 정보를 다루며 모든 투자자에게 공통적으로 유용한 인사이트를 제공한다. 두 서비스 모두 AI 기술을 활용하여 투자자들의 의사결정을 돕고 정보 처리의 효율성을 높이는 것을 목표로 한다는 공통점을 갖고 있다.

AI는 투자자가 아니라 자산관리 어드바이저들이 업무를 더 효율적으로 수행하도록 돕는 일도 한다. 미국 기업의 실적 속보를 전해주는 어닝콜(Earning Call)을 읽어주거나 해외 주요 언론사의 기사를 번역해 제공하기도 한다. 어닝콜 읽어주는 AI는 챗GPT와 네이버 하이퍼클로바X(HyperCLOVA X) 기술을 활용하여 미국 기업의 실적 발표 내용을 번역하고 요약하여 속보처럼 제공한다. 이 서비스는 테슬라, 넷플릭스, 구글 등 주요 50개 종목의 실적 속보를 제공한다. 자산관리 어드바이저들이 미국 기업의 최신 실적 정보를 빠르게 파악해서 투자자들에게 신속하게 전달할 수 있도록 돕는다.

적용 사례 - 두나무

두나무의 우디 서비스는 생성형 AI 기술을 활용하여 개인화된 투자 정보와 금융 조언을 제공한다. 또 두나무가 운영하는 가상자산 거래소 업비트는 고객을 보이스피싱, 해킹 등으로부터 보호하기 위해 AI 기반 이상 거래 탐지 시스템을 운영하고 있다.

가상자산 업계에서도 생성형 AI 활용에 관심이 많다. 위험 거래부터 정보 제공까지, 챗GPT를 기반으로 하는 서비스 도입을 발빠르게 진행 중이다. 블록체인 및 핀테크 전문 기업인 두나무는 2012년 설립되었다. 국내 블록체인 가상자산 거래소인 '업비트'와 증권 정보 서비스 앱 '증권플러스'를 운영한다. 업비트는 가상자산 거래 시장점유율 1위를 달리고 있다[24].

증권플러스는 투자 핵심 정보 확인과 실제 투자가 하나의 앱에서 이뤄질 수 있도록 했다. 이용자 친화적 인터페이스 구현 및 투자 정보 확대에 초점을 맞춰 지속적으로 서비스 개편을 시행해왔다. 그리고 여기에 AI 서비스인 우디까지 포함시켰다.

'우디'는 2023년 6월 두나무가 증권 애플리케이션인 증권플러스에서 출시한 챗GPT 기반의 대화형 투자 서비스다. 우디는 경험과 지식 수준에 상관없이 누구나 쉽게 투자 정보를 접하고, 투자 결정에 필요한 각종 지원을 받을 수 있게 도와준다. 고객의 성향, 목표, 위험 감수 정도를 분석해서 종목 추천을 자동으로 해준다. 나아가 사용자가 투자 목표를 달성하기 위해 어떤 투자 전략을 가지면 좋을지도 제안한다.

우디의 가장 큰 장점은 간편한 사용성이다. 고객들은 복잡한 금융 용어에 얽매이지 않고 간단한 대화(챗봇과의 대화)를 통해 필요한 투자 정보를 얻고 결정을 내릴 수 있다. 모바일 앱 내 서비스이기 때문에 언제 어디서든 이용할 수 있다. 두나무 블로그에 소개된 우디 이용의 대표적 사례는 아래와 같다[25].

- **주식시장의 실시간 이슈 확인하기:** "실시간 주식 요약해줘", "뉴스 미국 증시 관련 뉴스 요약해줘", "오늘 삼성전자 뉴스 알려줘"
- **주식시장의 기업 이슈 확인하기:** "현대차 PER(Price Earning Ratio, 주가수익비율) 알려줘", "SK텔레콤 목표주가 알려줘", "포스코 사업보고서 요약해줘"
- **외국인, 기관투자자, 연기금, 개인투자자 수급 정보 확인하기:** "직전 거래일 순매수대금 상위기관 10개 종목 알려줘", "공매도 거래대금이 가장 많은 종목 알려줘", "직전 5거래일 연속 외국인 순매수 기록한 종목은?"
- **다양한 투자 지표를 이용해 원하는 종목 찾기:** "PER 5~10배 종목 10개 알려줘", "PER 5~10배 종목 중 PBR(Price Boo-kvalue Ratio, 주당 순자산가치) 1배 이하인 종목 알려줘", "연기금이 순매수한 PER 10~20배인 종목 알려줘"
- **투자 대가의 전략부터 기본적인 투자 상식 알려주기:** "워렌 버핏이 좋아하는 투자법은 어떤 거야?", "한국시장에 어울리는 투자 전략은 뭐야?", "공매도와 코스피의 상관관계에 대해 알려줘"

두나무는 증권플러스의 우디뿐만 아니라, 가상자산 거래소인 업비트에도 AI 기술을 적용해 혁신을 이어가고 있다. 투자자들을 보이스피싱과 해킹 등의 위협으로부터 보호하기 위해 AI 기반의 이상거래 탐지시스템(FDS, Fraud Detection System)을 활용한다. FDS는 이용자의 거래 내역 등 전자 금융 거래 정보를 수집하고 이를 학습한 뒤 이상 패턴과 유사한 거래를 잡아내고 차단하는 시스템이다. 두나무의 FDS는 2024년 2월 기준 누적 1,200억 원 이상의 가상 자산 관련 범죄를 차단해 고객의 피해를 예방했다[26].

두나무의 FDS는 기존 금융 기관과는 다른 중요한 특징이 있다. 모든 입출금 시도를 실시간으로 점검하고 특정한 조건이 아닌 패턴을 분석해 새로운 유형의 이상 거래를 감지한다. 이 시스템은 AI 알고리듬을 활용해 지속적으로 학습하고 스스로 발전하면서 자동으로 작동하는 것이 특징이다. 과거에는 입금 후 30분 동안 ATM 출금을 제한하는 등의 사후 대응이 일반적이었다면 이제는 과거의 데이터를 기반으로 자체 분석과 성장을 통해 의심스러운 거래를 미리 포착하고 차단한다.

적용 사례 - 모건 스탠리

모건 스탠리는 세계적인 금융 회사로 특히 자산관리 분야에서 생성형 AI 기술을 사용하여 어드바이저의 업무 효율성을 극대화하고, 고객 맞춤형 투자 전략을 제공하는데 주력하고 있다. AI 기술을 시장 분석, 리스크 관리, 포트폴리오 최적화 등 다양한 분야에서 활용해 업계 최고 수준의 금융 서비스를 제공하고 있다.

뉴욕시에 글로벌 본사가 있는 모건 스탠리(Morgan Stanley)는 세계에서 가장 큰 투자 은행이자 글로벌 금융 서비스 업체 중 하나로 2020년 기준 68,000명의 구성원을 갖고 있는 큰 회사다. 회사, 정부, 금융 기관, 개인을 상대로 광범위한 금융 서비스를 제공하고 있다.

투자 은행 및 자산관리 회사인 모건 스탠리는 2023년 9월 자산관리 어드바이저와 지원 부서 직원을 위해 GPT-4를 기반으로 하는 생성형 AI 비서를 출시했다. 바로 모건 스탠리 AI 어시스턴트(AI @ Morgan Stanley Assistant)이다. 이 도구를 이용하게 되면 약 10만 건의 연구 보고서와 문서를 빠르게 액세스할 수 있다.[27] AI 어시스턴트는 자산관리 어드바이저가 이용할 수 있도록 방대한 보고서 및 문서 더미에서 빠르고 심층적인 통찰력 제공을 목표로 한다. 또 각종 조사 작업에 걸리는 시간을 줄여 고객에 더 많은 시간을 할애하고 집중할 수 있도록 했다[28].

자산관리 어드바이저가 AI 어시스턴트를 사용하는 방법은 매우 간단하다. 키워드 기반으로 사람과 대화하듯 자연어로 질문만 하면 답변된다. 다음은 어드바이저가 AI 어시스턴트에게 던질 수 있는 질문의 예시다.

"이 보고서에서 언급된 주요 기술 혁신과 그것이 시장에 미치는 영향은 무엇입니까?", "최근 금융 규제 변경이 특정 산업 부문에 어떤 영향을 줄 것으로 예상됩니까?", "이 분석에서 제시한 경쟁사의 전략이 우리 회사의 전략과 어떻게 다른지 설명해 주실 수 있습니까?", "이 보고서가 제시하는 경제 전망이 우리의 자산 배분 전략에 어떤 시사점을 주고 있습니까?"

이밖에도 자산관리 어드바이저는 AI 어시스턴트를 이용해 고객 프로필을 분석, 개인화된 통찰력을 갖고서 시의적절한 권장 사항을 고객에게 제공할 수 있다. 고객 만족도를 높일 수 있는 분야는 아래와 같다.

- **고객 맞춤형 서비스 제공:** 각 고객의 소득, 지출, 위험 감수 능력 그리고 재정 목표를 포함한 상세한 프로필을 만들고, 이 정보를 바탕으로 고객의 상황에 맞춤화된 재무 계획을 제안한다.
- **포트폴리오 최적화 및 맞춤형 투자 보고서:** 고객의 위험 감수 능력, 투자 목표, 현재 시장 상황을 고려해 포트폴리오를 최적화한다. 적합한 자산 배분과 조정으로 고객의 목표에 부합하는 포트폴리오 성과와 잠재적 수익에 관한 상세한 맞춤형 보고서를 생성한다.
- **시나리오 분석 및 시뮬레이션:** 퇴직 기여금 인상, 특정 자산 클래스에 대한 투자, 주택 크기 조정과 같은 중요한 재정적 결정에 따른 다양한 시나리오를 시뮬레이션 할 수 있다. 방대한 데이터 분석과 시각화를 통해 복잡한 금융 개념을 이해하기 쉽게 만들고 고객이 좀 더 나은 정보에 기반한 결정을 내릴 수 있도록 돕는다.
- **교육 및 지식 공유:** 금융 용어, 투자 전략, 시장 동향에 대해 이해하기 쉬운 설명을 제공하여 고객 교육을 지원한다. 다양한 정보에 대한 접근과 처리 능력을 통해, 고객에게 맞춤형 정보를 단순화하여 제공한다.

모건 스탠리의 AI 어시스턴트가 어떠한 과정을 거쳐서 개발되었는지 살펴보자. 회사는 먼저 보유하고 있는 기존 보고서와 문서의 가치에 대해 잘 알고서 생성형 AI가 방대한 문서 데이터를 학습하고, 학습 결과를 자산관리 어드바이저에게 다시 요약, 분석 정리해 줄 수 있으면 좋겠다고 생각했다. 그 과정을 요약하면 아래와 같다.

- **[필요성 파악]** 회사가 보유하고 있는 기존 보고서와 문서에 포함된 방대하고 귀중한 연구 내용의 귀중한 가치를 파악한다. 하지만 시간적 제약이 있는 자산관리 어드바이저가 기존 문서 자료에 내재되어 있는 통찰력과 가치를 효율적으로 추출하고 활용하는 것은 매우 어려운 일이다. 이에 생성형 AI가 방대한 문서 데이터로부터 고객에게 제공해 주어야 할 권장 사항을 추출한다.
- **[기술 선택]** 보고서 이해력, 자연어 처리, 간결한 요약 생성 능력과 같은 요소를 고려해 챗GPT를 포함 다양한 생성형 AI 기반 도구의 작업 적합성을 평가한다(모건 스탠리는 오픈AI의 챗GPT를 선택했다).
- **[데이터 훈련 및 맞춤화]** 회사는 챗GPT에 모건 스탠리 연구 보고서 및 문서의 대규모 데이터셋에 대한 액세스를 제공한다. 이어서 자산관리와 관련된 구체적인 질문과 시나리오를 제공하여 모델을 미세 조정한다. 그 결과 투자 전략을 모색하는 자산관리 어드바이저에게 귀중한 통찰력을 제공한다.
- **[사용자 인터페이스 개발]** 자산관리 어드바이저가 AI 어시스턴트와 상호 작용할 수 있도록 직관적이고 사용하기 쉬운 인터페이스를

만든다. AI 어시스턴트를 어드바이저가 사용하는 기존 워크플로우 및 플랫폼에 통합시킨다.
- **[파일럿 테스트 및 피드백]** AI 어시스턴트의 기능과 효율성을 테스트하기 위해 선별된 자산관리 어드바이저 그룹과 함께 파일럿 프로그램 테스트를 진행한다. 개선이 필요한 영역을 식별하기 위해 어드바이저로부터 피드백을 수집한다. 이 과정을 반복하면서 AI 어시스턴트를 지속적으로 개선한다.
- **[출시 및 지속적인 개선]** 모건 스탠리는 파일럿 프로그램의 긍정적인 피드백을 바탕으로 2023년 9월 AI 어시스턴트를 런칭했다. 회사는 계속해서 피드백을 수집하고 도구 사용을 모니터링한다.

적용 사례 - 켄쇼 테크놀로지스

켄쇼는 생성형 AI를 활용하여 다양한 산업 분야에 맞춤형 솔루션을 제공하고 있다. 특히 데이터 분석, 자연어 처리, 머신러닝 등의 뛰어난 기술로 금융 시장 데이터 분석 분야에서 선도적인 위치를 차지하고 있다.

켄쇼 테크놀로지스(Kensho Technologies)는 2013년에 설립되었으며 미국 매사추세츠주 케임브리지에 본사를 둔 파이낸스 분야의 대표적인 AI 기업이다. 켄쇼는 2018년 3월 S&P 글로벌(S&P Global)에 인수되었다.

켄쇼의 핵심 역량에는 머신러닝, 자연어 처리, 데이터 검색이 있다. 켄쇼는 자체 개발한 자연어 처리 및 머신러닝 기술과 검색 및 AI 기술을 바탕으로 금융 시장의 데이터 분석 분야에서 선도적인 위치를 차지하고 있다. 켄쇼의 성공은 세계 최고 수준의 금융 데이터와 최첨단 AI 기술의 결합에서 비롯되었다.

켄쇼 너드(Kensho NERD)는 켄쇼에서 개발한 기술로 텍스트 내에서 인물, 조직, 장소 등의 특정 개체를 인식하고 이를 명확하게 식별할 수 있도록 돕는 시스템이다. 너드는 자연어 처리와 머신러닝 기술을 결합하여 복잡한 텍스트 데이터에서 의미 있는 정보를 추출하고 분석한다. 너드의 엔티티 인식(NER, Named Entity Recognition) 기능은 텍스트에서 특정한 이름을 가진 엔티티를 식별한다. 예를 들어 "애플은 새로운 아이폰을 출시했다."라는 문장에서 너드는 '애플'을 조직 엔티티로, '아이폰'을 제품 엔티티로 인식한다. 또 개체 모호성(NED, Named Entity Disambiguation) 기능은 식별된 엔티티가 정확히 어떤 대상을 의미하는지 명확하게 구분한다. "애플은 마이크로소프트와 협력하여 새로운 소프트웨어를 개발했다."라는 문장에서 '애플'은 컴퓨터 기업 Apple을 의미하고, '마이크로소프트'는 Microsoft Corporation을 의미한다는 것을 명확히 구분하여 사용자가 혼동하지 않도록 도와준다. 또 금융 뉴스 기사 "아마존은 올해 매출을 20% 증가시킬 것으로 예상된다."라는 문장에서 너드는 '아마존'를 인식하고, 이를 남미의 정글이 아니라 기업 Amazon으로 식별한다.

텍스트 데이터에서 의미 있는 엔티티를 자동으로 인식하고, 이를 명확히 구분함으로써 데이터 분석, 정보 검색, 의사결정 과정을 혁신적으로 개선할 수 있다. 이러한 서비스는 특히 대량의 텍스트 데이터를 다루는 분야에서 큰 효율성을 제공한다.

캔쇼 클래시파이(Kensho Classify)는 자연어 처리와 머신러닝을 활용하여 텍스트를 미리 정의된 카테고리로 분류하는 기능을 갖고 있다. 이 기능은 대량의 비정형 텍스트 데이터를 효율적으로 정리하고 분석하는 데 매우 유용하다. 금융 뉴스 기사를 분류하는 상황을 생각해 보자. 다음과 같은 출력을 생성해 낼 수 있다.

- **입력:** "애플, 새로운 인공지능 칩 개발 발표"
  출력: 카테고리 – '기술', '하드웨어'

- **입력:** "연준, 기준금리 0.25% 인상 결정"
  출력: 카테고리 – '경제', '금융정책'

- **입력:** "글로벌 원유 가격 급등, 인플레이션 우려 고조"
  출력: 카테고리 – '에너지', '경제'

이처럼 클래시파이 기능은 텍스트의 내용을 분석하여 가장 적합한 카테고리를 자동으로 할당하는 특징이 있다. 이는 대량의 뉴스 기사, 소셜 미디어 게시물, 고객 피드백 등을 빠르게 분류하고 조직화하는 데 큰 도움을 준다. 이 기능은 사용자의 필요에 따라 맞춤 설정이 가능하다. 특정 산업이나 주제에 특화된 카테고리를 정의하여 더욱 정확하고 세분화된 분류를 수행할 수 있다. 이러한 자동 분류 기능은 데이터 분석가들이 대규모 텍스트 데이터에서 트렌드를 파악하고 중요한 정보를 빠르게 찾아 데이터 기반의 의사결정을 내리는 데 큰 도움을 준다.

켄쇼의 주요 고객으로는 골드만 삭스(Goldman Sachs), 모건 스탠리(Morgan Stanley), 도이치 뱅크(Deutsche Bank), 뱅크 오브 아메리카 메릴 린치(Bank of America Merrill Lynch) 같은 세계적인 금융 기관들이다. 이들은 켄쇼의 고급 분석 및 기계 학습 도구를 활용하여 트레이딩 데스크 업무와 자산 관리 및 전반적인 재무 분석 기능을 향상시킨다. 그리고 시장 동향, 자산 상관관계, 지정학적 사건의 잠재적 영향에 대한 예측 통찰력과 분석을 고객에게 제공한다.

금융 부문 외에도 액센츄어(Accenture), 딜로이트(Deloitte, EY), KPMG, PwC, 맥킨지 앤 컴퍼니(McKinsey & Company), 보스턴 컨설팅 그룹(Boston Consulting Group) 등과 같은 전문 컨설팅 기업 그리고 화이자(Pfizer), 존슨앤존슨(Johnson & Johnson), 로슈(Roche), 노바티스(Novartis) 같은 헬스케어 기업 그리고 MS, 아마존, 구글, 애플, 메타, 인텔, IBM 등의 기술 기업도 켄쇼의 고객이다. 켄쇼는 특히 미국 정부 기관과도 긴밀하게 협력하고 있는데 국가 안보와 국방 전략을 지원하는 AI 기반 솔루션을 제공하기도 한다.

켄쇼의 강점은 방대한 양의 데이터를 구조화하고 분석하여 고객에게 귀중한 통찰력을 제공하는 정교한 AI 기술력과 머신러닝 기술에 있다. 이러한 기술력은 켄쇼 너드, 켄쇼 클래시파이, 데이터 매핑용 켄쇼 링크와 같은 다양한 솔루션에 통합되어 민간과 정부 부문의 요구 사항 등을 충족시켜 주고 있다.

성과와 혁신

은행 및 금융 분야에 생성형 AI가 점점 많이 적용됨에 따라 이 분야의 미래는 기술 중심으로 크게 변화하고 있다. 단순히 더 빠른 서비스 제공이나 비용 절감의 차원을 넘어, 고객 경험의 근본적인 재정의와 함께 금융 상품과 서비스의 혁신을 꿈꾼다.

고객의 소비 패턴, 투자 이력, 재정 목표를 분석하여 맞춤형 투자 제안이나 저축 계획을 제시할 수 있으며 투자 권유에서부터 은퇴 계획까지도 맞춤형으로 제안할 수 있다. 우수한 AI 챗봇과 가상 어시스턴트의 발전으로 고객 문의 대응에도 빨라졌으며 24시간 응대도 가능해졌다.

대규모 데이터를 분석하고 시장의 미묘한 변화를 포착하여 새로운 금융 상품의 개발 제안도 가능하다. 전통적인 방식보다 훨씬 다양하고 혁신적인 금융 상품을 빠르게 출시할 수 있으며 이상 거래를 탐지하고 사기를 예방하는 위험 관리도 가능하다.

문서 자동화, 프로세스 최적화, 고객 문의 자동 응답 등을 AI가 담당하면서 직원들은 더 복잡하고 전략적인 작업에 집중할 수 있게 되었다.

5. 의료 및 바이오 제약

- 아마존, 엔비디아, MS, 구글, 오픈AI와 같은 글로벌 빅테크 기업도 첨단 AI 기술을 활용해 신약 개발, 질병 진단, 치료법 개발 같은 의료 및 바이오 제약 분야에 적극 진출하고 있다.

 의료 분야에서 생성형 AI 기술을 개발하고 유지하기 위해서는 고급 IT기술과 강력한 컴퓨팅 능력이 필수적이다. 그런 점에서 볼 때 글로벌 클라우드 데이터 센터를 보유한 빅테크 기업들과 협력하는 것은 매우 자연스럽다.

 생성형 AI는 의료 분야에서 혁신을 주도하며 신약 개발, 임상 진단, 의료 데이터의 합성 및 관리까지 다양한 분야에서 활약하고 있다. 새로운 신약 후보를 신속히 발견하는 것은 물론이고 기존 약물을 새로운 방법으로 조합해서 신약 후보를 만들기도 한다. 또한 신약 임상에 필요한 데이터셋의 부족을 AI로 만든 데이터로 채우기도 한다.

 이 밖에 생성형 AI는 의료진의 과중한 업무 부담을 줄여 주고 의료 행정 업무의 간소화에도 기여한다.

신약 개발

미국에서 신약 개발 과정에는 평균 10억~20억 달러의 비용이 든다[29]. 새로운 질병과 질환이 계속 등장하고 진화하면서 바이오 제약 회사는 효과적인 약물을 개발할 수 있는 획기적인 방법을 찾기 시작했다. 이런 상황에서 생성형 AI는 의료와 바이오 제약 산업이 안고 있는 어려운 문제를 풀 수 있는 해결사로 등장했다. 생성형 AI는 새로운 데이터를 만들어내고 이전에는 생각하지 못한 복잡한 생물학적, 화학적 상호작용의 패턴을 이해하는 기능을 갖고 있다. 그래서 잠재적인 약물 후보의 식별과 약물 개발 프로세스를 혁신 중이다.

신약 개발은 보통 몇 단계를 거쳐 진행된다. 우선 질병과 관련된 유전자나 단백질을 분석하여 약물이 작용할 질병의 근본적인 원인이 되는 특정 분자나 세포 구조(표적)를 찾는다. 그리고 질병의 진행 상태나 치료 반응을 알려주는 신호(바이오마커)를 찾는다. 그 다음 기존 약물 정보를 바탕으로 새로운 구조의 신약 후보 물질을 만들어내고, 그중 특정 질병에 효과적인 물질을 골라낸다. 이렇게 골라낸 약물 후보는 시뮬레이션을 통해 효능과 안전성을 확인한다. 그런 다음 임상 시험을 거쳐 신약으로 최종 승인된다.

약물 분자의 세계는 우주 공간처럼 넓다. 기존에는 연구자들이 약물 분자 하나씩 실험하거나 혹은 약간씩 변경하면서 탐색해왔다. 이 과정은 매우 느리고 많은 비용을 필요로 한다. 하지만 생성형 AI를 활용하게 되면 실제 환경을 모방한 가상의 시나리오를 만들 수 있고, 신약 후보를 빠르게 탐색할 수 있으며 최적의 후보 물질을 찾는 과정을 자동화할 수 있다. 이는 전통적인 실험적 접근 방식보다 훨씬 빠르다. 예를 들어 펜실베이니아 대학은 생성형 AI 모델을 배포하여 코로나19의 확산을 시뮬레이션하고 다양한 경우의 수를 테스트했다. 이는 연구자들이 사회적 거리두기 및 예방접종이 바이러스에 미치는 잠재적 영향을 평가하는 데에 큰 도움이 되었다[30].

개인 맞춤 의료

생성형 AI는 개인 맞춤 의료에도 중요한 역할을 한다. 한 사람 한 사람의 건강 데이터와 유전 정보를 깊이 있게 분석해 각 개인에게 가장 적합한 약과 치료 방법을 찾아낸다. 환자에게 맞춤화된 치료 계획은 부작용의 위험을 줄이는 방법으로 유전 정보가 특정 약과 어떻게 작용하는지를 파악하도록 도와준다.

AI를 이용한 개인화 의료는 암 치료에서의 특정 표적 치료제 추천, 심혈관 질환의 생활 습관 변화나 약물 치료, 희귀 질환의 유전자 변형 탐색까지 다양한 분야에서 맞춤 치료 옵션을 제공한다. 결과적으로 더 나은 치료 결과와 의료 서비스 효율성 향상을 기대할 수 있다.

임상 진단에 도움 제공

생성형 AI의 자연어 처리 능력은 의학 연구 문헌 분석에도 아주 유용하다. 연구 결과를 요약하고 새로운 연구 방향을 제시하며 진단에 필요한 가설을 만들 수 있다. AI 알고리듬은 의료 데이터를 학습하고 답변을 생성하는 능력이 빠르고 뛰어나 연구자가 방대한 서적을 뒤지지 않고서도 빠르게 원하는 답을 얻을 수 있다.

구글이 2023년 5월 공개한 메드팜2(Med-PaLM2)는 의료 분야에 맞게 조정된 AI 성능을 활용하여 의료 관련 질문에 정확하게 답변하는 모델이다. 이 모델은 미국 의사 면허 시험 스타일의 문제로 구성된 메드QA(MedQA) 데이터셋을 학습했다. 그 결과 전문가 수준의 성능으로 다른 유사 AI 모델보다도 뛰어난 결과를 보여준다.[31]

의료용 생성형 AI는 고해상도 의료 이미지도 생성할 수 있다. 고해상도 이미지를 얻기 위해선 비싼 장비와 숙련된 인력이 필요하지만, AI는 저해상도 이미지를 고해상도로 바꾸어 방사선 전문의에게 결과를 제시할 수 있다. 실제로 네이처 학술지에 소개된 한 의료 연구는 GAN 모델을 사용해 저품질 의료 스캔 이미지를 고해상도 이미지로 변환하는 것을 보여주었다. 이 방식은 뇌 MRI 스캔, 피부 검사, 망막 안저 검사 및 심장 초음파 이미지에서 테스트되었으며 이상 탐지에도 탁월한 정확도를 나타냈다.[32]

합성 의료 데이터 생성

휴먼 데이터는 오늘날 연구와 비즈니스에서 아주 중요한 자원이다. 의학이나 약학처럼 임상 정보가 중요한 분야에서는 환자 데이터는 매우 중요하다. 일단 드물기도 하지만 개인정보 보호법 같은 규정 때문에 사용과 공유에 엄격한 제한이 있다. 이 문제를 해결할 수 있는 방법 중

하나는 연구 대상 환자 집단과 통계적으로 비슷한 특성을 가진 인공 데이터 포인트를 생성하는 것이다.

생성형 AI는 실제 건강 데이터셋을 보강하기 위해 전자건강기록 (EHR, Electronic Healthcare Record) 데이터, 스캔 이미지 등을 활용해 합성 데이터를 생성한다. 이 합성 의료 데이터는 특정 개인에게 속하지 않기 때문에 개인정보 보호 규정의 제한을 받지 않는다는 장점이 있다. 실제로 독일의 연구원들은 GAN을 사용해 의료 데이터를 생성하는 개너래이드(GANerAid)라는 AI 모델을 만들었다. 개너래이드가 GAN을 사용해 어떻게 임상 시험에 합성 환자 데이터를 생성하는지 살펴보자.

GAN은 두 개의 신경망, 즉 생성자와 판별자로 구성되어 있다. 먼저 생성자는 실제와 유사한 가짜 데이터를 만들어낸다. 이때 개너래이드는 임상 시험에 사용할 합성 환자 데이터를 생성한다. 판별자는 이 데이터가 진짜인지 가짜인지를 판별한다. 생성자는 판별자를 속이기 위해 점점 더 정교한 데이터를 만들어내고 판별자는 이를 식별하려고 노력하면서 두 신경망이 서로 경쟁한다. 이 과정에서 생성자는 판별자를 속일 만큼 진짜와 비슷한 데이터를 만들어내고, 결과적으로 매우 현실적인 합성 의료 데이터를 얻을 수 있게 된다. 개너래이드는 이렇게 생성된 데이터를 임상 시험에 사용함으로써 실제 환자의 개인정보를 보호하면서도 연구와 실험에 필요한 데이터를 제공했다.

연구자들은 개너래이드를 사용함으로써 데이터 부족 문제를 해결하고 임상 시험의 범위와 질을 높일 수 있다. 환자 데이터가 제한되어

있거나 개인정보 보호 문제로 실제 데이터를 사용하기 어려운 분야에서 효과적으로 이용할 수 있다.[33]

임상문서 작성 자동화

코로나19 팬데믹이 시작되면서 의사의 피로도는 급격히 높아졌다. 2021년 말에는 의사가 업무로 인한 번아웃 비율도 이전과 달리 최고치를 기록했다.[34] 다시는 일어나서는 안 되는 일이지만 의료계는 만약의 사태에 대비해 적절한 대안이 필요하다고 주장한다. 다행스럽게도 생성형 AI 기술이 이런 문제를 해결해줄 수 있을 것으로 보인다.

미국에서는 의사가 일하는 시간의 62%를 환자 진료가 아닌 전자 의료 기록 작성에 소비한다.[35] AI는 이러한 행정 업무를 간소화하도록 도와준다. 전자 의료 서비스 회사인 에픽(Epic)은 챗GPT가 내재된 MS 애저 오픈AI 서비스를 자신의 전자건강기록 소프트웨어에 통합했다.[36] (MS 애저의 오픈AI 서비스는 챗GPT를 포함한 여러 오픈AI의 인공지능 모델들을 제공하는 플랫폼이며, 챗GPT는 이 플랫폼에서 사용 가능한 모델 중 하나이다.) 에픽은 대화형 인터페이스와 GPT-4를 활용해 몇 초 만에 환자 방문 기록으로부터 임상 노트를 자동 생성할 수 있는 솔루션을 전자건강기록 시스템에 탑재시켰다. 이제 의료진은 환자 상담 내용을 자동으로 기록하고 요약할 수 있다.[37]

MS가 소유한 뉴앙스(Nuance)는 최근 GPT-4를 자사의 의료 기록

소프트웨어에 통합했다. 이를 통해 환자의 병력과 각종 의료 실험 결과 등을 분석하여 자동으로 건강 보고서를 작성하고 치료 권장 사항을 제시해준다. 의사는 문서 작성에 걸리는 시간이 줄어들게 되면서 이전보다 좀 더 효율적인 환자 돌봄이 가능해졌다. 이외에도 환자와 의사의 일정을 맞추어 약속 시각을 설정하거나 맞춤형 알림이나 이메일 발송 등도 쉽게 할 수 있다[38].

적용 사례 - 아마존

헬스스크라이브는 아마존 웹 서비스에서 제공하는 생성형 AI 기반 의료 기록 생성 및 관리 솔루션이다. 의사와 환자와의 대화를 자연스럽게 기록하여 구조화된 의료 기록으로 변환하는 기능을 갖고 있다. 이를 이용하게 되면 의료 기록 작성의 효율성을 높이고 문서 작성의 업무 부담을 대폭 줄일 수 있다.

의료 현장에서 의사들은 환자 진료에만 시간을 할애하는 것이 아니라 임상 문서 작성에도 상당한 시간을 보낸다. 앞에서도 언급한 바와 같이 미국에서는 의사가 업무 시간의 62% 이상을 환자 돌봄이 아니라 의료 기록 작성에 쓴다. 이는 의사와 환자 양쪽 모두에게 부정적인 영향을 준다. 물론 의료 서기관을 채용하여 의사의 문서 작업 부담을 경감시킬 수 있으나 서기관의 고용 및 훈련 비용이 상당하므로 바람직한 해결책은 아니다.

헬스케어 소프트웨어 공급업체들은 생성형 AI를 활용해 의사들이 겪고 있는 이 문제를 해결하고자 했다. 이런 노력의 하나로 아마존 웹 서비스(AWS)는 2023년 7월에 AWS 헬스스크라이브(AWS HealthScribe) 플랫폼을 출시했다. 이 플랫폼은 음성 인식과 생성형 AI를 사용해 미국 의료정보 보호법(HIPAA) 규정을 따르며 의료 현장에서 환자 진료 및 치료에 직접 사용되는 임상 솔루션을 빠르게 만들 수 있도록 돕는다.

기존의 AI는 녹음된 대화의 맥락을 이해하는 능력이 제한적이었다. 하지만 AWS 헬스스크라이브는 음성인식과 생성형 AI 기술을 활용해 의사와 환자의 상담을 자동으로 기록, 텍스트로 변환해서 문서로 만들고 요약한다. 대화를 분석해 주요 증상, 질병 이력, 약물 치료 및 치료 계획 등의 세부 정보를 담은 요약 메모를 생성한다. 그런 다음 이를 전자의료기록 시스템에 입력한다(그림 20). 결과적으로 의사의 문서 작업 시간을 줄이고 환자 치료에 더 많은 시간을 쓰도록 도와준다[39].

만일 어떤 의료 기업이 AWS 헬스스크라이브와 비슷한 서비스를 개발하려면 어떻게 해야 할까? 우선 자체적으로 대규모 언어 모델을 운영하고 많은 양의 건강 데이터를 확보해야 한다. 그런 다음 생성형 AI와 음성 인식 기술을 의료 솔루션에 통합하는 작업도 해야 한다. 이때 의학 용어의 복잡성과 다양성이 큰 도전이 된다.

의료 분야에서는 진단, 치료 절차, 약물 등을 다루는 방대한 용어집을 사용한다. 정확한 뜻을 파악하기 위해서는 문맥에 따라 변하는 용어의 뜻까지도 정확히 파악해야 한다. 또한 의사와 환자의 다양한 언어 액센트, 방언, 음성 패턴까지도 이해할 수 있어야 한다. 게다가 엄

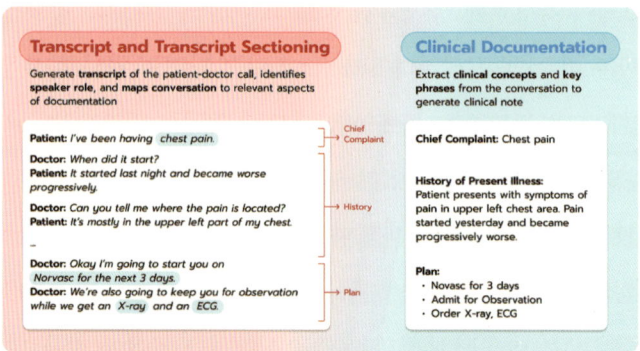

그림 20: AWS 헬스스크라이브를 사용하여 대화 내용을 전자의무기록 시스템에 전송하기 위해 일목요연하게 정리해주는 임상 문서. (출처: https://www.avenga.com/magazine/aws-healthscribe-and-bedrock/)

격한 규제 및 환자 개인 정보 보호 문제와 연관된 의료 부문의 복잡성은 AI 기반 솔루션 구축에 장애물로 작용한다.

AWS 헬스스크라이브는 이런 일을 쉽게 할 수 있도록 돕는다. 이미 쓰리엠(3M), 스크라이브EMR(ScribeEMR), 바빌론(Babylon)과 같은 의료 소프트웨어 공급업체는 AWS 헬스스크라이브를 사용하여 의료 현장에서 사용되는 임상 애플리케이션을 강화하고 있다.

적용 사례 - 엔비디아

엔비디아의 바이오네모 플랫폼은 생체 분자 생성형 AI 모델을 제공하여 신약 개발 과정을 단축하고 성공률도 높이고 있다.

엔비디아는 반도체나 GPU 메이커로 잘 알려져 있지만, 최근 의료 및 바이오 제약 분야에서도 두각을 나타낸다. GPU 기술을 기반으로 AI 신약 개발 분야에서 영향력을 넓혀가고 있다. 최근에는 바이오네모(BioNeMo)라 불리는 생성형 AI 플랫폼을 만들어 신약 개발에 새로운 가능성을 제시하고 있다. 이 덕분에 암 치료제, 항생제, 항바이러스제 등 다양한 신약 개발의 길이 열리고 있다.

과거의 신약 개발 과정은 화합물의 특성을 예측하기 위해 복잡한 수학적 모델을 필요로 했다. 하지만 엔비디아의 바이오네모는 단백질 구조 예측, 단백질 서열 생성, 분자 최적화, 생성 화학, 도킹 예측 등 12개 이상의 사전 학습된 생체 분자 생성형 AI 모델을 제공한다. 또한 API 인터페이스를 활용해 추론과 맞춤화 작업도 진행한다[40]. 예를 들어, 단백질 구조 예측 모델을 사용하고 싶다면 API를 통해 단백질 서열 데이터를 전달하면 모델은 이를 분석하여 해당 단백질의 3차원 구조를 예측해 알려준다. 결과적으로 연구자가 직접 모델을 구축하거나 복잡한 분석 과정을 거치지 않아도 되기 때문에 시간과 비용을 절감할 수 있다. 마치 고객은 요리 방법을 모르지만 메뉴를 보고 원하는 음식을 주문하는 것과 같다. 그리고 바이오네모는 맞춤화 작업도 할 수 있다. 특정 질병과 관련된 단백질 구조만을 예측하는 맞춤형 모델을 만들고자 할 때, 마찬가지로 API를 통해 기존 모델에 추가 데이터를 학습시켜 더욱 정확하고 전문적인 예측을 할 수 있다.

보통 신약이 시장에 나오기까지 10년 이상 걸리고 성공 확률은 약 10%에 불과하지만, 위에서 설명한 방식으로 진행하면 이전에는 고려하기 어려웠던 다양하고 새로운 요소를 신약 개발에 포함할 수 있으며 그 과정도 대폭 단축시킬 수 있다. 이렇게 하면 기존 방식보다 10배 이상 빠른 속도로 신약 후보를 찾아낸다.

바이오네모의 여러 모델 중 하나인 ESM-2 모델은 단백질의 3차원 모양을 맞추는 데 사용되는 대규모 언어 모델이다. 단백질은 아미노산이라는 작은 부분들이 모여 만들어지는데 ESM-2는 이 아미노산의 배열을 보고 단백질이 어떤 모양을 이루는지 정확하게 예측한다. 이 밖에도 메가모이바트(MegaMolBART) 모델은 작은 화합물을 만들어내고, ProtT5 모델은 단백질의 아미노산 배열을 만든다. 이러한 모델은 신약을 개발하는 과정에서 중요한 역할을 한다[41].

1980년 설립된 암젠(Amgen)은 광범위한 질병의 치료 단백질을 개발 및 제조하는 세계 최고의 바이오 제약 회사 중 하나다. 암, 빈혈, 골다공증, 자가면역질환 등의 치료제를 제품으로 갖고 있다. 암젠은 바이오네모 플랫폼을 이용해 분자 생물학 데이터를 대규모 언어 모델로 학습시켜 맞춤형 AI 모델을 만들었다. 결과적으로 어마어마한 수의 분자 중에서 가장 가능성이 높은 몇 가지를 빠르게 찾아냈다.

엔비디아의 혁신적인 접근 방식은 생명과학 및 제약 산업의 선도 기업들과 함께 바이오네모 클라우드 서비스 개발로 이어지고 있다. 그리고 AI 신약 개발의 실험실로도 활용되고 있다.

적용 사례 – 모더나

모더나는 IBM과 협력해 생성형 AI 기반으로 뛰어난 분자 예측 기능을 가진 몰포머 플랫폼을 개발해 안정성 높은 mRNA 백신을 단기간에 개발했다. 이 기술은 모더나의 mRNA 코로나 백신과 같은 치료제 개발에도 효과적으로 사용됐다.

모더나(Moderna)는 2010년 설립되어 미국 매사추세츠주 캠브리지에 본사를 둔 제약 및 생명공학 회사이다. 짧은 기간에 mRNA 기반의 백신을 개발해 코로나19 팬데믹 극복에 기여한 바이오 제약사로도 기억되고 있다. 모더나는 혁신적인 mRNA(리보핵산 메신저) 백신 기술을 활용해 다양한 질병의 치료법과 예방법 개발에 앞장서고 있다.

일반적으로 백신은 바이러스의 독성을 약하게 만들거나 죽인 다음 사람 몸에 주사하는 방식을 쓴다. 해당 바이러스로 질환이 발병하지 않는 수준에서 면역 반응이 일어나도록 유도하고, 이 상태에서 실제 바이러스가 들어오면 면역 체계가 작동해 감염을 막는 방식이다. 백신 개발은 바이러스를 배양하거나 동물 실험을 해야 하는 과정을 거쳐야 하기 때문에 개발에 10년 이상의 시간이 소요된다. 홍역, 풍진, 수두 등의 백신이 이런 과정을 거쳐 개발되었다.

그렇다면 mRNA 백신은 이와 어떻게 다를까? mRNA 백신은 약화된 바이러스를 사람 몸에 넣어주는 것이 아니라 바이러스가 독성을 내는 타깃 단백질과 똑같은 형태의 단백질을 몸속에서 스스로 만들 수 있게 mRNA을 투입하는 방식이다. 이 때 mRNA는 사람 몸에서 바이러스 단백질(항원)을 만들고 그 단백질에 대해 인체 면역계가 항체를 형성하도록 유도한다. 즉, 세포에게 항원 바이러스 단백질을 만들 수 있는 설계도와 레시피를 주는 셈이다.

mRNA 백신은 바이러스를 직접 사용하지 않기 때문에 감염 염려가 없다. 또 mRNA를 다양하게 변형할 수 있어 필요한 단백질(항원)을 쉽게 그리고 신속하고 저렴하게 생산할 수 있다는 장점이 있다. 하지만 문제가 있다. mRNA는 자연 상태에서 매우 불안정해 쉽게 파괴되는 속성이 있다. 몸속에 주입하면 금방 파괴될 수 있기 때문에 세포 내에서 단백질을 만들 때까지 파괴되지 않도록 그림 21에서 보는 것처럼 캡슐로 포장하는 것이 필요하다. 이 문제를 해결하기 위해 모더나와 IBM 과학자들은 분자 구조와 물리적 특성을 예측하는 기능을 가진 몰포머(MoLFormer) 생성형 AI 모델을 개발했다.

mRNA 백신이 몸속에서 쉽게 흡수되거나 파괴되는 문제를 해결하려면 백신 분자의 구조를 바꾸거나 mRNA를 보호할 수 있는 캡슐화 물질을 사용해 세포 안으로 안전하게 전달되도록 해야 한다. 이 과정에서 분자의 구조와 물리적 특성을 예측하는 생성형 AI인 몰포머 모델이 중요한 역할을 한다.

몰포머는 mRNA를 보호하기 위한 캡슐화 물질의 설계를 개선한다. 많은 분자 구조 데이터로 미리 학습돼서 다양한 분자의 구조를 잘 알고 있으며 간단한 설명만으로 분자의 3차원 모양을 예측할 수 있다. 그리고 특정 특성을 가진 새로운 분자를 찾는 데에도 사용된다. 간단히 말해서 몰포머는 분자 모양을 예측하는 전문가로 주어진 분자 정

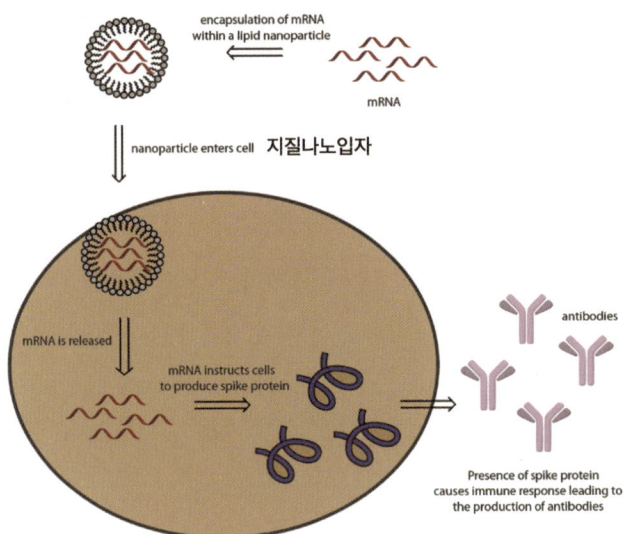

그림 21: mRNA 는 불안정해서 사람의 몸속에 그냥 주입되면 파괴되기 쉽다. 이 문제를 해결하기 위해 mRNA를 사람의 몸 속에 투여하기 전에 캡슐로 포장해야 한다. 분자의 구조와 물리적 특성을 예측할 수 있는 몰포나 생성형 AI는 이 캡슐의 물질을 설계했다. (출처: https://www.citizen.org/article/modernas-mrna-1273-vaccine-patent-landscape/)

보로부터 3차원 구조를 예측해내고 우리가 원하는 특성을 가진 새로운 분자를 만든다.

현재 모더니는 IBM과의 협업으로 몰포머를 활용하여 다양한 신약 후보 물질을 개발하고 있다. 앞서 이를 이용해 새로운 항암제 개발에도 성공했다. 이 항암제는 기존의 항암제보다 효과가 뛰어나며 부작용도 적은 것으로 알려져 있다.

분자 구조와 물리적 특성을 예측하는 기능을 가진 생성형 AI 기반 모델의 사용으로 mRNA 백신과 치료제 개발을 더욱 가속화할 것으로 기대된다.

성과와 혁신

의료와 바이오 제약 분야에서 생성형 AI의 적용이 확대되면서 이 분야의 미래는 여러 모로 혁신적인 변화를 맞이하고 있다. 데이터 기반으로 새로운 정보를 생성해내는 AI 기술이 의료와 바이오 제약 분야에 투입되면서 진단, 치료법, 신약 개발 과정에서 상당한 진보를 가져왔다.

생성형 AI로 환자의 의료 데이터를 분석하고 이를 활용해 개인 맞춤형 진단이 가능하게 되었으며, 이전에 얻기 어려웠던 정밀한 분석이 가능해졌고 치료법도 더 정교해졌다. 환자의 유전자 정보를 분석해 개인에 가장 적합한 치료 방법을 추천하기도 한다. 이는 치료의 효율성을 높이는 동시에 부작용의 위험도 줄여준다.

신약 개발 과정에서도 생성형 AI가 중요한 역할을 담당한다. 수많은 화합물의 데이터를 분석해 특정 질병을 치료할 수 있는 신물질 후보를 신속하게 도출해낸다. 이 과정은 전통적인 방법에 비해 시간과 비용을 대폭 줄여주며, 더 많은 신약이 더 빠르게 시장에 출시되도록 도와준다. 특히 치료 방법이 제한적인 질병에서 AI의 활용은 큰 도움이 된다.

생성형 AI와 음성인식 기술을 사용하여 의사와 환자와의 상담 내용을 자동으로 기록하고 요약하여 전자의료기록 시스템에 직접 입력하는 것도 가능해졌다. 이 때문에 의사는 문서 작성에 걸리는 시간을 줄이고 환자 치료에 더 많은 시간을 할애할 수 있게 되었다.

그밖에 의료와 바이오 제약 분야의 교육 및 훈련에도 새로운 기회를 제공한다. 의료 전문가들은 AI가 생성한 시뮬레이션으로 실제 환자를 대하는 것과 유사한 환경에서 다양한 시술법이나 치료법 연습도 할 수 있다.

6. 법률

- 법률 업무에 AI나 IT를 접목한 기술과 서비스를 리걸테크(Legal Tech)라고 부른다. '법률'과 '기술'의 조합이다.

  판례 검색, 소송 예측, 계약 검토와 분석, 문서 자동화 등 많은 문서를 다루는 법률 회사 입장에서 리걸테크는 시간을 절약해주는 서비스로 인식된다. AI의 자연어 처리와 머신러닝 기술을 사용해서 자동화를 하게 되면 효율성을 크게 높일 수 있기 때문이다.

  해외에서는 리걸테크 기술을 활용한 법률 서비스가 빠르게 확산되고 있다. 이미 대형 법률 회사와 회계법인들은 이 기술을 활용해 노동집약적인 업무를 효율화하고 있다.

  리걸테크 스타트업도 다수 등장했다. 국내에서도 대형 법률회사가 AI 변호사를 도입했다는 보도가 있고, AI를 이용해 간단한 소송 자료를 자동으로 작성해주는 스타트업도 출범했다[42].

  생성형 AI 기술은 변호사가 부가가치가 높은 작업에 집중할 수 있도록 도와준다. 이전의 어떤 기술보다 시간 절약과 비용 절감 효과를 낼 수 있기 때문에 법률 업계에서는 패러다임의 변화로까지도 본다.

법률 업무 혁신을 견인하는 생성형 AI

2024년 1월 미국의 한 대형 로펌에서 여러 법률 회사의 고위 경영진과 법률 전문가를 대상으로 생성형 AI 기술 이용 실태를 점검했다[43].

조사 결과에 따르면 미국의 법률 회사 200개 중 절반 이상 (53%)이 생성형 AI 도구를 법률 업무에 활용하고 있고, 리더의 70%는 생성형 AI 솔루션이 고객을 위한 새로운 서비스 제공으로 연결되며, 이에 대한 투자가 잠재적인 비용 절감(47%)과 수익 증가(30%)로 이어질 것으로 예상했다. 조사 결과는 생성형 AI 기술이 법률 업계에서 점차 중요한 역할을 하고 있음을 시사한다.

생성형 AI를 사용하는 주요 영역은 그림 22의 도표와 같다. 법리 연구, 문서 요약, 문서 작성, 계약 분석 등에 가장 많이 활용되는 것으로 나타났다.

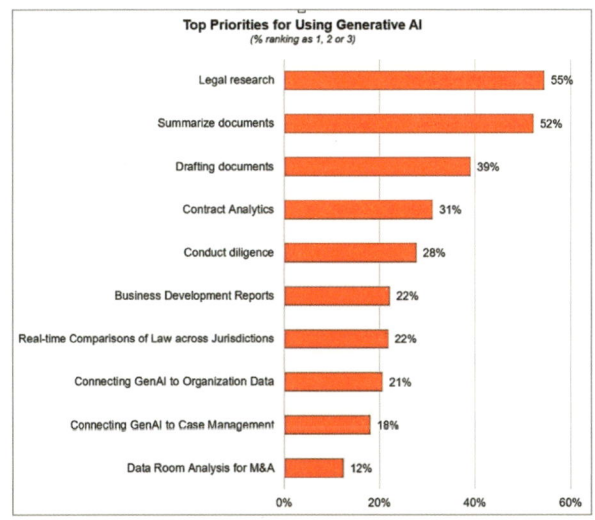

그림 22: 미국 법률회사가 생성형 AI를 사용하는 주요 영역이다. 법리 연구, 문서 요약, 문서 작성, 계약 분석 등에 가장 많이 이용하는 것으로 나타났다. (출처: https://www.deweybstrategic.com/2024/01/lexisnexis-report-what-every-c-suite-leader-needs-to-know-about-legal-ai.html)

소송 분야

소송 과정에서 AI 기술이 크게 기여하는 분야 중 하나가 디스커버리 즉, 사전 증거 공개 과정이다. 디스커버리는 민사 소송에서는 원고와 피고, 형사 소송에서는 검사와 피고(또는 변호인)가 서로 보유하고 있는 정보, 증거, 문서를 교환하는 단계를 말한다. 즉, 정식 재판 전 준비 단계에 해당한다. 모든 관련 자료를 보존해야 하며 상대방의 정보 요청에 응하지 않을 경우 법적인 제재를 받는다. 디스커버리는 재판 과정을 명확히 하고 절차를 간소화해서 비용을 절감하는 등의 이점을 제공한다. 실제로 미국의 민사 소송 대부분은 정식 재판에 앞서 디스커버리 단계에서 어느 정도 해결된다.

디스커버리 제도는 전자적 형태의 문서와 이메일에서 증거를 찾는 전자 디스커버리로 발전했다. 2006년 미국은 전자 저장 증거를 법적으로 유효한 증거로 취급하기 위해 전자 디스커버리 규정을 도입했다. 이에 따라 기업은 이메일과 같은 전자 문서를 일정 기간 보관해야 한다. 이러한 데이터 보존 정책은 다양한 전자 자료, 이메일, 메신저 기록에 이르기까지 광범위하다. 국내에서도 유사한 규제가 있는데, 금융감독원은 증권회사들에게 영업 관련 부서의 통신 기록을 3년간 의무적으로 보관하도록 요구하고 있다.

그동안은 주로 젊은 변호사, 법률 보조원, 또는 소송 지원 컨설턴트에 의해 이 일이 수행되었다. 하지만 AI 기술을 이용하면 전자 디스커버리 과정에서 이들의 일을 줄일 수 있다. 나아가 대량의 데이터를 분석하여 법률팀에 귀중한 인사이트를 제공할 수도 있다.

소송 진행에서 비슷한 판례를 찾는 것은 변론 과정에서 중요한 역할을 한다. 하지만 방대한 판례 데이터베이스에서 소송과 관련된 사건만을 찾아내기란 쉽지 않다. 이런 이유로 효과적인 판례 검색 서비스가 필요하게 되었고 오늘날 큰 산업으로 발전하고 있다. 이 분야의 주요 업체로는 웨스트로(Westlaw)와 렉시스넥시스(LexisNexis)가 있다.

이 분야의 검색 서비스는 수십 년에 걸쳐 더욱 정교하게 발전되어 왔지만 지능적이라고 하기는 어려웠다. 하지만 생성형 AI를 법률 연구에 적용하게 되면, 기존의 검색 서비스보다 한층 더 빠르게 원하는 문건을 찾아낼 수 있다. 미국의 케이스텍스트(Casetext)는 법적 의견의 실제 의미를 보다 정교하게 이해하는 연구 플랫폼을 구축했다. 이 플랫폼은 자연어처리 기술을 활용하여 판례, 법령, 학술 논문 등 다양한 법률 정보를 기계적인 키워드 매칭을 넘어 사용자의 의도를 파악해 관련성이 높은 정보로 추려서 제공한다.

AI는 소송 예측에도 요긴하게 활용된다. AI가 직접 판사가 될 수는 없지만 판결 결과를 예측하여 소송 전략을 수립할 수 있다. 변호사는 소송 시작 전, 사건을 면밀히 평가하여 증거 자료의 유불리와 법적 요소를 분석한다. 분석 결과를 두고서 소송을 진행할지 아니면 합의를 할지 의사결정을 한다. 이처럼 생성형 AI는 이전 판례를 분석, 유사 사건의 승소 확률과 특정 법원이나 판사의 경향성까지 파악함으로써 체계적인 소송 접근을 가능하게 한다. 이를 이용하게 되면 법률 회사는 협상을 신속하게 진행하고 실제 재판에 부쳐질 사건의 수를 줄일 수 있다.

 대표적인 소송 분석 및 판결 예측 서비스 기업으로 렉스마키나(LexMachina)를 들 수 있다. 2008년에 설립되었다가 2015년에 렉시스넥시스에 의해 인수된 회사다. 이 회사는 수백만 건의 법원 문서를 분석해서 포괄적이면서도 정확한 법률 분석을 제공한다. 또 빅데이터 알고리듬을 이용해 소송 관련 데이터와 최신 판례 분석 자료도 제공한다. 여기에 판사의 성향, 판결 소요 시간, 비슷한 사건의 결과 등을 분석해서 승소 확률, 합의율, 예상 합의금까지도 뽑아준다.

거래·계약 분야

실사는 관심 기업의 이상 여부를 조사하는 과정이다. 인수합병 또는 기타 거래를 앞두고서 기업의 설립 구조, 공급망, 소송, 라이선스, 재무 상태, 고용 규정 준수 등 다양한 사업 활동을 면밀히 검토하여 법적 문제가 없는지를 확인한다. 거래 성공 가능성을 평가하고 예상치 못한 불확실성을 줄이는 데 필수적이다.

 실사 과정에 필요한 문서 검토는 시간과 비용이 많이 들고 오류의 가능성이 있기 때문에 많은 기업이 이를 간소화하고 동시에 정확성을 높일 수 있는 자동화 도구를 고민해왔다. 최근의 생성형 AI의 활용은 수백 개의 문서를 빠르고 정확하게 검토하도록 도와준다.

 미국과 유럽에서는 이미 실사 프로세스를 자동화하는 AI 소프트웨어가 개발되어 활용 중이다. 이는 기업 데이터베이스에서 필요한 정보를 추출한 후 비정상적인 요소를 파악하고, 실사를 더욱 효율적이고 정확하게 할 수 있도록 도와준다.

계약 체결은 비즈니스의 시작에 불과하다. 핵심은 그 이후다. 체결된 조건과 의무를 어떻게 이행하느냐가 더 중요하다. 기업은 다양한 부서에서 수많은 파트너와 복잡한 계약을 맺기 때문에 이를 일일이 파악하고 관리하기가 어려웠다. 하지만 AI를 이용하게 되면 계약 문서를 분석하여 중요한 조건과 의무를 파악하고, 계약 이행 과정을 더 잘 관리할 수 있다.

자연어 처리 기반 솔루션은 계약 관리의 혁신을 가져왔다. 2010년 설립된 키라시스템즈(Kira Systems)는 계약서와 관련 문서를 두고 핵심 정보를 식별, 추출, 분석하는 AI 소프트웨어를 개발했다. 머신러닝으로 확보된 450여 개의 표준 계약 문구를 내재한 프로그램은 실사 대상 계약서에 포함된 조항과 표준 문구 등과의 차이를 이용자(변호사)에게 보여준다.

이러한 기술의 도입으로 계약팀은 시간 제약 없이 야간이나 주말에도 작업을 지속할 수 있으며 필요한 프로세스를 자동화할 수 있다. 영업팀은 계약 갱신 시점을 쉽게 추적하여 유리한 전략을 세울 수 있고, 조달팀은 기존 계약의 세부 사항을 잘 이해하고 필요하면 재협상을 진행할 수도 있다. 규제팀은 기업 활동의 포괄적인 관점을 유지하는 규정 준수 여부를 확인할 수도 있고, 재무팀은 인수합병 및 실사 준비 상태를 확인할 수도 있다. 폐쇄적이고 불투명한 기존의 계약 환경을 개방적이고 투명한 방향으로 변화시키는 가능성을 제시했다.

법률 거래와 계약 과정에서도 문서 작성은 필수다. 계약서는 양측 변호사가 여러 번에 걸쳐 초안을 검토하고 수정해야 하지만 이 과정은 노동 집약적이고 소모적이다. 문서 작업의 효율성을 높이려면 프로세스 자동화가 필수적이다. 그러나 신속함만을 추구하는 것은 위험하다. 법률 문서 작성에서 발생할 수 있는 실수는 예상치 못한 비용을 초래하고 기업을 법적으로 어려운 상황에 처하게 할 수 있기 때문이다.

실수 방지를 위해서도 생성형 AI를 효과적으로 사용할 수 있다. 자연어 처리 기술을 활용해 문서의 의미와 문맥을 보다 정확히 파악하고, AI 기반의 검토 시스템을 도입해 잠재적인 오류나 불일치를 자동으로 감지하고 수정한다. 그리고 비즈니스 계약, 비공개 계약, 유언장, 신탁 등의 법률 문서도 신속하게 만들 수 있어 실수를 미리 방지할 수 있다.

적용 사례 - 웨스트로

웨스트로는 웨스트로 프리시전과 생성형 AI 기반인 코카운슬이라는 법률 연구 도구를 제공한다. 웨스트로 프리시전은 정확하고 신속한 법률 연구를 위한 첨단 검색 기능과 데이터 분석 능력을 제공하고, 코카운슬은 GPT-4 기반의 법률 연구 보조 도구로서 문서 작성과 법률 문제에 대한 질문과 응답 기능을 담당한다.

렉시스넥시스와 함께 법률 정보 시장을 지배한다고 할 수 있는 웨스트로는 미국에 본사를 둔 리걸테크 기업으로 법률 데이터베이스 사업을 한다. 현재는 톰슨 로이터(Thomson Reuters)에 소속되어 있다. 톰슨 로이터는 국제적인 정보 서비스 회사로 뉴스 및 정보 콘텐츠, 기술, 법률, 세무 및 회계, 과학 및 지식재산권 관리 분야의 서비스를 제공하는 회사다.

웨스트로는 법률 데이터베이스 사업 분야의 리더로서 업계 전반에 걸친 디지털 변환을 선도하고 있다. 전통적인 법률 서비스 외에 최신 기술을 활용한 정보 제공 서비스에 큰 비중을 두고 있다. 생성형 AI 기술을 활용하여 법률 문서 작성, 판례 연구, 법률 조문 해석과 같은 작업을 자동화한다.

2022년 9월에 출시된 웨스트로 프리시전(Westlaw Precision)은 웨스트로가 제공하는 업계 최고의 법률 연구 플랫폼이다. 법률 문제, 문제 결과, 사실 패턴 등 변호사가 찾고자 하는 정보를 재빨리 찾을 수 있도록 설계되었다. 웨스토로의 제품 관리 책임자인 마이크 단(Mike Dahn)은 "우리 고객은 어려운 법률 조사에 사건당 10시간 이상씩 걸리는 경우가 많다. 매우 정확한 것을 찾아야 하기 때문에 많은 시간을 필요로 한다. 조사 시간을 대폭 단축하기 위해서는 보다 더 정밀한 검색 플랫폼이 필요했다."라고 말하며 웨스트로 프리시전의 개발 동기를 밝혔다. 검색 시간을 단축하고 정확성을 높이기 위해 250명 이상의 변호사 편집자를 추가하여 판례법을 마크업하고 분류했다[44].

웨스트로 프리시전은 생성형 AI를 사용하여 사례와 법령 및 규정을 분석했다. 그런 다음 판결 결과, 사실의 패턴, 소송의 유형 등을 기준으로 이를 분류했다. 100명 이상의 현직 변호사를 대상으로 한 테스트에서 연구자들은 기존 검색 방법에 비해 관련 사례를 두 배 이상 빠르게 찾을 수 있었다고 했다. 높은 수준의 효율성과 정확성으로 법률 회사뿐만 아니라 법원이나 기업에서도 사용되고 있다[45]. 그 밖에도 판결문의 주요 내용을 빠르게 파악할 수 있도록 도와주는 헤드노트(Headnotes)와 각종 자료 등이 법원 판결에 어떻게 인용되었는지 알려주는 키사이트(KeyCite) 등의 도구도 있다. 이러한 도구들은 법률 연구를 할 때 정확성과 효율성을 크게 높여준다.

GPT-4 기반의 AI 법률 비서로 코카운슬(CoCounsel)은 리걸테크 회사인 케이스텍스트가 개발해 2023년에 출시한 서비스다[46]. 케이스텍스트는 오픈AI로부터 대규모 언어 모델에 대한 액세스 권한을 부여받아 법률 전문가를 위한 솔루션을 발 빠르게 개발했다. 코카운슬은 핵심 법률 기술이라고 불리는 8개 영역(증언 준비, 서신 초안 작성, 데이터베이스 검색, 문서 검토, 문서 요약, 계약 데이터 추출, 계약 준수 확인, 타임라인 생성)에 걸쳐 서비스를 제공한다. 구체적으로 살펴보게 되면 사용자의 법률적 질문에 답변을 제공하고 관련된 판례, 법령, 학설을 빠르고 정확하게 검색함으로써 법률 연구를 돕는다. 문서 검토와 작성에서는 중요 정보와 논점을 신속하게 식별하고 오류와 누락을 발견한다. 증언 준비에서는 관련 주제를 식별하고 증언을 위한 질문과 답변을 자동으로 생성하여 논리성과 일관성을 점검하며 지원한다. 또한 계약 관련 조항, 충돌, 위험 요소를 식별하고 수정을 권장하기도 한다. 계약 데이터 추출과 계약 정책 준수 검토 등 기업이 준수해야 할 정책과 관련된 조항을 식별하여 효율적인 계약 관리를 가능하게 한다.

코카운슬은 법률 전문가의 업무 효율성을 높이고 업무 품질을 향상할 수 있는 보조 도구 역할을 한다. 사용자가 질문하면 AI가 내러티브 형식으로 답변을 한다. 직관적인 인터페이스로 사용하기도 쉽다. 코카운슬을 사용한 한 변호사는 "이 도구를 사용하면 고객에게 보내는 편지 초안 작성 시간을 15분에서 1분으로 단축할 수 있다며, 덕분에 사람과의 상호작용이 필요한 업무에 더욱 많은 시간을 할애할 수 있게 되었다"라고 말했다[47].

코카운슬은 2023년 6월, 톰슨 로이터로 인수되었다. 인수 이후 제품과 서비스는 웨스트로와 통합되고 있다[48].

적용 사례 – 렉시스넥시스

글로벌 리딩 리걸테크인 렉시스넥시스는 2023년 생성형 AI에 기반한 첨단 법률 플랫폼인 Lexis+ AI를 출시했다. 챗봇과 같은 대화형 AI 서비스로 법률 연구 관련한 질의 응답, 맞춤형 법률 문서 작성, 사례 요약 업무 등에서 도움을 얻을 수 있다.

렉시스넥시스는 법률 회사, 기업, 정부 기관 등을 대상으로 하는 정보 분석 서비스를 제공하는 글로벌 기업이다. 1970년대 초에 창립되어 법률 및 전문 정보 서비스 분야에서 웨스트로와 함께 리걸테크의 선두 주자로 자리매김하고 있다. 처음에는 법률 데이터베이스 서비스로 시작했다가 점차 일반 뉴스, 비즈니스 정보 등을 포함하는 광범위한 분석 서비스로 사업 영역을 확대 중이다. 데이터 분석 기술, AI 기술, 클라우드 기술 등을 활용해 다양한 분야에서 고객 요구를 충족시키고 있으며, 지속적인 혁신과 고객 중심 접근 방식으로 확고한 리더십을 유지하고 있다.

렉시스넥시스는 2023년 5월 생성형 AI를 베이스로 한 렉시스+ AI(Lexis+ AI) 플랫폼을 출시했다. 기존 렉시스넥시스 구독자들이 추가로 이용할 수 있다. 렉시스+ AI는 생성형 AI를 통합하여 변호사, 판사, 검사, 법률학자 등 법률 전문가가 연구를 수행하고 문서 초안을 작성하는 등의 법률 연구를 효과적으로 할 수 있도록 돕는다. 아래와 같은 4가지 핵심 기능이 있다(그림 23).

- 법률 연구원이 생성형 AI와의 대화를 통해 질문에 대한 응답을 조정하거나 개선하도록 요청할 수 있는 검색 기능
- 사용자의 텍스트 프롬프트에 의한 법적 주장, 계약 조항, 고객 커뮤니케이션 등에 관련된 문서 초안 작성 기능
- 문서 및 사례 요약 기능
- 업로드한 단일 혹은 최대 10개 법률 문서를 분석, 요약, 검색할 수 있는 기능

렉시스+ AI는 챗봇 방식의 대화로 검색, 초안 작성, 핵심 요약 등의 주요 기능에 접근한다. 특정 지역에서 일어난 사건의 핵심 내용을 알려 달라고 요청하면 압축적인 답변과 함께 관련 판례와 출처가 제공된다. 이용자는 이를 기반으로 법률 초안에 담을 내용을 작성 혹은 보완한다. 법률 워크플로우에 원활하게 통합되도록 하며 사용자의 목표와 전략을 반영하여 법적 주장, 조항, 메모, 편지, 이메일 등 문서 작성을 돕는다. 간단한 프롬프트 요청으로 미묘한 조정도 가능하여 특정 법적 요구 사항을 충족하는 콘텐츠를 만들기에도 좋다.

렉시스+ AI의 특징 중 하나는 사용자에게 사례에 대한 간결하고 정확한 개요를 제공하는 요약 기능이다. 사용자가 법률 자료를 업로드하면 이를 압축 분석해서 요약 내용을 뽑아준다. 이 기능은 빡빡한 시간 안에서 관련 사건의 핵심을 신속하게 파악해야 하는 법률 전문가에게

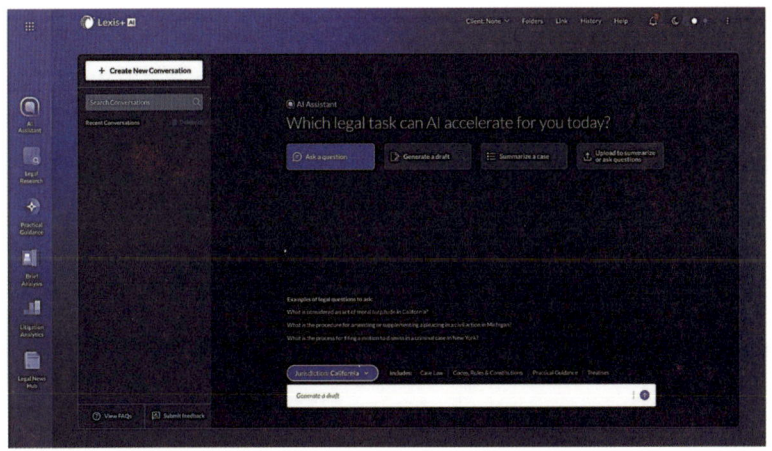

그림 23: 렉시스+ AI가 제공하는 4가지 핵심 사항. (출처: 렉시스+ AI 화면 캡처)

특히 유용하다. 또한 보안과 개인 정보 보호를 통해 사용자의 신뢰를 확보하고 법률적 질문에 대해 환각 없는 답변을 제공한다.

적용 사례 - 리걸온 테크놀로지

리걸온 테크놀로지는 법률 전문가를 위해 GPT-4에 기반한 챗봇과 플랫폼을 구축, 계약 검토를 효율적으로 하도록 돕고 계약 문서 초안 작성 등도 돕는 서비스를 개발했다.

2017년 샌프란시스코에서 설립된 리걸온 테크놀로지(LegalOn Technologies)는 계약 분야에 특화된 법률 기술 회사다. 이 회사는 법무팀이 계약을 보다 효율적이고 정확하게 검토하고 협상할 수 있도록 하는 솔루션을 제공한다. 리걸온은 일본과 미국을 중심으로 운영되고 있으며 4,500개 이상의 주요 기업 변호사와 법률 전문가가 리걸온을 사용해서 계약을 검토하고 협상장에 앉는다.

법률 고문과 사내 팀이 직면하는 가장 큰 과제는 비밀유지서약(NDA, Non-Disclosure Agreement) 및 구매 계약과 같은 긴급성을 갖고 있는 대량의 계약서를 적시에 검토하는 것이다. 리걸온은 이러한 요구사항에 맞춰 생성형 AI 기술을 활용, 계약 검토 및 협상 프로세스를 더 빠르고 정확하게 만드는 목표가 있다. 마치 법무팀의 확장과 같다[49].

리걸온은 리걸온 어시스턴트(LegalOn Assistant)와 리걸포스

(LegalForce) 두 가지 서비스로 구성되어 있다.

'리걸온 어시스턴트'는 챗봇 형태의 생성형 AI 비서로 계약 관련 질문에 답변, 계약서 작성 및 검토 조언, 계약서 관련 용어 설명 등의 서비스를 제공한다. 수정 사항을 포함하여 계약에 관한 모든 질문을 할 수 있으며 법률 및 비즈니스 조건에 관한 답변을 즉시 얻을 수 있다. 리걸온 어시스턴트는 간결하고 평이한 언어로 계약 내용을 요약해준다. 의무와 위험 및 이점을 포함하여 계약의 주요 측면을 효율적으로 파악하도록 도와 의사결정 프로세스의 속도를 한층 더 높여준다[50].

'리걸포스'는 리걸온 서비스의 일환으로 제공되는 계약 문서 검토 플랫폼이다. 리걸온 어시스턴트보다는 좀 더 전문적이며 계약서의 주요 내용과 위험 요소를 파악해 법률 전문가의 검토 의견을 제공한다. 이를 이용하게 되면 계약서에 포함된 중요 사항과 잠재적 위험 요소를 신속하고 정확하게 이해하며 법률 전문가 없이도 계약 검토 작업을 수행할 수 있다. 리걸포스의 목표는 첨단 기술과 법적 통찰력을 결합해 잠재적 위험 식별, 연구 지원, 수정, 사례 관리 등이다.

이외에도 리걸온은 포괄적인 제품군을 제공한다. AI 계약 검토 및 수정, 연습 노트, 계약 템플릿, 자체 플레이북과 사용자 정의 템플릿 등을 제공한다.

적용 사례 - 루미넌스

영국 법률 AI 기업인 루미넌스는 2023년 계약서 검토부터 협상까지 자동으로 처리하는 프로그램 오토파일럿을 출시했다. 이 도구는 1억 5천만 개 이상의 법률 문서로 학습된 AI를 활용하여 계약의 위험 요소를 식별하고 수정을 제안한다. 오토파일럿은 비밀 유지 서약같은 일상적인 계약 건을 사람의 개입 없이도 자동으로 진행한다. 변호사는 최종 서명 단계에서만 개입한다. 법률 문서 검토와 협상을 완전히 자동화한 첫 사례라 할 수 있다.

영국의 법률 AI 기업 루미넌스(Luminance)는 2023년 11월, 계약서 검토부터 협상까지 전 과정을 자동으로 처리하는 협상 자동화 프로그램 오토파일럿(Autopilot)이라는 도구를 출시했다. 이 도구는 AI를 활용하여 계약서를 읽고, 위험 요소를 해소하고, 상대방 AI가 변경한 사항에 대응하고, 계약 협상을 인간의 개입 없이 자동으로 수행하도록 설계되었다[51]. 이전에도 챗GPT와 같은 범용 프로그램을 이용해 법률 문서의 검색, 계약 검토 및 분석 시스템을 구축한 사례는 있었지만, 계약 당사자끼리의 협상을 사람 개입 없이 완전히 자동화한 사례는 이번이 처음이다.

2015년 수학자와 변호사들이 설립한 루미넌스는 다양한 법률 프로세스를 자동화하는 AI 플랫폼 및 변호사들의 서류 검토 시간을 줄여 효율적으로 일할 수 있도록 돕는 법률 문서 분석 소프트웨어를 개발해왔다. 이중 오토파일럿은 1억 5천만 건 이상의 검증된 법률 문서를 학습한 다음 계약의 위험 요소 식별과 이전에 맺었던 계약 및 해당 법률 사무소가 선호하는 규정을 확인하고, 이를 기반으로 계약 검토부터 협상까지 모든 과정을 자동으로 진행할 수 있는 'AI 협상가'를 내놓았다. AI 협상가는 스스로 계약서를 분석하고, 논쟁이 될 만한 조항이나 회사 정책에 반하는 내용을 찾아 수정하는 일을 한다. 인간 변호사는 최종 서명 단계에서만 개입한다.

상대방 법률 사무소로부터 비밀유지계약(NDA)을 받았다고 가정해 보자. 루미넌스가 상대방 회사에서 이메일로 받은 NDA 계약서는 자동으로 MS 워드에 로드된 다음, 오토파일럿에게 보내진다. 이후 과정은 다음과 같다.

오토파일럿은 법률적 지식과 회사 정책을 바탕으로 계약서의 모든 조항을 세밀하게 검토한다. 학습을 통해 기존 계약과 과거 의사결정 내용을 알고 있기 때문에 회사가 어떤 계약을 원하는지 파악하고 있다. 논쟁이 될 만한 조항이나 문제의 소지가 있는 내용을 불과 몇 초 만에 찾아내며 이를 빨간색으로 강조 표시한다(그림 24). 그리고 회사 정책에 반하는 내용에 대해서는 자동으로 수정해 초안을 다시 작성한다. 오토파일럿은 발견된 문제점이나 불합리한 조항을 더 적합한 것으로 변경한다. 예를 들면, 상대방 법률 사무소에서 보내온 계약서에는 계약 기간이 6년으로 명시되어 있는데, 이는 회사 방침과 다르다는 것으로 인지해 자동으로 계약 기간을 3년으로 수정하는 식이다. 또 허용 가능한 대안을 제안하고 이를 노란색으로 표시한다. 변경된 사항은 별도로 저장되어 추후 검토 및 추적이 가능하다. 모든 수정 작업이 완료되면 담당 변호사(사람)는 최종 검토한다. 필요에 따라 추가적인 수정을 하며 변호사가 이 과정을 모두 승인하면 계약서에 최종 서명이 이뤄진다. 변호사가 최종 서명한 계약서는 회사의 문서 관리 시스템에 저장된다.

루미넌스는 법률 업무의 효율성과 정확성을 높이기 위해 오토파일럿과 함께 사용할 수 있는 다양한 AI 기반 도구를 개발했다. '루미넌스 코퍼레이트'(Luminance Corporate)는 기업 법무 부서를 위해 설계된 도구로 계약 관리 및 검토를 자동화하여 법무팀이 더 빠르고 정확하게 업무를 수행할 수 있도록 돕는다. 대량의 계약서를 분석하고 주요 조항 및 위험 요소를 자동으로 식별한다. 기업은 계약 리스크를 미

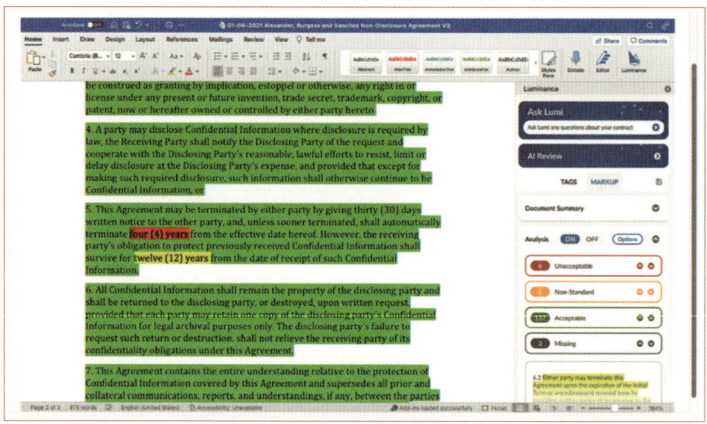

그림 24: 루미넌스 오토파일럿에 의한 계약 협상 화면의 예: 상대방이 보내온 계약서에서 "당사자 일방이 상대방에게 30일 전에 서면 통지함으로써 해지할 수 있으며, 조기에 해지하지 않는 한 본 계약의 효력 발생일로부터 '4년이 경과하면' 자동으로 해지된다"는 조항이 있는데, 이는 우리가 받아들일 수 없으므로 수정을 의미하는 빨간색으로 표시된다. 그리고 이전에 받은 기밀 정보를 보호해야 하는 수신 당사자의 의무는 해당 기밀 정보를 받은 날로부터 12년 동안 존속한다는 내용은 비표준이지만 논의해 볼 수 있는 것으로 표시된다. (출처: https://www.luminance.com/news/blogs/20240129_eleanor_lightbodyceoluminance.html)

리 파악하고 필요한 조치를 신속히 취할 수 있다. '루미넌스 딜리전스'(Diligence)는 AI를 사용하여 M&A 실사 및 대형 건물 임대차 등 광범위한 계약 사항 검토와 개선을 신속하게 처리한다. 1천 개가 넘는 관련 법률 개념에 즉각적인 인사이트를 제공하며, 변호사가 검토 우선순위를 정하고 예상치 못한 상황에서 신속하게 대응하며 경쟁 우위를 확보할 수 있도록 지원한다. '루미넌스 디스커버리'(Discovery)는 소송 및 규제 준수 검토 과정에서 사용한다. 문서 간의 관계를 파악하고, 중요한 증거를 신속히 식별하여 법률 전문가들이 소송 전략을 효과적으로 수립할 수 있게 도와준다.

 루미넌스의 AI 플랫폼은 현재 60개국 이상에서 500명 이상의 고객이 사용 중이다. 여기에는 다양한 법률 사무소와 기업 법률팀이 포함된다. 세계 20대 법률 사무소, 특히 화이트앤케이스(White & Case), 홀란드앤나이트(Holland & Knight), 슬로터앤메이(Slaughter and May) 등에서 사용중이다. 기업에서도 사용 중인데 석유, 에너지, 섬유, 금융 등의 사업을 하는 미국의 다국적 복합 기업 코크 인더스트리즈(Koch Industries)에서 계약 업무 자동화를 위해 루미넌스를 도입했다. 또 영국 최대 규모의 슈퍼마켓 중 하나인 테스코(Tesco)에서도 이용한다. 국내 기업으로는 LG화학이 루미넌스의 AI 협상가를 도입했다. 단일 계약에 드는 평균 시간을 최소 30% 이상 단축될 것으로 기대하고 있다[52]. 그 외에도 딜로이트, PwC, EY, KPMG 등의 글로벌 컨설팅 회사에서도 방대한 양의 법률 데이터를 관리하고 다양한 법적 절차의 간소화에 루미넌스의 AI 플랫폼을 활용 중이다.

적용 사례 - 인텔리콘연구소, 로앤굿, 로앤컴퍼니

국내의 리걸테크 기업의 활약도 눈부시다. 인텔리콘연구소, 로앤굿, 로앤컴퍼니 모두 국내에서 활약하는 AI 법률 서비스 기업이다. 국내의 법률 문서를 기반으로 서비스를 제공하고 있어 훨씬 더 정확하고 쉬운 사용이 가능하다.

인텔리콘연구소는 법률 자연어 처리, 기계 독해, 법률 추론 알고리듬 등의 원천 기술을 바탕으로 법률 AI 서비스를 제공하는 리걸테크 기업으로 2023년 5월 생성형 AI와 법률 AI를 결합한 법률 GPT(LawGPT)를 출시했다. 법률GPT는 인텔리콘연구소가 지난 10년간 축적해 온 법률, 논문, 케이스, 상담 정보 등의 데이터를 학습시켜 개발됐다. 챗GPT와 마찬가지로 프롬프트를 이용해 간단히 묻고 답하는 과정만으로 필요한 정보를 얻을 수 있다. 교통사고와 부동산 등 공익 법률 상담에 특화되어 있으며, 질문에 대한 답변뿐 아니라 죄목과 법조문, 판례, 관련 상담 사례 등도 제시한다. 전문가가 활용하기 쉽다고 평가받는다.

로앤굿(Law&Good)은 금융법을 탑재한 AI 검색 챗봇을 2024년 1월 출시했다. 이 AI 검색 챗봇은 국내법을 기반으로 개발되어 투자심사역, 애널리스트 등 금융 관계자들이 여러 관련 파일을 일일히 열어보지 않아도 관련 사례와 해석을 검색할 수 있도록 한다. 금융위원회와 금융감독원에 등록된 금융 규제 법령 해석 약 1만 건과 질의응답 약 1천 건, 분쟁조정 사례 약 1천 건, 판례 약 500건을 학습한 데이터를 기반으로 답한다. 개인정보보호법, 공직선거법, 이혼 등 일부 분야에 자동 답변이 가능하다.

법률 서비스 플랫폼인 로톡(LawTalk)을 운영하는 로앤컴퍼니는 GPT-4 API를 활용해 한국의 법령과 판례 등을 학습한 빅케이스GPT를 공개했다. 여기에는 로앤컴퍼니가 보유한 법령 14만 5천 건, 결정례 7천 건, 유권 해석 7천 건 등 약 16만 건의 법률 정보가 활용되었다. 빅케이스GPT 개발 과정에서는 검색증강생성(RAG, Retrieval Augmented Generation) 기법과 자체 개발한 프롬프트 엔지니어링을 활용했다. 이를 통해 생성형 AI의 최대 약점인 환각 현상을 감소시켜 신뢰성을 높였다. (검색증강생성기법에 대해서는 4부 14장 "환각 문제 해결"편에서 자세히 설명했다). 이 외에도 로앤컴퍼니는 로톡 서비스에 의뢰인 상담 전 작성하는 글을 요약 정리하고, 예상되는 법률 분야를 제안하고 분류해주는 기능을 추가했다. 빅케이스GPT에는 판결문 내 요점 보기, 유사 판례, 쟁점별 판례 보기 등의 서비스가 포함되어 있다. 추후 GPT-4 등 다수의 대규모 언어 모델을 적용할 계획을 갖고 있으며 미국의 코카운슬 서비스처럼 법률 메모 생성, 법률 서면 요약, 법률 질의 응답 등의 기능을 국내 법률 커뮤니티에 제공해 법조인의 업무 효율을 향상시키는 것을 목표로 하고 있다.

성과와 혁신

법률 분야에서 생성형 AI의 활용이 증가하면서 무엇보다 문서 작성과 검토 과정이 혁신적으로 개선되었다. AI가 법률 문서(계약서, 소송 자료)의 초안 작성에 사용되면서 법률 전문가는 더 복잡하고 창의적인 업무에 집중할 수 있게 되었다. 이는 시간과 비용을 절감하는 효과를 가져오며, 법률 서비스의 효율성과 접근성을 대폭 향상시켰다.

법률 자문과 상담에서도 생성형 AI의 역할이 커졌다. 우수한 챗봇은 사용자의 질문에 실시간으로 답변하고, 기존 판례나 법률 자료를 기반으로 한 조언을 제공한다. 이는 법률 정보의 민주화를 촉진하며, 법률 서비스가 부족한 지역에 큰 변화를 가져온다.

소송 예측과 분석에서의 AI 활용도 역시 확대 중이다. 소송 결과를 예측하고 법률 전략을 수립하는 데 필요한 정보를 빨리 찾아주고, 법률 전문가가 정보에 기반해 결정을 내릴 수 있도록 도와준다. 재판의 예측 가능성과 투명성을 높이는 역할을 한다.

AI 사용의 증가는 법률 윤리와 AI 규제에 대한 새로운 논의를 불러일으킬 것이다. AI가 내린 결정과 조언의 책임 소재 등이 중요한 이슈로 대두할 것이며 이에 따라 AI를 적절히 규제하고 관리하는 법률과 기준안이 마련될 것이다. 이는 향후 법률 분야의 AI 활용 방향과 윤리성을 결정하는 중요한 요소가 될 것이다.

대한민국 대법원은 2024년 9월 사법 역사상 처음으로 AI를 재판 업무에 통합해 판결문 추천 시스템을 도입할 예정이다. 이는 장기적으로 재판 지연 문제를 해결할 방법으로 여겨진다. 이 시스템은 법관들에게 유사 사건에 대한 상위 10개의 판결문을 자동으로 추천함으로써 판결문 작성에 들어가는 시간을 획기적으로 줄여줄 것이다. 그리고 법원의 차세대 전자소송 시스템에 통합되어 소송 문서를 분석하고 관련 판결문을 제안하는 역할도 할 것이다. 기술의 발전과 법률 시장에서의 AI 활용 증가로 대법원은 법률 문서 자동화, 주요 쟁점 자동 제시 등을 포함한 추가적인 AI 모델 개발을 계속 이어갈 예정이다.[53]

7. 자동차

- 자동차 산업은 생성형 AI 기술을 적극 수용하면서 도로 위의 모빌리티 경험을 새롭게 정의하고 있다. 설계부터 제조, 사용자 경험에 이르기까지 자동차 생명주기 전반에 걸쳐 적용된다.

  생성형 AI는 설계 단계에서부터 여러 데이터를 분석하여 최적의 차량 디자인을 제안하고 복잡한 엔지니어링 문제를 해결한다. 개발 시간을 단축하며 효율성과 안전성을 개선하는 데 도움을 준다.

  제조 과정에서는 AI가 제어하는 로봇으로 사람 대신 정밀한 작업을 수행한다. 그리고 공급망 관리에 AI를 통합함으로써 부품 조달과 재고 관리를 최적화하고 효율적인 생산 시스템을 구축한다.

  사용자 경험에서는 AI 기반의 개인화된 운전 보조 시스템이 운전자의 습관과 선호도를 학습하여 더욱 안전하고 편안한 운전 경험을 제공한다. 차량 내 엔터테인먼트 시스템은 사용자 취향에 맞는 콘텐츠를 제공한다.

  이미 글로벌 완성차 업체들은 빅테크 기업 그리고 반도체 기업들과 손잡고 소비자들에게 전례 없던 새로운 경험을 제공 중이다.

챗GPT와 내비게이션의 통합

운전 경험과 운행 중 안전을 개선하는 방법에 생성형 AI 기술을 이용하려는 모색이 한창 진행 중이다. 그 중 하나는 챗GPT로 대표되는 생성형 AI 챗봇이 자동차 내비게이션 시스템과 통합되는 것이다.

지난날 자동차 관련 기술 회사들은 효과적인 음성인식 기능을 만들기 위해 많은 노력을 기울여 왔다. 하지만 자연어 처리 기술 수준이 미흡하여 차 내에서의 대화가 현실적으로 어려웠다. 그러나 최근 등장한 생성형 AI 기반의 챗봇은 주행 중 운전자 질문과 요청에 실시간으로 대응할 수 있다.

챗GPT는 음성 명령을 이해하고 응답할 수 있어 자동차 내비게이션 시스템의 활용도를 높일 이상적인 도구로 인정받는다. 운전자는 음성 명령으로 목적지 정보를 입력하고, 길 안내를 요청하고, 실시간 교통 업데이트를 받을 수 있다. 음성 명령은 운전자가 도로에서 눈을 떼지 않고도 정보를 입력할 수 있기 때문에 안전한 운전을 하도록 돕는다. 또한 인근 주유소나 레스토랑에 대한 정보를 자연어로 알려주는 등의 정보 제공도 가능하다. 운전자가 "가장 가까운 주유소까지 데려다줘."와 같이 음성 명령을 내리면 챗GPT 기반의 내비게이션 시스템은 이를 이해하고 가장 가까운 주유소로 길 안내를 한다.

챗GPT와 운전자 보조 시스템의 통합

흔히 ADAS라고 부르는 첨단 운전자 보조시스템(ADAS, Advanced Driver Assistance Systems)은 운전자를 보조하고 차량 안전을 개선하기 위한 장치이다. 차선 이탈 경고, 자동 긴급 제동, 어댑티브 크루즈 컨트롤 등이 있다. 이러한 시스템은 센서와 카메라 그리고 기타 여러 기술을 이용하여 도로의 잠재적 위험을 감지, 운전자에게 경고하거나 사고를 예방하기 위한 조치를 취한다.

챗GPT가 ADAS와 통합하게 되면 차량의 안전 기능을 더욱 향상시킨다. 운전자의 음성 명령을 이해하고 응답하여 차선 이탈 경고를 켜거나 크루즈 컨트롤 속도를 설정하는 기능을 제어할 수 있다. 긴급 상황에서는 운전자에게 실시간 경고도 보낼 수 있다. 차량이 도로에서 장애물을 감지하면 챗GPT는 운전자에게 청각 또는 시각적 경고를 제공한다. 경우에 따라 차량을 제어하여 운전자 대신 브레이크를 밟거나 핸들을 조작하기도 한다. 챗GPT가 음성 명령을 이해하고 응답하는 데 사용되기 시작하면 운전자는 운전대에서 손을 떼지 않고도 차량의 여러 기능을 제어할 수 있다. 결과적으로 자율주행 자동차 발전에 크게 기여하게 된다.

실시간 교통 상황 제공

지난 십여 년간 첨단 기술을 활용해 시민의 삶을 개선하고자 하는 이른바 '스마트 시티'를 추진하는 도시가 많아졌다. 교통 관리, 에너지 효율성, 공공 안전 등이 여기에 포함된다.

스마트 시티의 핵심 구성 요소 중 하나는 데이터를 수집하고 분석하기 위한 사물 인터넷(IoT) 장치와 센서다. 그런데 여기에 챗GPT가 결합되어 운전자에게 필요한 교통 정보 등을 실시간으로 제공한다. 챗

GPT는 직접 실시간 데이터를 수집하거나 분석하지는 않지만, 여러 지역의 교통 카메라, 센서, GPS 등 다양한 소스에서 분석된 교통 정보를 제공받아 이를 운전자에게 알려준다.

그리고 "교통 체증을 피하려면 어떤 경로로 가는 것이 가장 좋을까?"와 같은 보다 복잡한 명령을 이해할 수 있으며 교통 데이터를 고려하여 운전자에게 최적의 경로 안내도 가능하다. 그밖에 주차장 데이터에 접속하여 운전자에게 사용 가능한 주차 공간 정보를 제공하기도 하고, 사고 또는 기타 긴급 상황 발생 시 운전자에게 실시간 알림도 제공한다. 또 기상 센서의 데이터를 사용하여 현재 기상 상태와 침수된 도로, 결빙된 도로와 같은 잠재적 위험 정보도 제공한다.

적용 사례 - 폭스바겐

폭스바겐은 챗GPT를 음성 비서 IDA의 백엔드에 통합하여 이전의 음성 제어 기능을 훨씬 뛰어넘는 다양한 기능을 운전자에게 제공하게 되었다. 챗GPT는 운전자가 일상적인 언어를 사용하면서도 원활한 상호작용을 할 수 있게 하며, 운전자의 취향과 선호를 학습하여 개인화된 서비스를 제공하기도 한다.

2023년 폭스바겐은 일상적인 질문에 답하고 차량 내 기능을 수행할 수 있는 새로운 음성 비서 IDA(Intelligent Drive Assistant)를 선보였다. 폭스바겐의 IDA는 운전을 더욱 편리하고 즐겁게 만들어주는 차량 내 음성 비서 시스템이다. 이를 위해 폭스바겐은 미국 기업 세렌스(Cerence)와 파트너십을 맺었다. 세렌스가 개발한 챗프로(Chat Pro)는 운전자 중심의 대화형 AI 플랫폼으로 폭스바겐은 이를 기반으로 자체 음성 비서인 IDA를 개발했다.

폭스바겐은 챗프로가 제공하는 자연스러운 대화 경험, 맞춤형 사용자 경험 그리고 안전 운전 지원 등 차세대 인포테인먼트 시스템으로 운전자 경험을 향상시키는 데 초점을 맞추고 있다. 챗프로는 운전 중에도 운전자의 주의를 분산시키지 않고 음성 명령을 통해 다양한 작업을 안전하게 수행할 수 있도록 설계되었다[54]. 음성 명령으로 수행할 수 있는 기본 기능은 실내 온도 조절, 음악 및 라디오 재생, 전화 걸기 및 메시지 보내기, 선호하는 지도 앱을 사용한 내비게이션 이용, 연료 잔량 및 타이어 공기압과 같은 차량 정보 액세스 등이다.

그림 25: 폭스바겐의 챗프로를 탑재한 새로운 음성 비서. 운전자가 운전 중에 음성 비서에게 "디노사우러스에 대한 스토리를 들려달라"고 요청하고 있다. (출처: https://finance.yahoo.com/news/a-volkswagen-with-chatgpt-told-me-a-story-about-dinosaurs-at-ces-2024-185239472.html)

2024년 1월부터는 챗GPT를 폭스바겐 IDA의 백엔드에 통합하여 이전의 음성 제어 기능을 훨씬 뛰어넘는 다양한 서비스를 제공 중이다(그림 25). 챗GPT는 IDA가 답변할 수 없는 질문에도 대답한다. 폭스바겐은 향후 생성형 AI가 운전자와 차량 사이의 대화를 보다 직관적인 언어로 할 수 있도록 도우며, 여러 정보를 맞춤해서 제공하는 기능을 계속적으로 보완할 것이다.

적용 사례 – BMW

BMW는 지능형 개인비서에 아마존 알렉사로 구동되는 생성형 AI를 활용해 훨씬 더 인간적인 방식으로 대화하고 차량 기능을 제어한다. 또 차량이 원격 조종으로 해당 공간으로 이동하여 주차하는 원격 자동 발렛 파킹 기능도 제공한다.

BMW 그룹과 아마존은 알렉사 기반의 생성형 AI를 탑재한 BMW 지능형 개인비서(BMW Intelligent Personal Assistant)를 개발했다. BMW는 지능형 개인비서에 음성 처리 기능이 포함된 AI를 오래전부터 사용해 왔다. 2018년 최초의 지능형 개인비서가 도입된 이래, 운전자와 차량 사이의 언어적 상호작용은 필수적인 것으로 BMW의 지능형 개인비서는 아마존 알렉사(Alexa)로 구동된다(그림 26). 알렉사는 아마존이 개발한 인공지능 플랫폼이다.

지능형 개인비서는 운전자의 필요를 학습하고 기억하여 최상의

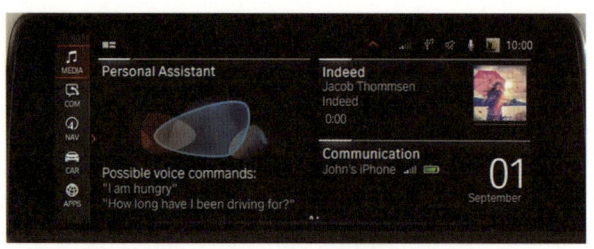

그림 26: 아마존 알렉사로 구동되는 생성형 AI를 활용한 BMW 지능형 개인비서. (출처: https://www.bmw.co.uk/en/topics/owners/bmw-connecteddrive/intelligent-personal-assistant.html)

지원을 해준다. "Hey BMW, 집으로 가자."라고 말하기만 하면 집으로 가는 길을 찾아주고, "Hey BMW, 배고파."라고 하면 식당을 추천해준다. 그리고 "추운 날씨에 항상 같은 좌석 가열 레벨을 선택하나요?"라는 질문을 운전자에게 하기도 한다. 이는 오토메이트 마이 해빗(Automate My Habits) 기능을 사용해 선호하는 설정을 자동으로 학습했기 때문에 가능하다[55]. 더욱 강력해진 차세대 지능형 개인비서 기능(오퍼레이팅 시스템 9)은 2024년 안에 BMW 차량에 도입될 예정이다[56].

BMW는 발레오(Valeo)와 공동으로 원격 발렛 파킹 기능도 개발 중이다. 이 기능은 주차 시, 운전자가 차량을 원격으로 조종하여 주차할 수 있게 도와준다. 운전자는 스마트폰 앱을 통해 차량을 전진, 후진, 좌우 주행을 조종하여 좁은 주차 공간에 정확하게 주차할 수 있다. 차량에 장착된 다수의 360도 카메라가 차량 주변 상황을 찍어 실시간으로 스마트폰에 전송하여 운전자가 스마트폰 화면을 보면서 조종하여 주차하는 방식이다. 자동 주차는 물론이고 운전자가 차량을 픽업할 수 있도록 차를 부를 수도 있다.

이를 위한 기반 기술로 자율 주행 시스템 또는 원격 작동 발렛 파킹 시스템이 사용된다. 이 기능이 활성화되면 차량 스스로 주차를 할 수 있기 때문에 운전자가 주차 후 차에서 내리기 위한 공간도 필요 없어진다. 즉, 차량끼리 매우 가깝게 주차하는 것도 가능해진다. 이렇게 되면 공간의 효과적인 사용이 가능하다[57].

적용 사례 - 소니혼다모빌리티

소니 혼다 모빌리티는 생성형 AI로 구동되는 대규모 언어 모델을 활용하여 자율 주행 시스템과 첨단 운전자 지원 시스템(ADAS)을 개발할 계획이다. 생성형 AI 기반의 음성 비서는 사용자와의 상호 작용을 자연스럽고 직관적으로 만들어 주며 운전자 및 승객에게 개인화된 정보, 엔터테인먼트 서비스를 제공한다.

일본의 혼다와 소니가 협력하여 2022년 탄생한 소니혼다모빌리티(SHM, Sony Honda Mobility)는 2026년 출시 예정인 전기차 아필라에 생성형 AI 기반의 음성 비서를 탑재할 계획이라고 발표했다. 이 음성 비서는 차량 내외부의 다양한 센서와 데이터를 활용하여 교통 상황, 날씨 등의 정보를 제공하며, 운전자의 습관과 선호도를 분석하여 최적의 경로를 제안하거나, 개인 일정 등을 운전자에게 리마인더 하는 기능을 탑재할 예정이다. 이를 위해 MS 애저의 오픈AI 플랫폼을 이용한다.

소니의 디지털 엔터테인먼트와 이미징 기술 그리고 혼다의 자동차 제조 및 모빌리티 서비스에 대한 전문성을 바탕으로 아필라는 이동 수단을 넘어서 사용자 경험(UX)에 초점을 맞춘 차세대 전기차를 목표로 하고 있다. 또한 에픽 게임즈의 3D 컴퓨터 그래픽 게임 엔진인 언리얼 엔진 5를 차량에 통합하여 차량 내 통신, 안전 및 엔터테인먼트를 시각화하고 증강현실 오버레이가 포함된 3D 지도를 운전자에게 제공한다.

이러한 기술적 진보는 자동차가 단순한 이동 수단을 넘어 사용자의 생활 방식에 맞춰진 서비스를 제공하는 플랫폼으로 진화하고 있음을 보여준다.

성과와 혁신

챗GPT를 비롯한 생성형 AI 챗봇이 자동차 내비게이션 시스템, AI 음성비서 시스템 및 운전자 보조 시스템과 통합되어 자동차 운전 경험과 안전성을 높이고 있다.

생성형 디자인과 AI가 자동차 설계 과정에 통합되면서, 자동차 디자인은 더욱 개성 있고 최적화된 형태로 발전한다. 다양한 운전 환경과 사용자 선호도를 분석하여 그에 맞는 최적의 차체 형태와 내부 공간 구성을 제안한다.

AI는 자동차의 성능 최적화에도 중요한 역할을 한다. 수많은 시뮬레이션을 통해 가장 효율적인 엔진 구조, 에너지 사용 방식을 탐색하고 이를 실제 차량 설계에 적용한다. 이 과정에서 자동차 연비는 향상되고 배출가스 감소와 같은 환경적 요구 사항도 충족된다.

생산 과정에서도 큰 변화가 예상된다. AI가 제조 과정을 최적화하면서 자동차 제조에 필요한 시간과 비용을 크게 줄이며 고도로 맞춤화된 차량 제작이 가능해진다. 고객의 특정 요구 사항에 맞춰 생성형 디자인과 AI가 설계를 조정하고, 이를 바탕으로 단일 생산 라인에서 다양한 모델을 효율적으로 생산할 수 있다.

마지막으로, AI는 자동차의 유지보수 방식에도 혁신을 가져올 것이다. 차량이 스스로 문제를 진단하고 때로는 원격에서 수정하는 능력을 갖추게 되며 이는 운전자에게 더욱 안전하고 편리한 경험을 제공한다. 또한, 운전자의 습관과 선호도를 학습하여 운전 보조 기능을 개인화하고 운전 경험을 한층 더 개선시키는 데에도 역할을 할 것이다.

이러한 변화는 자동차 산업을 단순히 기술적으로만 발전시키는 것이 아니라 운전과 이동의 개념 자체를 재정의하며 사용자 경험, 환경 지속 가능성, 제조 효율성 등 모든 면에서 혁신적인 발전을 이끈다.

8. 유통(쇼핑)

- 개인화된 마케팅은 생성형 AI의 가장 두드러진 혁신 중 하나다. 맞춤형 광고 캠페인의 생성과 사용자 경험의 개인화 그리고 상품 추천 시스템은 AI 기술이 적용된 대표적인 유통 혁신이다. 고객의 관심을 끌고 브랜드 충성도를 높이며 최종적으로는 판매량과 수익성을 증가시키며 판매 데이터, 시장 동향, 소비자 행동 등을 종합적으로 분석하여 정확한 수요 예측을 가능하게 한다.

생성형 AI는 이미지를 분석하여 관련 상품을 식별하고, 소비자가 찾고 있는 것과 유사한 제품을 추천한다. 사진이나 이미지만으로 원하는 제품을 쉽게 찾을 수 있는 이 기술은 패션과 홈 데코 분야에서 큰 인기를 얻고 있다. 운영 효율 극대화 역시 생성형 AI가 유통 산업에 가져온 또 다른 중요한 가치이다. 주문 처리, 재고 관리, 고객 서비스 등이 개선되면서 비용은 떨어지고 고객 만족도는 올라가고 있다.

개인화 마케팅

최근 유통 분야의 한 AI 적용 연구에 따르면 고객 10명 중 6명은 생성형 AI가 고객 서비스를 혁신할 수 있다고 보았다. 그리고 75%의 소비자는 개인화가 잘 된 브랜드를 재구매할 것이라고 응답했다. 리테일 및 온라인 스토어에서 개인화를 도와줄 최고의 AI 기술로 실시간 검색(42%), 자동화된 제품 추천(35%), 가상 체험(33%)을 꼽았다[58].

고객이 온라인 의류 매장을 탐색하고 있을 때, 생성형 AI가 어떻게 쇼핑 경험을 변화시킬 수 있는지 생각해보자. AI 기반 추천 시스템은 고객의 구매 이력, 검색 패턴, 소셜 미디어 활동을 종합적으로 분석해 그에 맞는 개인화된 제품을 추천한다. 예를 들어, 신발 판매점에서는 AI가 사용자의 발 크기, 달리기 스타일 등을 고려하여 맞춤형 신발을 추천한다. 결과적으로 고객 만족도를 높이고 반품률을 감소시키고 고객의 미래 니즈와 선호도까지 예측하며 쇼핑 경험을 한층 더 개선시킨다.

생성형 AI는 단순히 개인 맞춤형 상품을 추천하는 것에만 그치지 않는다. 고객의 구매 기록, 검색 기록, 탐색 행위를 분석하여 맞춤형 콘텐츠를 제공함으로써 단순히 물건을 사는 것으로만 쇼핑을 이해하지 않는다. 광고와 이벤트 프로모션 등을 맞춤형으로 제공함으로써 마케팅 효율성을 극대화한다. 그리고 24시간 대응 가능한 챗봇과 가상 비서를 이용해 제품 정보 제공, 주문 및 배송 상태 안내, 고객 지원 등 다양한 서비스를 제공한다. 인건비 절감은 물론 고객 서비스도 향상시킨다.

고객 경험 개선

소규모 의류 스토어에서는 새로운 컬렉션을 선보이고 싶지만 전문적인 사진 촬영이 어렵다. 이때 생성형 AI는 다양한 각도, 조명, 배경, 모델을 적용하여 사실적인 제품 이미지를 자동으로 만들어 시간과 비용을 덜어준다. 또 제품 설명도 자동으로 생성하고 태깅과 분류도 자동으로 진행해 검색 기능을 대폭 향상시킨다. 궁극적으로 고객 참여도를 높이고 구매 전환율을 올리는 데 기여한다.

가구회사 이케아(IKEA)는 이케아 크레아티브(IKEA Kreativ)라는 생성형 AI 기반 도구를 사용하여 가구의 3D 모델을 만들고 고객의 집에서 제품이 어떻게 보일지 가상으로 연출하는 기능을 개발했다.

가상 환경에서 의류 및 메이크업 제품을 미리 경험해볼 수도 있다. 소비자는 얼굴 인식을 바탕으로 다양한 메이크업 제품을 가상으로 체험할 수 있다. 세포라(Sephora)의 버추얼 아티스트(virtual artist) 앱이 좋은 예다. 가상 체험 기능은 검색, 디자인, 디스플레이 맞춤화 등에서 주도적인 역할을 한다. 화장품뿐만 아니라 의류, 가구, 전자제품 등 다양한 카테고리로 확장 중이다.

수요 예측과 물류 비용 감소

생성형 AI는 이전의 분석형 AI보다 더 많은 정보들을 다루고 분석한다. 판매 데이터, 날씨 패턴, 시장 동향, 소비자 행동 변화 등을 종합적으로 분석하여 특정 품목의 수요를 예측한다. 소셜 미디어 트렌드를 분석하여 특정 품목에 대한 소비자 관심이 증가하고 있는지 여부를 파악하고, 특정 영화나 TV 프로그램의 개봉을 앞두고 이의 영향력을 미리 시뮬레이션해보기도 한다. 예측은 기업의 재고 관리는 물론이고 가격 책정, 프로모션 전략 등의 최적화에도 쓰인다.

물류 및 배송 분야에서도 혁신적인 변화를 주도한다. 배송 경로를 최적화하는 데 활용되며, AI가 대량의 주문 정보를 처리하여 각 배송에 효율적인 경로를 계산하여 제안하기도 한다. 그러면 배송 시간이 단축되고 차량의 이동 거리가 줄어 비용이 절감된다.

아마존은 자체 개발한 AI 시스템을 활용하여 고객의 구매 패턴을 분석하고 다음 구매 품목과 구매 시점까지도 예측한다. 그리고 예측 정보를 바탕으로는 재고를 관리한다. 미리 포장된 물건을 가까운 배송 기지로 옮겨둠으로써 재고 부족이나 과잉 재고 같은 문제를 예방해 전체적인 물류 효율성을 높인다.

적용 사례 - 스티치픽스

수준 높은 AI와 빅데이터 기술을 보유한 스티치픽스는 생성형 AI를 사용하여 의류 제품 광고 헤드라인과 제품 설명문을 작성한다. 또 AI와 인간 전문가와의 협업을 통해 우수한 광고 및 제품 콘텐츠를 효율적으로 제작한다.

스티치픽스(Stitch Fix)는 온라인 의류를 판매하는 구독 기반의 AI 기업이다. 2011년 웹 사이트와 모바일 애플리케이션을 통해 의류 쇼핑몰을 열었다. 현재는 AI와 머신러닝 기술 그리고 수천 명의 스타일리스트와의 협업으로 의류, 신발, 액세서리 등을 추천해주는 퍼스널 스타일링 서비스를 제공한다. 스티치픽스는 겉으로는 패션 서비스 기업이지만 첨단 IT 기술 활용 능력이 매우 뛰어난 테크 기업이다. 고객이 공유한 약 45억 개의 텍스트 데이터 포인트에서 가치를 끌어내기 위해 생성형 AI를 활용하는 등 여러 가지 노하우를 갖고 있는 기업이다.[59]

스티치픽스의 창업자 카트리나 레이크(Katrina Lake)는 인간과 기계가 함께 일할 때 더 효과적이다, 라는 믿음을 갖고 있다. 그래서 창업 초기부터 데이터 과학을 경영의 중심축으로 비즈니스 전반에 걸쳐 인간과 AI의 강점과 역량을 활용해 사업을 진행했다. AI와 머신러닝 모델을 이용해 고객 스타일링은 물론이고 물류부터 재고 관리 나아가 제품 디자인까지 여러 분야에서 혁신을 진행 중이다.

광고 헤드라인은 잠재 고객과의 첫 번째 접점인 경우가 많기 때문에 그들의 관심을 끌 수 있도록 만들어야 한다. 따라서 광고 헤드라인을 매력적으로 만드는 것이 마케팅에서 매우 중요하다. 전통적인 마케팅에서는 새로운 광고를 만들 때마다 카피라이터가 새 헤드라인을 작성한다. 이는 시간이 많이 소요되고 비용이 많이 드는 일이다. 이에 스티치픽스는 생성형 AI를 이용해 다양한 의류 스타일에 눈길을 끄는 헤드라인을 자동으로 생성시키려 했다. 이러한 과정은 인간 전문가(카피라이터)가 처음부터 새로운 헤드라인을 만드는 것보다 시간과 노력을 대폭 절약할 수 있다. 또 인간이 생각하지 못했던 독특한 표현을 만들 수 있어 창의성을 대폭 높일 수 있다. 카피라이터는 이렇게 생성된 헤드라인을 검토하고 편집하여 옷차림의 스타일을 포착하고 브랜드 이미지와 일치하는지 여부를 확인한다. 최근 페이스북과 인스타그램에 포스트하는 스티치픽스의 광고 헤드라인은 모두 이런 방식으로 만들어졌다. "이 매끄러운 라운드넥 티셔츠는 어떤 아이템과도 잘 어울리며 스키니 진, 와이드 팬츠, 미니 스커트와 함께 다채로운 룩을 완성시킨다."

GPT-4는 제품 설명 글을 생성하는 데에도 도움을 준다. 제품 설명은 온라인 및 패션 리테일 사이트에서 매우 중요하다. 정확하고 상세하게 작성된 설명은 신뢰를 구축하며 효과적인 검색 결과를 가져온다. 제품 설명은 고객이 구매하려는 제품, 제품의 핏과 느낌, 어떤 상황에 가장 적합한지 등을 이해하는 데 도움을 준다.

정확한 제품 설명 글을 뽑기 위해서는 이미 작성된 수백 개의 제품 설명과 고객이 스타일리스트와 공유했던 내용을 바탕으로 GPT-4를 훈련시켜야 한다. 제품 속성을 나타내는 수백 개의 ['프롬프트' 입력, 제품 설명 문장 출력] 쌍을 만들어 훈련 데이터셋을 만들고, 이를 챗GPT가 학습하게 되면 고객의 요구에 좀 더 들어맞는 정확하고 매력적인 제품 설명문 작성이 가능하다.

이러한 미세 조정은 사전에 학습된 기본 모델을 특정 작업에 맞게 조정하는 과정이다. 이때는 작은 규모의 데이터를 이용해 학습하는데 이를 퓨-샷 러닝(Few-Shot Learning)이라고 한다. 퓨-샷 러닝이란 소량의 예제 데이터로 새로운 작업을 할 수 있도록 AI 모델을 훈련하는 기법이다. 기존의 머신러닝 모델은 방대한 양의 데이터가 필요하지만, 퓨-샷 러닝은 몇 개의 예시만으로도 생성형 AI가 새로운 개념을 이해하도록 훈련할 수 있다. 예를 들어 새의 종류를 분류하는 모델을 훈련할 때, 퓨-샷 러닝 모델은 각 종류별로 수백 장의 사진을 학습시키는 방법 대신 종류별로 몇 장의 사진만 보여주고서 새로운 새의 종류를 분류하도록 한다.

퓨-샷 러닝으로 훈련된 AI 모델은 30분에 1만 개의 제품 설명을 생성할 수 있으며 각 설명을 1분 이내에 검토할 수 있다. 항목당 여러 번 반복하여 테스트할 수 있기 때문에 가장 정확하고 창의적인 문구를 만들 수 있다. 그리고 기존 제품 설명이 트렌드와 맞지 않다면, 시의적절하게 조정할 수도 있다. 현재 스티치픽스의 소셜 미디어 광고는 이러한 과정으로 만들어지고 최종적으로 전문가의 품질 검수를 거친다.

GPT-4 이전에는 각 광고 캠페인을 계획하고 전략을 세우고 광고 초안을 작성하는 데 2주가 소요되었으나 지금은 1분이 채 걸리지 않는다. 담당자가 AI가 작성한 광고 카피를 통과시킬 확률도 77%에 달한다. 그리고 사람이 직접 작성한 것과 AI가 작성한 제품 설명서를 비교해 보면 오히려 AI가 작성한 설명 글이 더 높은 품질을 보이기도 한다[60].

앞으로 생성형 AI의 사용이 계속 성장하고 발전함에 따라 효율적인 스타일링 지원, 스타일 이해에 대한 텍스트 표현 등 비즈니스 전반에 걸쳐 많은 이용 사례가 나올 것으로 기대된다.

적용 사례 – 웨이페어

디코리파이는 가구와 인테리어 제품을 주로 취급하는 미국의 온라인 소매업체 웨이페어가 제공하는 가상 룸(room) 스타일러로, 생성형 AI를 사용하여 사용자가 집을 디자인하고 가구를 쇼핑할 수 있도록 돕는 서비스다. 사용자의 피드백을 반영해서 방에 가구를 배치한 다양한 인테리어 이미지를 생성할 수 있다.

웨이페어(Wayfair)는 미국 매사추세츠주 보스턴에 본사를 둔 이커머스 회사로 가구 및 가정 용품을 온라인으로 판매한다. 2002년에 설립되어 현재 11,000개 업체로부터 공급받는 1,400만 개 품목을 취급한다. 미국 전역과 캐나다, 독일, 아일랜드, 중국, 영국에 사무실과 창고를 두고 있다.

웨이페어는 2023년 7월 디코리파이(Decorify)라는 가상 룸 스타일러를 출시했다. 디코리파이는 여기에 이미지 생성형 AI 모델인 스테이블 디퓨전을 사용했다. 텍스트 프롬프트를 기반으로 풍경, 인물, 정물 등 다양한 스타일의 이미지를 생성하는데, 실제 사진과 구별하기 어려울 정도로 사실적인 이미지를 만든다. 그리고 다른 이미지 생성형 AI 모델에 비해 처리 속도가 빠르다는 특징이 있다.

사용자는 디코리파이를 이용해 자신의 방 사진을 업로드하고 현대적, 빈티지, 미니멀 등 다양한 스타일 옵션을 선택할 수 있다. 그리고 가구 배치, 조명 등도 직접 맞춤 설정을 해볼 수 있다. 디코리파이는 이렇게 리모델링된 방 이미지 아래쪽으로 추천 가구를 표시해주고 제품을 구매할 수 있도록 링크를 제공한다[61]. 공간을 추가하고 재구성하는 변경을 통해서 웨이페어 카탈로그에 있는 15만개 이상의 제품이 디코리파이에 표시된다[62].

　디코리파이가 스테이블 디퓨전을 사용하는 이점으로는 사용자가 디자인을 할 줄 몰라도 텍스트를 통해 원하는 디자인을 쉽게 표현할 수 있다는 것이다. 스테이블 디퓨전은 다양한 스타일의 이미지를 생성할 수 있어 사용자는 자신의 개성을 살린 인테리어 디자인을 만들 수

그림 27:웨이페어가 출시한 가상 룸 스타일러 디코리파이. 디코리파이는 스테이블 디퓨전 이미지 생성형 AI 모델을 사용해 사용자의 요구에 맞춘 다양한 인테리어 디자인을 제시한다. (출처: https://www.aboutwayfair.com/careers/tech-blog/celebrate-the-season-with-decorify)

있다. 디코리파이는 사용자의 피드백을 계속 반영하여 이미지를 개선하고 결국에는 사용자가 원하는 디자인에 최대한 가까운 결과물을 생성할 수 있다(그림 27).

2024년 2월 웨이페어는 디코리파이를 애플 비전 프로(Apple Vision Pro, 가상체험을 해볼 수 있는 헤드셋)에서도 사용할 수 있다고 발표했다. 사용자는 이 기기를 이용하여 익숙한 스타일 혹은 새로운 스타일로 공간을 쉽고 빠르게 디자인하며, 실제와 같은 몰입형 환경에서 새로운 공간을 경험할 수 있다.[63]

적용 사례 – 까르푸

까르푸는 생성형 AI 기술을 기반으로 고객을 위한 상담 챗봇 서비스, 자사 브랜드 제품 설명의 질적 강화, 구매 절차에서의 견적서 자동 분석 등 일상적인 반복 업무를 개선하고 있다.

프랑스에 본사를 둔 유통 기업 까르푸(Carrefour)는 전 세계 40개국에 14,000개의 매장을 보유하고 있으며, 2022년 기준 900억 유로 이상의 매출을 기록한 기업이다. 최근 까르푸는 고객의 가용 예산과 구매 내역을 기반으로 맞춤형 쇼핑 팁을 제안하기 위해 챗GPT 기반의 챗봇을 개발했다.[64]

2023년 6월 까르푸는 고객의 쇼핑을 돕는 생성형 AI 챗봇인 호플

그림 28: 까르푸는 고객의 쇼핑을 돕는 생성형 AI 챗봇인 호플라를 출시했다. 레시피나 상품 추천 등의 대화를 고객과 나눌 수 있다. (출처: https://www.retaildetail.eu/news/food/hopla-how-carrefour-is-getting-started-with-chatgpt/)

라(Hopla)를 출시했다. 까르푸 쇼핑 사이트에 접속하면 호플라와 대화할 수 있다. "이거 설탕이 들어 있나요?", "이 치즈와 잘 어울리는 음식은 무엇인가요?" 그리고 고객의 장바구니에 무엇이 있는지 살펴보고 새로운 상품을 추천하거나 레시피를 제공하기도 한다(그림 28). 이 외에도 예산, 메뉴 아이디어, 음식의 제약 사항 등을 고려해 장바구니에 담을 제품을 추천받을 수 있으며 식재료 재활용 방안과 관련 레시피를 제안받기도 한다. "내 주머니에 150유로가 있다. 4인 가족을 위한 일주일 분량의 균형 잡힌 식단을 제안해 주세요."라는 요청을 하면 호플라는 최적의 쇼핑 목록을 알려준다.

그 외 까르푸는 내부 조달 프로세스에도 AI를 사용하기 시작했다. 이 AI 툴은 까르푸 구매팀의 입찰 초대장 작성, 견적서 자동 분석 등 일상 업무의 효율성 개선에 쓰이고 있다.[65]

성과와 혁신

소매 및 온라인 유통 분야에서의 생성형 AI의 적용은 주로 고객 경험의 개인화, 운영 효율성의 극대화, 새로운 서비스와 제품의 창출로 요약된다.

개인화 측면에서 AI는 고객의 구매 이력, 검색 패턴, 선호도를 분석해 맞춤형 구매 목록을 제공한다. 원하는 제품을 더 빠르게 찾게 하고 최종적으로는 구매로 이어질 수 있도록 한다. 또한 가상 피팅룸이나 챗봇을 통해 온라인 쇼핑 경험이 매장에서의 경험과 유사해지도록, 심지어는 그 이상이 되도록 각종 정보를 제공한다.

운영 효율성 측면에서는 재고 관리와 물류 최적화가 주요 혜택이다. 판매 예측을 통해 재고 수준을 최적화하고, 물류 네트워크를 효율적으로 관리하여 배송 시간을 단축시킨다. 재고 부족이나 과잉 재고의 문제를 줄일 수 있다.

사용자의 요구에 맞는 새로운 제품을 디자인하거나, 기존 제품을 개선하는 데에도 활용된다. 이는 기업이 시장의 변화에 더 민첩하게 대응하고, 소비자의 미충족 수요를 해결하는 데 큰 역할을 한다. 그리고 소매업체와 유통업체는 시장 트렌드를 선제적으로 파악하고, 이에 기반한 전략적 결정을 내릴 수 있도록 돕는다.

생성형 AI의 확대 적용은 소매 및 유통 분야가 더욱 개인화되고, 효율적이며, 혁신적인 방향으로 나아가는 데 결정적인 역할을 한다.

9. 엔터테인먼트와 게임

- 엔터테인먼트와 게임 산업은 생성형 AI의 잠재력을 가장 빠르게 포착하고 적극 활용 중이다. 기존 AI 기술이 주로 분석 및 예측에 초점을 맞췄다면, 생성형 AI는 새로운 콘텐츠 제작, 개인 맞춤형 경험 제공, 팬 참여 유도 등의 방식으로 활용된다.

새로운 스토리 아이디어를 만들거나, 플롯을 발전시키는 시나리오 작성부터 캐릭터 디자인, 게임 배경 생성에 이르기까지 이야기와 이미지, 동영상 제작 등 여러 과정에서 생성형 AI가 활용된다. 그리고 실제와 구분하기 어려울 정도의 고품질의 영상 즉, 가상현실 및 증강현실 경험을 위한 사실적이고 매력적인 3D 영상도 생성한다. 영상뿐만 아니라 음악을 만드는 데도 AI가 활용된다.

게임 속 배경이 되는 콘텐츠를 더욱 풍부하게 하고, 게임 내 NPC(Non-Player Character, 비플레이어 캐릭터)들의 행동이나 대화를 더 자연스럽게 만들며, 게임 플레이어의 선택에 따라 게임 전개를 더욱 흥미롭게 꾸밀 수 있도록 도와준다. 게임을 테스트하고 오류를 찾아내는 작업도 더 쉽고 빠르게 할 수 있게 해준다.

창의적 스토리라인과 콘텐츠 생성

2023년부터 2032년까지 글로벌 게임 시장에서 생성형 AI는 놀라운 속도로 성장할 것으로 예상된다. 비플레이어 캐릭터 개발이나 저화질

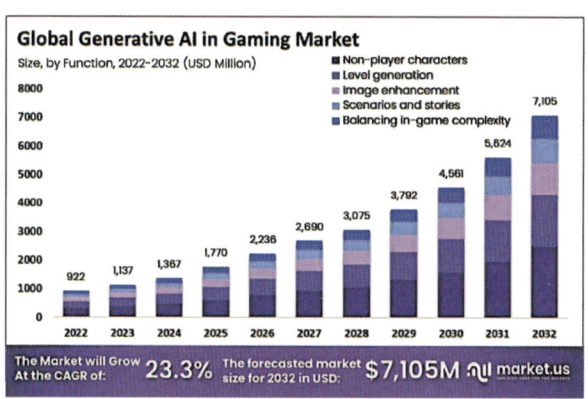

그림 29: 게임 시장에서 생성형 AI의 가치 (2022-2032) (출처: market.us)

을 고화질로 바꿔주는 기능 그리고 게임 밸런싱(게임의 재미와 공정성을 높이기 위해 난이도, 보상, 도전 요소, 게임 시스템 등을 조정하는 과정) 등에 사용되는 비중이 23.3% 증가할 것으로 보이며, 71억 달러의 가치가 있을 것으로 예상된다[66](그림 29).

예전엔 게임의 대화나 이야기를 만드는 일은 모두 사람이 했다. 하지만 생성형 AI의 등장으로 대화나 스토리라인을 만드는 방식에 큰 변화가 생겼다. 마치 책을 쓰는 작가가 챗GPT 사용해 스토리의 아이디어를 얻고 그 아이디어를 바탕으로 글을 쓰는 것처럼, 게임 개발자도 게임 캐릭터의 대화나 게임의 이야기 흐름을 만드는 데 생성형 AI를 활용할 수 있게 된 것이다. 생성형 AI는 게임 스토리라인을 창조하기 위해 문학작품, 영화 스크립트, 게임 설계 문서와 같은 대규모 데이터 소스에서 스토리텔링의 요소를 학습하고 기존의 패턴을 인식한 다음, 새로운 플롯이나 스토리 아이디어를 자동으로 만든다. 그리고 플레이어의 결정과 행동에 따라 변화하는 이야기 라인을 만들기 위해 플레이어의 선택을 실시간으로 분석하고 적절한 스토리 분기점을 제공한다. 개인화된 내러티브의 제공도 생성형 AI의 중요 기능이다. 플레이어가 이전에 했던 게임 데이터를 분석하여 맞춤형 스토리를 제공한다. 이처럼 생성형 AI는 다양한 방법으로 게임 스토리라인을 창의적으로 만든다.

과거의 게임 개발자들은 게임 규칙과 디자인을 수작업으로 설정했기 때문에 게임의 구성 요소가 비교적 단순하고 제한적이었다. 하지만 최근에는 대량의 데이터를 기반으로 새로운 콘텐츠를 창출하는 딥러닝 기술이 게임 제작의 패러다임을 완전히 바꾸고 있다. 이 기술로 개발자들은 게임의 배경, 스토리, 캐릭터, 아이템을 훨씬 더 다양하고 창의적으로 구현한다. 실제 사진을 바탕으로 복잡하고 사실적인 게임 환경을 구현하거나, 다양한 디자인을 학습하여 독특하고 매력적인 캐릭터를 창조한다. 뿐만아니라, 플레이어의 개인적인 취향과 게임 플레이 스타일을 섬세하게 분석하여 맞춤형 게임 콘텐츠를 제공하기도 한다. 이러한 개인화된 접근법은 플레이어에게 더 깊은 몰입감과 재미를 선사한다.

그리고 생성형 AI는 게임의 배경 음악이나 소리 효과도 자동으로 만든다. 게임 안에서 일어나는 상황이나 플레이어가 하는 행동을 잘 판단해서 그 상황이나 행동에 맞는 오디오를 만들기도 한다.

자동 게임 만들기와 개발 프로세스 향상

게임 개발에서 생성형 AI의 활용이 가장 두드러지는 분야는 개발 프로세스다. 기본적으로 게임 개발자는 두 가지 방식으로 게임 내용을 만든다. 하나는 직접 게임 요소들을 디자인하는 것이고, 다른 하나는 자동 게임 만들기(PCG, Procedural Content Generation) 기술을 활용하는 방법이다. PCG 기술을 사용하면 컴퓨터가 게임의 지도, 단계, 적, 캐릭터, 스토리 등을 자동으로 만들 수 있다.

노 맨스 스카이(No Man's Sky) 같은 게임은 PCG 기술을 활용해 끊임없이 확장되는 무한한 우주를 창조했다(그림 30). PCG가 게임의 구조를 만드는데 초점을 맞추는 반면, 생성형 AI는 그 위에 데이터 기반의 학습과 예측 모델을 사용하여 더욱 다양하고 복잡한 게임 요소를

그림 30: PCG라고 불리는 '자동 게임 만들기' 기술을 사용해 제작한 'No Man's Sky'. 이 기술을 써서 무한대로 확장되는 무한한 우주를 창조했다. (출처: https://www.gamebillet.com/no-mans-sky)

창출한다.

마인크래프트(Minecraft) 게임은 PCG 기술을 활용하여 무한한 게임 월드를 생성한다. 게임이 로드될 때, PCG 알고리듬은 다양한 지형, 생태계, 자원 등을 무작위로 생성하여 플레이어마다 독특한 세계를 탐험할 수 있게 한다. 여기에 생성형 AI를 통합해 플레이어의 이전 행동과 선호도를 분석하고 더 최적화된 환경을 동적으로 조정한다. PCG 기술과 생성형 AI의 결합이 게임 산업에 미칠 영향은 상당히 클 것으로 예상된다. 콘텐츠 제작에 소요되는 시간과 노력을 절약할 수 있고, 게임의 핵심 재미와 스토리텔링에 보다 집중할 수 있게 한다.

NPC 캐릭터의 기능 강화

게임에서 NPC(Non-Player Character, 비플레이어 캐릭터)는 플레이어가 조종하지 않는 캐릭터를 말한다. 게임 내에서 마을 사람, 상인, 몬스터 등의 다양한 모습을 갖고서 물건을 팔거나, 무기를 강하게 하거나, 주인공 캐릭터를 치료하는 등 여러 방법으로 플레이어를 돕는다. 또 게임 이야기가 진행되는 데 필요한 중요한 정보를 주기도 하고, 때로는 이야기를 이끄는 주요 인물이 되기도 한다.

NPC는 크게 세 종류로 나뉜다. 플레이어에게 적인 몬스터나 악당 같은 적대적 NPC, 플레이어에게 아무 영향을 주지 않는 일반 마을 사람 같은 중립적 NPC 그리고 정보나 임무를 주거나 물건을 파는 등 도움을 주는 우호적 NPC이다.

생성형 AI 기술의 발전은 NPC가 게임 내에서 플레이어와 자연스럽고 다양하게 상호작용하는 데 중요한 기여를 한다. 자연어 처리는 NPC가 플레이어의 말을 이해하고 인간처럼 반응하도록 도와 플레이어의 질문이나 명령을 파악하고 적절하게 대응하도록 한다. 또한 머신러닝과 패턴 인식을 통해 플레이어의 반복적인 행동을 학습하고 예측함으로써 다음 행동이나 반응을 보다 적절하게 조정할 수 있게 한다. 이러한 기술은 NPC가 플레이어와의 상호작용에서 보다 실감나고 변화하는 반응을 보여주어, 게임의 몰입감을 크게 향상시킨다.

테스트·디버깅 간소화

게임 개발에서 테스트와 디버깅(debugging)은 게임이 시장에 나오기 전에 발견될 수 있는 문제점들을 사전에 점검하고 해결하는 중요한 단계다. 생성형 AI는 코드의 패턴을 학습하여 비정상적인 동작이나 버그가 발생할 가능성이 있는 영역을 자동으로 식별한다. 또 수정된 코드가 다른 부분에 영향을 주는지 확인하는 리그레션 테스팅(Regression Testing)을 자동화하는 데에도 사용된다. 변경 사항이 게임의 다른 부분에 부정적인 영향을 미치지 않도록 체계적으로 테스트하는 것이다.

게임은 플레이어의 선택 등에 따라 매우 다이나믹하게 변한다. 생성형 AI는 게임의 다양한 시나리오를 시뮬레이션하여 개발자가 고려하지 못한 상황에서 발생할 수 있는 버그를 찾아내도록 도와준다. 이러한 동적 테스트는 게임의 안정성을 높이고 사용자 경험을 개선하는 데 매우 중요하다.

게임 개발자는 수동으로 코드를 한 줄씩 분석하는 대신, 생성형 AI를 이용해 코드 전체를 빠르게 검사할 수 있다. 바로 에러를 찾아내고 몇 초 안에 어떻게 고칠 수 있는지 정보를 얻는다. 이렇게 되면 게임 만드는 시간이 많이 줄어들고, 개발자는 지루한 버그 고치기 작업에 시간을 뺏기지 않고, 더 창의적인 개발에 집중할 수 있다.

적용 사례 - 넷플릭스

넷플릭스는 생성형 AI를 이용해 고객에 대한 통찰력을 얻고 개인화된 추천을 제공하고 전반적인 사용자 경험을 향상시킨다. 또한 생성형 AI는 사용자 데이터와 시장 트렌드 분석 그리고 대본 분석을 통해 콘텐츠 제작 전략 수립에도 도움을 준다.

넷플릭스는 1997년 설립된 동영상 스트리밍 플랫폼 기업이다. 넷플릭스는 혁신적인 구독 모델과 다양한 오리지널 콘텐츠로 전세계적으로 많은 구독자를 확보했다. 넷플릭스는 2023년 말 기준, 전 세계 190개 국가에 2억 6천만 명의 유료 구독자를 보유한 글로벌 스트리밍 리더로 자리 잡았으며, 영화와 TV 드라마 제작 및 배급에 중심적인 역할을 하고 있다.

넷플릭스는 사용자 맞춤형 콘텐츠 추천 시스템으로 유명하다. 다양한 데이터와 AI 알고리듬을 바탕으로 개인화된 추천을 제공하고 오리지널 콘텐츠 제작을 최적화하며 전반적인 사용자 경험을 계속해서 향상시킨다. 넷플릭스는 사용자의 시청 기록과 시청 중에 멈추거나 스킵한 시간, 평가, 검색어뿐만 아니라 스마트 TV 및 휴대폰 같은 장치의 상호 작용 데이터까지 수집한다. 이러한 데이터는 인구통계학적 정보와 결합하여 각 가입자의 취향과 관심 사항을 반영하는 포괄적인 개인 프로파일을 생성한다. 그리고 이를 콘텐츠 추천에 이용한다.

추천 시스템은 주로 협업 필터링과 콘텐츠 기반 필터링의 조합으로 구성된다. 협업 필터링은 사용자들의 프로파일과 시청 패턴을 비교하여 비슷한 취향을 가진 다른 사용자들이 선호하는 콘텐츠를 추천하다. 사용자가 과거에 시청했던 콘텐츠의 특성을 분석하여 유사한 속성을 가진 새로운 콘텐츠를 제안하는 방식이다. 이 과정에서 개인의 시청 습관은 물론이고 장르, 배우, 감독과 같은 콘텐츠 관련 선호도 그리고 시청 시간대, 요일, 날씨, 인기 트렌드 등의 상황별 정보를 고려하여 사용자에게 가장 적합한 콘텐츠를 추천한다. 넷플릭스의 추천 시스템은 매우 정밀해서 사용자가 시청하는 콘텐츠의 약 80%는 이 추천 시스템에 의해 결정될 정도다.

추천 외에도 넷플릭스는 생성형 AI를 콘텐츠 제작에도 활용한다. 스토리 아이디어, 캐릭터 개발, 대사 작성 등 스토리텔링과 시나리오 작업은 물론이고 영상 편집, 음악 작곡, 특수 효과 등 영상 및 음향 제작 과정에도 활용한다. 번역, 음성 합성 기술을 사용하여 다양한 언어로 자막과 더빙을 제공하기도 한다. 그리고 AI 기반 콘텐츠 태깅을 사용하여 출연진, 감독, 스토리라인과 같은 데이터 포인트를 분석하여 드라마나 영화의 잠재적 성공을 예측하기도 한다. 이는 오리지널 콘텐츠에 대한 투자 결정에도 사용한다. 사용자 데이터와 참여 지표를 분석하여 추세와 패턴을 파악하고 어떤 유형의 원본 콘텐츠를 제작할지를 결정하는 것이다.

넷플릭스는 AI 기술을 활용하여 영화 제작 과정, 특히 대본 분석 과정을 혁신적으로 개선했다. 2018년 출시한 넷플릭스 오리지널 SF영화 <서던 리치: 소멸의 땅>(Annihilation)이라는 영화 제작에 AI 기술을 이용해 대본 분석에 큰 효과를 거두었다(그림 31).

대본 분석은 영화 제작 과정에서 중요한 사전 제작 단계이다[67]. AI는 대본에서 주요 키워드를 자동으로 추출하고 콘텐츠의 주제, 대화

그림 31: 2018년 출시한 넷플릭스 오리지널 SF 영화 <서던 리치: 소멸의 땅>의 한 장면. (출처: IMDb.com)

내용, 배우 관련 정보 등을 분석하여 중요한 패턴과 추세를 파악한다. 또 대본을 캐릭터, 장소, 소품 등의 관점에서 분석하여 촬영 계획을 돕기도 한다. 이러한 분석 과정은 예산 책정과 일정 수립에 도움을 주고 마케팅 전략을 수립하는 등 원활한 제작 진행을 돕는다.

실제 영화〈서던 리치〉의 제작팀은 AI 기반 도구를 사용한 대본 분석 과정에서 대본에 등장하는 주요 키워드를 통해 영화의 주제를 깊이 있게 파악했다. 영화가 전달하려는 메시지와 분위기를 정확히 이해한 후, 이를 바탕으로 시각적 효과와 세트 디자인을 보다 효과적으로 계획했다. 영화의 주제가 불안과 공포를 중심으로 하고 있다는 점을 파악한 AI는 어두운 톤의 조명과 음침한 세트 디자인을 제안했으며 대본의 대화를 분석하여 각 배우가 연기해야 할 캐릭터의 심리 상태와 감정을 세밀하게 파악해 연기 지침을 제공하기도 했다. 뿐만아니라 대본 분석의 결과로 영화 제작 과정에서 발생할 수 있는 문제점을 사전에 예측하고 이를 해결하는 방안을 제시하기도 했다. 그리고 특정 장면의 촬영이 복잡할 것이라는 점을 미리 파악한 AI는 기술적 요구 사항을 제안하고, 이에 따른 사전 준비를 충분히 하도록 했다.

넷플릭스는 이러한 AI 기술의 도움을 받아 단계별로 필요한 사항을 미리 계획하고 준비힘으로써 결과적으로 더 높은 퀄리티의 영화를 효율적으로 만들 수 있었다. AI 대본 분석 덕분에 영화의 전체적인 일관성을 유지하면서도 제작 비용과 기간을 절감하는 효과를 거두었다. AI 기술이 창의적인 영역인 영화 제작에도 큰 영향을 미칠 수 있음을 보여주는 좋은 사례였다.

적용 사례 - 픽사

픽사는 기존 애니메이션 제작 과정의 한계점을 해결하고자 생성형 AI를 도입했다. 그 결과 애니메이션 영화를 위한 스토리라인, 배경 이미지, 캐릭터 디자인, 음악 등을 자동 생성함으로써 애니메이션 수준의 상승과 함께 제작 시간, 비용 등을 절감할 수 있었다.

픽사(Pixar)는 미국 캘리포니아주에 위치한 애니메이션 스튜디오로 컴퓨터 그래픽 기술을 활용한 장편 애니메이션 제작으로 유명하다. 1986년 스티브 잡스(Steven Jobs), 존 래시터(John Lasseter), 에드윈 캐트멀(Edwin Catmull) 등에 의해 설립되었다. 2006년에 디즈니의 자회사가 되었다.

픽사는 1995년 최초의 장편 애니메이션 〈토이 스토리〉를 출시하여 세계적인 성공을 거두었다. 〈몬스터 주식회사〉, 〈니모를 찾아서〉, 〈카〉, 〈인사이드 아웃〉, 〈코코〉 등 작품성은 물론이고 흥행 성적도 뛰어난 애니메이션들을 연달아 제작해 애니메이션 업계를 선도했다. 픽사는 현재 혁신적인 컴퓨터 그래픽 기술과 생성형 AI 기술을 활용하여 사실적인 영상과 매력적이고 독창적인 캐릭터, 상상력이 풍부하고 감동적인 스토리와 유머를 만들고 있다. 영화별로 어떤 사례가 있는지 하나씩 살펴보자.

픽사는 생성형 AI 기술을 이용해 스토리텔링 과정에서의 창의성과 효율성을 크게 향상시키고 있다. 이 기술은 스토리 개발 초기 단계에 아이디어 검증과 구체화를 하는 데 쓰인다. 이야기 아이디어와 캐릭터 컨셉을 자동으로 생성하며 스크립트 작성 도구를 통해 대사도 자동으로 만든다.

영화 〈코코〉에서 주인공 미구엘의 캐릭터 디자인과 스토리라인 개발에 AI가 중요한 역할을 했다. 미구엘의 외모, 성격, 가족 배경, 음악

그림 32: 디즈니 영화 〈코코〉와 〈토이 스토리4〉 (출처: 월트디즈니컴퍼니 코리아)

적 재능 설정에 AI 모델이 활용되어 스토리라인을 풍부하게 만들었다. 마찬가지로 〈토이 스토리 4〉에서는 새 캐릭터 포키의 디자인과 성격을 설정에도 AI가 사용되었다. 여러 디자인 옵션과 캐릭터 성격이 AI를 통해 제안되었으며 장난감의 운명을 거부하는 포키의 여정이 스토리에 잘 녹아들 수 있게 조정됐다(그림 32).

생성형 AI는 전통적인 AI와 중요한 차이점을 가지고 있다. 전통적인 AI가 스토리 데이터 분석에 초점을 맞추어 패턴이나 트렌드를 파악하는 데 사용되었다면, 생성형 AI는 스토리텔링의 창의적인 요소를 직접 만드는데 중점을 두고 있다. 이는 스토리 창작 과정에서 데이터 분석과 창의적인 요소의 결합을 가능하게 해 보다 풍부하고 매력적인 이야기 창조에 기여한다.

캐릭터 디자인은 애니메이션 제작에서 매우 중요한 단계다. 당연히 다양한 옵션을 검토하고 최적의 안을 선정한다. 영화 〈인사이드 아웃〉에서는 다양한 감정 캐릭터들의 디자인이 필요했다(그림 33). 생성형 AI는 각각의 감정에 해당하는 다양한 캐릭터 디자인 옵션을 제시한 다음 그중에서 가장 최적의 디자인을 추천했다. 이러한 접근 방식은 캐릭터의 매력을 극대화하는 데 크게 기여했다. 픽사는 이를 위해 GAN, VAE 같은 생성형 AI 기술을 활용했다. 아티스트에게 다양한 캐릭터 디자인 옵션을 자동으로 생성하여 영감을 제공하도록 GAN 기술을 이용했고, 사람 얼굴과 같은 복잡한 비주얼 데이터에 기반한 캐릭터 디자인의 관리와 편집을 쉽게 할 수 있도록 VAE 기술을 활용했다.

배경 디자인은 애니메이션 제작에서 시각적 매력과 스토리의 풍부

그림 33: 영화 '인사이드 아웃' (출처: 월트디즈니컴퍼니)

그림 34: 자연 환경, 특히 수중 배경의 움직임을 자연스럽게 표현하기 위해 생성형 AI 모델을 활용해 제작한 <니모를 찾아서> 애니메이션. (출처: 월트디즈니컴퍼니)

함을 더하는 중요한 요소다. 그렇지만 시간이 많이 소모되며 예술적 표현을 제한받는 문제가 있다. 생성형 AI는 이러한 문제를 해결하는 데 많은 도움을 준다. 다양한 배경 디자인 옵션을 자동으로 생성하고, 예술적 표현을 지원함으로써 디자인 과정을 혁신적으로 변화시킨다.

영화 〈카〉에서는 자동차 경주장의 배경 디자인이 필요했다. 다양한 경주 트랙, 관중석, 배경 풍경 등을 자동으로 생성해 흥미진진한 레이싱 분위기를 생성형 AI를 이용해 연출했다. 영화 〈메리다와 마법의 숲〉에서도 비슷한 접근 방식이 사용되었다. 스코틀랜드 고원의 배경 디자인을 위해 AI 모델은 현실적인 풍경과 동화적인 분위기를 조화롭게 표현할 수 있는 다양한 옵션을 제시했다. 영화 〈니모를 찾아서〉에서는 물의 흐름, 해조류의 부드러운 움직임 그리고 물고기들의 다양한 수중 활동을 현실적으로 재현하는 데 AI 기술이 사용되었다(그림 34). 이처럼 생성형 AI 모델의 활용은 배경 디자인 과정에서의 시간을 단축시키고 예술적 표현의 범위를 확장시키는 역할을 한다.

음악은 영화의 분위기와 몰입감에 중요한 요소다. 영화의 스토리와 분위기에 맞는 음악 제작은 필수 사항이다. 픽사에서는 영화의 분위기와 스토리에 맞는 음악을 제작하기 위해 생성형 AI 모델을 활용했다. 영화의 스토리라인과 캐릭터의 감정 변화를 분석하여 AI 모델에 입력하면 AI 모델은 다양한 음악 옵션을 제시한다. 이 옵션은 영화의 특정 장면에 맞는 여러 스타일과 분위기를 반영한 음악으로 구성된다. 음악 제작자는 이 옵션들 중 가장 적합한 음악을 선택하거나, 필요에 따라 조정한다. 음악 제작자는 이를 참고하여 최종 OST를 완성한다. AI가 제시한 음악이 완벽하지 않더라도, 창의적인 영감을 제공하고 보다 빠르고 효율적으로 음악을 완성할 수 있게 도와준다.

적용 사례 – 에픽 게임즈

에픽 게임즈의 언리얼 엔진 5는 생성형 AI를 사용하여 게임 세계를 생생하고 매력적인 공간으로 만들어 주며, 플레이어의 행동과 선택에 따라 다양하고 역동적인 환경을 제공해 게임에 더 깊이 몰입할 수 있는 개인화된 경험을 제공한다.

에픽 게임즈(Epic Games)는 노스캐롤라이나 주 캐리에 본사를 둔 미국의 비디오 게임 및 소프트웨어 개발사이자 퍼블리셔이다. 게임 포트나이트(Fortnite), 언리얼(Unreal), 기어스 오브 워(Gears of War), 인피니티 블레이드(Infinity Blade) 시리즈와 같은 자체 개발 비디오 게임을 구동하는 상용 게임 엔진인 언리얼 엔진(Unreal Engine)을 개발했다(그림 35). 언리얼 엔진은 게임 개발에 널리 사용되는 3D 게임 엔진이다.

에픽 게임즈는 2020년 5월에 공개된 언리얼 엔진 5에 생성형 AI 기술을 적용하여 게임 개발자의 작업 효율을 높이고 그래픽 품질을 향상시켰다. 게임 내 지형, 건물, 캐릭터, 텍스트, 대사, 음악 등 게임 내 콘텐츠를 빠르고 쉽게 생성할 수 있도록 했다. 생성형 AI로 생성된 그래픽 품질은 기존의 수작업 그래픽에 비해 더욱 사실적이고 생동감 넘치는 모습을 보여준다. 예를 들어 3D 작업 도구인 폴리하이브

(Polyhive)와 텍스트 기반 생성형 AI 도구를 사용하면 자연어로 설명한 그대로 3D 모델의 텍스처(3D 개체의 옷 또는 피부)를 만들 수 있다. 그리고 게임의 프로토타입을 만들거나 게임 장면의 빈 공간을 채우는 데도 아주 유용하다. 또한 모토리카(Motorica) 같은 생성형 AI 기반 플러그인을 사용하면, 몇 개의 주요 프레임만으로도 사실적인 3D 게임 캐릭터의 애니메이션을 빠르게 만들 수 있다(그림 36).

언리얼 엔진에서 사용되는 생성형 AI는 플레이어가 한 행동이나 결정에 기반해 필요한 이야기와 부수적인 임무를 만들어낸다. 각 플레이어에게 맞춤형으로 반응하는 게임 세계를 만들어 깊은 몰입과 개인화된 경험을 가능하게 한다.

그림 35: 언리얼 엔진 5로 제작한 차세대 포트나이트 배틀로얄 (출처: https://www.fortnite.com/news/drop-into-the-next-generation-of-fortnite-battle-royale-powered-by-unreal-engine-5-1?lang=ko)

그림 36: 모토리카 같은 생성형 AI 기반 플러그인을 사용하면, 몇 개의 프레임만으로 사실적인 3D 게임 캐릭터의 애니메이션을 만들 수 있다. (출처: https://www.motorica.ai/)

적용 사례 - 야하하 스튜디오

야하하 스튜디오는 텍스트를 입력해 간단히 설명하는 것만으로 맵, 레벨, 객체 등을 포함한 3D 게임 세계와 콘텐츠를 만들 수 있는 플랫폼을 제공한다. 이를 통해 코딩 경험이 없는 사람들도 게임 개발에 쉽게 접근하고 효율적으로 작업할 수 있다.

핀란드 회사인 야하하(Yahaha)는 자사의 게임 창작 플랫폼에 생성형 AI 기술을 적용하여 사용자가 보다 쉽게 게임을 만들 수 있도록 지원하고 있다. 야하하 플랫폼은 UGC(User Generated Contents, 사용자 생성 콘텐츠) 및 로우코드 원칙을 기반으로 2020년에 런칭되었다.

야하하의 핵심은 생성형 AI을 기반으로 한 텍스트2게임(Text2Game) 기능이다. 사용자가 텍스트를 입력해 콘텐츠를 만들 수 있도록 하는 이 기능은 야하하 스튜디오 플랫폼의 핵심이다. 이 플랫폼에서 사용자는 간단히 텍스트 설명만으로 맵, 레벨, 객체 등을 포함한 3D 게임 세계와 콘텐츠를 만들 수 있다. 그림 37의 대화창에 사용자가 "이 지역을 잔디와 꽃으로 장식해 주세요."라는 텍스트를 입력하면 오른쪽 그림에서 보는 것처럼 마당이 잔디와 꽃으로 장식된다. 게임 개발에 대한 전문 지식이 없어도 누구나 쉽게 게임을 만들 수 있다[68].

야하하의 플랫폼은 개발 코드 없이 시각적으로 애플리케이션을 신속하게 구축할 수 있는 로우코드 플랫폼이다. 코딩에 대한 지식이 없어도 게임을 포함한 3D 대화형 경험을 구축할 수 있다. 드래그 앤 드롭, 사전 구축된 구성 요소 및 마법사(설정 도우미)를 사용하여 앱의 기능, 사용자 인터페이스를 정의한다. 로우코드 플랫폼이 인기를 끄는 이유는 프로그래머가 아닌 사람도 앱 제작에 기여하여 개발 풀을 확장할 수 있고, 기존 코딩보다 훨씬 빠르게 앱을 구축하여 아이디어를 더 빠르게 실현할 수 있기 때문이다.

그림 37: 대화창에 사용자가 "이 지역을 잔디와 꽃으로 장식해 주세요" 라는 텍스트를 입력하면 오른쪽 그림에서 보는 바와 같이 마당이 잔디와 꽃으로 장식된다. (출처: https://www.youtube.com/watch?v=WWrAz6R6TlU)

생성형 AI와 로우코드는 서로 다른 기술 영역이지만, 상호 보완적인 방식으로 연결되어 시너지를 낼 수 있다.[69] 먼저 생성형 AI는 개발자가 제공한 자연어 프롬프트나 사양을 기반으로 코드, 함수 또는 전체 애플리케이션을 생성한다. 이를 통해 반복적인 코딩 작업을 자동화하여 로우코드 환경 내에서 개발 프로세스를 크게 가속화한다. 또 생성형 AI는 로우코드 플랫폼에 자연어 인터페이스를 구현하여 개발자가 시각적 인터페이스나 사전 정의된 구성 요소에만 의존하지 않고서도 자연어를 사용하여 원하는 기능을 설명할 수 있도록 지원한다. 로우코드는 개발의 속도와 접근성을 높이는 도구이며 생성형 AI는 이러한 플랫폼에서의 개발 능력을 한 단계 높여주는 기술이다. 이 두 기술의 융합은 소프트웨어 개발을 더욱 민첩하고 효율적으로 만들어, 비개발자도 강력한 애플리케이션을 만들 수 있도록 한다.

적용 사례 – 음악 "베토벤 심포니 X(10)"

"베토벤 심포니 X" 프로젝트는 생성형 AI를 사용하여 베토벤의 기존 작품과 작곡 스타일을 분석하고, 베토벤이 생전에 남긴 미완성 스케치와 음악적 아이디어를 바탕으로 제10번 교향곡을 완성하는 프로젝트로 2021년 성공적으로 초연되었다.

루트비히 폰 베토벤이 1827년 세상을 떠났다. 그는 9번 교향곡 합창을 마지막으로 남겼다. 교향곡 10번 작업을 시작하기는 했지만 이후 건강이 악화되는 바람에 사망 전까지 완성할 수 없었다. 현재까지 10번 교향곡 관련해서는 음악 스케치와 몇 가지 악보와 아이디어 외에는 남아 있는 것이 없다.

도이치 텔레콤(Deutsche Telekom)은 베토벤 탄생 250주년을 기념하며 AI의 도움으로 베토벤의 미완성 교향곡 10번의 완성 버전을 만들기로 한다. 카라얀 연구소의 마티아스 로더(Matthias Röder) 박사가 이끄는 국제 음악 학자와 AI 전문가들이 모여 이 프로젝트를 위해 팀을 결성했다. 주요 참여 기관으로는 도이치 텔레콤 외에 베토벤 오케스트라 본(Beethoven Orchestra Bonn), 더 마인드시프트(The Mindshift), AI 기반 플랫폼 아트인덱스(Artrindex) 등이 참여했다. 그리고 하버드, 케임브리지, 러트거스 대학의 전문가들도 함께했다. 그리고 "베토벤 심포니 X 프로젝트"라는 이름을 붙였다(그림 38).

과거에도 베토벤 교향곡 10번을 완성하려는 시도가 없지는 않았다. 1988년 영국의 음악 학자이자 작곡가인 배리 쿠퍼(Barry Cooper)는 베토벤의 단편적인 스케치를 모아 첫 번째 악장을 만들었지만 제한된 자료로 인해 그 이상 진행을 하지 못했다. 하지만 이번(2019년 시작) 프로젝트는 AI를 사용하여 베토벤의 기존 작품을 분석하고 그의 작곡 스타일을 이해해 실제 그의 음악에 최대한 가깝게 완성하는 것이 목표였다.

먼저 AI는 베토벤의 음악으로 멜로디, 화성, 오케스트레이션 기법 등 베토벤의 특정 스타일을 학습하도록 훈련받는다. 이 훈련에는 베토벤 작곡의 일부를 AI 시스템에 제공하여 베토벤이 제10번 교향곡을 위해 남긴 스케치를 어떻게 발전시켰을지 학습하고 예측한다. 연구팀은 역사적 연구, 베토벤의 기존 스케치, AI의 역량을 결합하여 최종 작곡이 베토벤의 의도에 최대한 충실하도록 세심하게 작업한다. 이 프로젝트에서 AI가 사용된 방식은 다음과 같다.

- **데이터 수집 및 분석**: 베토벤의 모든 기존 작품과 제10번 교향곡을 위해 만든 스케치 조각을 수집한다. 이 포괄적인 데이터셋으로 AI는 화성, 멜로디, 주제 전개, 오케스트레이션 사용 등 베토벤의 작곡 기법을 학습한다.

그림 38: "베토벤 심포니 X" 프로젝트 포스터 (출처: https://www.beethovenx-ai.com/)

- **머신러닝 모델 학습**: 음악 생성을 위해 특별히 설계된 머신러닝 모델을 학습한다. 이 모델에는 베토벤 음악의 복잡한 패턴을 이해할 수 있는 딥러닝 기술이 포함된다. AI는 베토벤이 주제를 개발하고, 섹션을 전환하고, 교향곡을 오케스트레이션하는 방법 등 베토벤의 독특한 작곡 스타일을 학습한다.
- **새로운 음악 생성**: AI는 다양한 학습 결과를 바탕으로 베토벤이 10번 교향곡을 위해 썼던 스케치와 주제 자료 등을 사용해 새로운 음악을 생성한다.
- **인간과 AI 협업**: 음악학자, 작곡가, AI 전문가가 AI가 생성한 음악을 살펴본다. 어떤 부분을 사용할지, 어떻게 다듬을지, 어떻게 교향곡 구조로 통합할지 등의 예술적 결정을 내린다. 이러한 협업 과정으로 베토벤의 스타일에 충실하면서도 음악적으로 연주 가능하고 표현력이 뛰어난 작품이 탄생한다.
- **수정 및 개선**: 생성된 곡은 여러 번의 수정과 다듬기를 거친다. 프로젝트 팀은 AI가 생성한 결과물을 평가하고 조정한 다음, 추가 개선을 위해 다시 시스템에 피드백하는 피드백 루프를 사용한다. 베토벤의 음색에 가깝도록 AI의 출력을 미세 조정한다.

베토벤의 10번 교향곡을 완성하는 데 생성형 AI를 사용한 것은 역사적인 음악학과 최첨단 기술을 연결하는 선구적인 접근 방식이었다. 이 프로젝트는 딥러닝 알고리듬과 인간의 전문적 판단을 결합하여 베토벤의 유산을 기리는 동시에 창작 과정에서의 AI 잠재력을 잘 보여

그림 39: '베토벤 오케스트라 본'은 총 음악 감독 디르크 카프탄의 지휘 아래 베토벤의 10번째 교향곡을 선보였다. 18가지 악기를 연주하는 57명의 연주자가 연주했다. (출처: https://www.telekom.com/en/company/details/beethoven-x-experiment-accomplished-638044)

주었다. 그 결과 새로운 음악 작품이 탄생했을 뿐만 아니라 예술 분야에서 인간과 AI가 협업하는 가능성을 입증하는 계기가 되었다.

AI의 도움으로 완성된 베토벤 교향곡 10번의 세계 초연은 디르크 카프탄(Dirk Kaftan)이 지휘하는 베토벤 오케스트라 본과 함께 2021년 10월 9일 독일 본의 텔레콤 포럼에서 진행되었다(그림 39)[68]. 이 공연에는 전 독일 총리 게르하르트 슈뢰더와 여러 유명 인사들이 참여하는 등 많은 사람들로부터 관심을 받았다. 청중의 반응은 대체로 긍정적이었으며, AI의 도움을 받아 새로운 베토벤 교향곡을 생생하게 표현하고자 한 노력을 높이 평가했다.

적용 사례 – 영화 "원 모어 펌킨"

권한슬 감독이 생성형 AI 기술로 제작한 단편 영화 <원 모어 펌킨>이 두바이 국제 AI 영화제에서 대상을 받았다. 이 영화는 호박 농사를 짓는 노부부의 이야기를 미스터리와 공포 요소로 그려냈다. AI가 생성한 기괴한 이미지를 활용하여 공포감을 더했다.

배우를 캐스팅하고 촬영과 편집을 반복하는 등 영화 제작에는 많은 시간과 돈이 들어간다. 최근까지만 해도 이러한 제작 환경은 크게 변하지 않는 것 같았다. 하지만 생성형 AI 등장 후, 이를 사용해 본 아티스트들은 생성형 AI가 영화 제작에서 이러한 장벽을 넘을 수 있는 돌파구가 될 수 있겠다는 생각을 하기 시작했다.

2023년 생성형 AI가 본격적으로 등장한 이후 많은 동영상이 만들어졌다. 처음에는 동영상 품질이 낮았지만 얼마지나지 않아 실제 촬영한 것과 유사할 정도의 퀄리티 높은 영상이 쏟아지기 시작했다. 그리고 AI 기술을 이용해 제작한 영화만을 대상으로 하는 AI 영화제도 여러 곳에서 개최되었다.

한국의 권한슬 감독은 AI 기술을 이용해 <원 모어 펌킨>(One More Pumpkin)이라는 3분짜리 단편 영화를 제작했다. 전 세계에서 500여 편이 출품될 만큼 인기 영화제인 두바이 국제 AI 영화제(AIFF, AI Film Festival)에 출품된 이 작품은 여러 사람의 주목을 받으며 2024년 3월 대상과 관객상을 받는 쾌거를 이뤄냈다. <원 모어 펌킨>은 호박을 키우며 200살 넘게 장수한 노부부의 비밀스러운 이야기를 담은 미스터리 공포 영화로 단 5일 만에 제작되었다(그림 40).

영화는 노부부가 펄펄 끓는 호박죽 안에 빠져 있거나, 호박에 눈·코·입을 파낸 잭 오 랜턴이 피를 흘리는 장면 등 AI가 만들어 낸 기괴한 이미지를 잘 활용했다. 권 감독은 여러 이미지를 섞어서 실사 촬영으로는 구현할 수 없는 AI만의 특별한 영상을 만들었다. 그는 "생성형 AI의 등장이 영상 제작의 기존 틀을 깨버리고 변형시켜, 창작자들에게 새로운 가능성을 열어주었다. 실사 영화가 사라지진 않겠지만, AI 영화가 새로운 장르로 자리 잡을 것"이라고 말했다[71].

이 영화에 활용된 AI 도구를 살펴보자.

- **스테이블 디퓨전, 미드저니**: 영화의 복잡한 시각적 미학을 생성하는 데 사용되며 배경과 개념미술을 포함한다.

그림 40: 권한슬 감독의 AI 단편영화 〈원 모어 펌킨〉의 장면들. (출처: 스튜디오 프리윌루전) (출처: https://metaversehub.kr/board-press/?idx=18308077&bmode=view)

- **피카랩스**Pika Labs: 텍스트를 입력하면 비디오를 만들어 주는 서비스다. 프롬프트를 입력하면 3초 정도 움직이는 동영상을 생성할 수 있다.
- **디-아이디**D-ID: AI를 이용 아바타 등 가상 인물이 말하는 영상을 제작할 수 있는 프로그램이다. 아바타 뿐만 아니라 인물 사진을 갖고서도 말하는 영상을 만들 수 있다(image to video).
- **레이아픽스**LeiaPix: 일상적인 2D 이미지를 멋진 3D 애니메이션으로 변환할 수 있다.
- **일레븐랩스**Elevenlabs: 일레븐랩스는 AI 음성 합성 기술을 제공하는 회사이다. 주요 기능으로는 음성 복제(Voice Cloning), 텍스트 음성 변환(TTS), 다국어 지원, 음성 프로필 맞춤 설정, API 통합, 고품질 내레이션 및 보이스오버 생성, 실시간 처리 등이 있다.

생성형 AI로 만든 영화 〈원 모어 펌킨〉의 성공은 영화 산업에 많은 시사점을 준다. 스토리텔링, 각본 작성, 편집, 특수 효과 등 다양한 분야에서 AI의 역할이 점점 더 커질 것이며 영화 제작 비용과 시간도 절약할 수 있음을 보여준다. 또한 영화제 같은 행사에서 관객들로부터 좋은 반응을 얻었다는 것은 AI 콘텐츠에 대한 대중의 수용성이 높아지고 있으며 앞으로 더 많은 AI 기반 콘텐츠가 등장할 가능성이 있음을 보여준다.

적용 사례 - 게임 "마인크래프트"

MS의 마인크래프트는 생성형 AI 기술을 활용하여 사용자가 자연어 명령을 통해 아이템, 구조물 및 환경을 생성할 수 있으며 게임 플레이를 즐기고, 새롭고 참신한 게임 모드를 제안할 수 있도록 했다.

마인크래프트(Minecraft)는 3D 공간 내에서 블록을 이용하여 자신만의 세계를 만들고 탐험할 수 있는 샌드박스 비디오 게임이다. 플레이어에게 열린 세계를 제공하고, 그 안에서 자유롭게 탐험하고 자원을 채집하고 아이템을 제작하며, 몬스터와 싸우거나 다른 플레이어와 상호작용하면서 자신만의 방식으로 게임을 진행한다. 일반적으로 명확한 목표나 끝이 정해져 있지 않으며, 플레이어가 자신의 목표를 설정하고 달성하는 방식으로 진행된다.

MS는 마인크래프트의 기본 블록을 사용하여 자연스러운 풍경과 건물을 생성하는 생성형 AI를 선보였다(그림 41). 기존의 마인크래프트는 사용자가 직접 블록을 조작하여 건물을 짓거나 세계를 탐험하는 방식이었다면 생성형 AI를 이용하게 되면 마인크래프트의 제작 경험을 더욱 쉽고 직관적이게 한다. 사용자가 텍스트로 명령을 내리면 AI가 알아서 블록을 조합하여 원하는 구조물을 생성해준다. 생성형 AI는 자연어 입력으로 복잡한 마우스와 키보드 조작이나 코드 입력을 대체하는 기능을 제공한다. 이렇게 되면 플레이어는 블록 조작이 익숙하지 않아도 원하는 구조물을 쉽게 만들 수 있다. 예를 들어, "불타지

그림 41: MS는 마인크래프트의 기본 블록을 사용해 풍경과 건물을 만드는 생성형 AI를 선보였다. (출처: https://www.minecraft.net/ko-kr/about-minecraft)

않는 목재를 생성해 주세요."라는 자연어 명령을 입력하면, 생성형 AI는 플레이어가 원하는 아이템을 빠르게 생성해 준다(그림 42).

아이템뿐만 아니라 사용자의 취향에 맞는 게임 공간과 환경도 만들 수 있다. "자연 속에서 편안하게 쉴 수 있는 공간"이라는 자연어 명령을 입력하면 생성형 AI는 자연 속에서 편안하게 쉴 수 있는 공간을 자동으로 생성한다. 기존의 마인크래프트에서는 사용자가 직접 원하는 공간을 설계하고, 그에 맞는 블록을 하나하나 쌓아야 했지만 이제는 그러지 않아도 된다. 개개인의 취향과 요구에 맞는 게임 환경을 제공함으로써 사용자 경험과 게임의 몰입도를 높여줄 수 있다.

플레이어가 "고딕 양식의 성당을 만들어 줘."라는 자연어 명령을 입력하면, 생성형 AI는 플레이어가 원하는 구조물을 정확하고 빠르게 생성해 준다. 기존의 마인크래프트에서는 먼저 고딕 양식의 성당을 직접 설계하고 그에 맞는 블록을 하나하나 쌓아야 했지만, 생성형 AI를 사용하면 생성형 AI는 사용자의 요구를 파악하고 그에 맞는 고딕 양식의 성당을 자동으로 생성한다. 이 외에도 "나무로 된 집을 지어줘.", "해변에 있는 섬에 마을을 만들어줘.", "고층 빌딩을 만들어줘." 혹은 좀 더 복잡하게 "이 성의 내부에 지하 감옥이 있고, 지하 감옥에는 몬스터가 있다."라는 자연어 명령도 수행할 수 있다. 이 밖에도 "가까운 마을로 데려가 줘.", "해저 도시를 찾아줘.", "다른 차원의 세계로 가줘." 또 "몬스터를 처치해줘.", "자동으로 채광해줘.", "게임을 클리어

그림 42: 마인크래프트에게 "불타지 않는 목재"를 만들 것을 요청해 생성된 상상력을 바탕으로 한 이미지. (출처: 마인크래프트)

해줘." 등의 자연어 명령으로도 게임 플레이를 할 수 있도록 MS는 개발 중이다. 이렇게 되면 기존 컨트롤러나 마우스, 키보드를 통해 마인크래프트를 플레이하기 어려운 사람들도 쉽게 게임에 접근할 수 있다.

"마인크래프트에서 할 수 있는 새로운 게임 모드를 제안해 줘."라는 명령에 대해 기존의 마인크래프트에서는 사용자가 직접 새로운 게임 모드를 만들어야 했다. 이 과정은 프로그래밍이나 게임 디자인에 대한 상당한 지식을 필요로 하기 때문에 매우 어려운 작업이었다. 하지만 이제는 "마인크래프트에서 즐길 수 있는 새로운 게임 모드를 제안해 달라"고 요청하는 것만으로도 충분하다. 생성형 AI는 사용자의 요구 사항을 이해하고 그에 부합하는 참신한 게임 모드 아이디어를 제시할 수 있다. 이러한 기술은 사용자들의 창의력을 불러일으키는 동시에 새로운 게임 모드를 보다 손쉽게 탐색하고 즐기는 길을 열어준다.

성과와 혁신

생성형 AI의 발전과 확산은 미디어 및 콘텐츠 분야에서 혁신적인 변화를 가져오고 있다. 기업은 AI를 활용해 콘텐츠 제작 과정을 간소화하고 고객에게는 맞춤 추천을 하는 등 다양하게 활용하고 있다.

넷플릭스는 생성형 AI를 사용하여 사용자의 시청 기록과 선호도를 분석하고, 이를 바탕으로 맞춤형 콘텐츠를 제작하고 추천한다. 시청자에게는 더욱 개인화된 경험을 제공하며 제작자에게는 더욱 타겟팅 된 콘텐츠를 만들 수 있는 정보를 제공한다.

이처럼 영화, 음악 및 TV 산업 등에서 스크립트 작성부터 캐릭터 디자인, 편집, 음악 제작 등 생성형 AI 기술이 쓰이지 않는 곳이 없을 정도다. 콘텐츠의 제작과 소비 방식을 근본적으로 바꾸고 있다.

게임 개발 과정에도 AI는 혁신적 역할을 한다. 캐릭터, 풍경, 장애물 등을 자동으로 생성함으로써 개발 시간과 비용을 대폭 줄였다. 이는 더 많은 실험과 창의적인 아이디어를 현실로 만들 수 있는 여지를 제공한다. 게임 노 맨즈 스카이는 PCG 기술을 사용해 무한에 가까운 우주를 자동으로 생성한다. 사용자가 탐험할 수 있는 행성, 생태계, 별 등이 모두 생성형 AI에 의해 만들어졌다.

플레이어 경험 면에서도 혁신적인 변화가 일어난다. AI가 생성하는 콘텐츠는 플레이어의 행동과 선호에 반응하여 동적으로 변화할 수 있다. 이는 매우 개인화되고 예측할 수 없는 게임 경험을 제공한다. 플레이어의 선택에 따라 스토리가 분기하고 새로운 캐릭터나 세계가 실시간으로 생성되어 플레이어는 자신만의 독특한 경험을 할 수 있다.

플레이어는 AI 도구를 사용해 자신만의 게임 콘텐츠를 더 쉽고 빠르게 만들 수도 있다. 이는 게임 커뮤니티에 더 많은 창작물을 유도하고, 플레이어 간의 상호작용을 촉진한다. 소니 인터랙티브 엔터테인먼트가 2020년 플레이스테이션 4용으로 출시한 창작 중심의 비디오 게임인 드림즈(Dreams)는 사용자에게 모델링, 애니메이션, 음악 제작, 게임 디자인 등 다양한 창작 활동을 위한 포괄적인 도구를 제공한다. 사용자가 창의력을 발휘해 자신만의 콘텐츠를 만들 수 있게 한다. 여기에 생성형 AI 기술을 통합함으로써 사용자는 더 쉽고 직관적으로 자신의 아이디어를 실현한다.

이러한 변화들은 게임 산업을 끊임없이 진화하는 창의적인 표현의 장으로 만든다. 게임은 더이상 고정된 경험이 아니라, 플레이어의 상호작용과 선택에 따라 지속적으로 변화하는 생동감 있는 세계가 된다.

10. 교육

- 교육 분야에서는 생성형 AI의 활용이 아직 초기 단계에 있지만, 그 가능성을 인식하고 이를 활용하려는 움직임은 계속 확대되고 있다. 여러 이견이나 우려가 있음에도 생성형 AI의 활용은 점점 보편화할 것으로 예상된다. 기업들은 다양한 방법으로 학습 환경을 혁신하고 있다. 듀오링고는 언어 학습에 초점을 맞춘 애플리케이션으로 사용자가 새로운 언어를 잘 배울 수 있도록 돕는다. AI를 활용해 사용자의 학습 스타일과 속도에 맞춰 학습 경로를 조정한다. 그리고 다양한 연습과 퀴즈를 제공한다.

  칸 아카데미의 칸미고 AI 튜터는 AI 기반의 개인 튜터 서비스를 제공하여 학생들이 수학, 과학 등 다양한 과목을 학습할 수 있도록 돕는다. 이 서비스는 학생들의 질문에 실시간으로 반응하며 개인의 학습 수준에 맞춘 설명과 예제를 제공한다.

  생성형 AI가 교육 분야에서 갖는 잠재력은 학습의 개인화, 접근성, 효율성의 향상이다.

생성형 AI에 의한 교육 혁신

생성형 AI 기술, 특히 챗GPT의 출현은 교육계에 큰 파장을 일으켰다. 많은 교육 기관들은 학생들이 이 기술의 도움을 받게 되면 학습의 본질적 가치가 훼손될 것으로 생각했다. 그래서 생성형 AI 기술 사용에 제약을 가한 곳들이 생겨났다. 특히 영국의 명문 대학, 옥스퍼드대학교와 케임브리지대학교는 공식적으로 학교 내 생성형 AI의 사용을 금지하는 조처를 했다. 중국에서는 이 문제에 대해 더욱 엄격한 접근을 보이며 생성형 AI를 활용해 논문을 작성한 학생을 두고 학위를 박탈해야 한다는 목소리까지도 냈다.

이와같은 전반적인 금지 분위기와 대조적으로 미국의 애리조나 주립대학교(ASU)는 생성형 AI, 특히 챗GPT를 교육 현장에 적극 도입하기로 한다. 이는 미국 내 대학 중에서도 이례적인 것으로 ASU는 이 기술을 활용해 학생들에게 더욱 맞춤화된 교육 경험을 제공하겠다는 계획까지도 세운다. 그 결과 챗GPT 개발사인 오픈AI와 파트너십을 맺고 'AI 튜터'라는 프로젝트를 시작했다. AI 튜터는 과학, 기술, 공학, 수학(STEM) 분야의 기초 과목을 가르치는 데 도움을 주는 도우미 역할을 한다. ASU에서는 많은 학생들이 수강하는 '신입생을 위한 글쓰기' 과목에 이를 활용할 예정이다.

ASU는 교수진, 직원, 연구원들이 특정 과목을 깊이 있게 이해하고 창의적인 아이디어를 개발할 수 있도록 지원하는 AI 아바타 개발에도 착수했다. 이러한 움직임은 기존의 교육 방식에 전통적인 접근을 넘어서 기술의 진보를 교육 혁신으로 연결짓고자 하는 ASU의 노력을 보여준다. ASU는 AI 기술이 학습 환경에 미치는 영향을 긍정적으로 전환시키고, 미래 지향적인 교육 모델을 구축하려는 야심 찬 계획을 실행에 옮기고 있다[72].

맞춤형 학습 제공

생성형 AI는 학생의 학습 수준, 학습 스타일, 관심사 등을 분석하여 개인화된 학습 프로그램을 제공할 수 있다. 학습자의 진행 상황, 성취도 등을 실시간으로 분석하여 학습 경로를 지속적으로 최적화한다. 그리고 학생의 부족한 점을 파악하여 맞춤형 학습 제안도 한다. 학생들은 자신의 능력과 요구에 맞는 학습을 할 수 있다.

개인별 맞춤 수업 계획은 학생의 참여를 유도하고 자신의 필요와 관심사 맞는 가장 효과적인 교육 수강이 가능한 방법이다. 뉴튼 알타(Knewton Alta) 플랫폼은 고등교육을 위한 맞춤형 학습 기술을 제공하는 온라인 교육 플랫폼으로 학생들의 개별 학습 스타일과 필요에 맞춰 교육 콘텐츠를 개인화하여 제공하고 수학, 과학, 경제학, 심리학 등 다양한 과목을 지원한다. 학생들은 자신의 이해도에 맞는 맞춤형 연습 문제와 학습 자료를 받아보며, 성과 향상을 위한 실시간 피드백도 받는다. 그리고 학생이 과제를 수행하는 데 어려움을 겪는 경우, 지식 격차를 즉시 인식하고 필수 개념을 다시 찾을 수 있도록 적시에 해결 방법을 제공한다[73].

가상 교사 및 튜터

가상 교사나 튜터는 언제 어디서나 학생들의 개인적인 질문에 응답하고 추가 설명을 제공하여 학생들이 자신의 속도로 학습할 수 있도록 도와준다. 챗봇 기술을 활용해 학생들이 자연어로 질문하면 이에 답하며 필요한 자료를 제공한다.

생성형 AI를 사용한 가상 튜터링은 대면 학습이 어려운 학생들에게 유용하다. 학습에 어려움을 겪는 학생들을 조기에 식별하고 필요한 지원과 맞춤형 피드백을 제공한다. 글쓰기 과제에서 문법 오류를 지적하거나 어휘 사용을 개선하는 등 마치 개인 지도를 받는 것 같은 경험을 학생들에게 제공한다.

듀오링고(Duolingo) 학습 앱은 사용자의 학습 스타일과 진행 속도에 맞춰 개인화된 학습 경험을 제공한다. 칸 아카데미(Khan Academy)는 다양한 과목에 무료 온라인 학습 자료를 제공하고 AI 기반의 튜터링 시스템을 제공한다. 카네기 러닝(Carnegie Learning)은 실시간 피드백으로 학습자의 이해도를 높이고 학습 효과를 극대화한다. 이러한 서비스와 플랫폼은 각 학습자의 필요와 선호에 맞춰 학습 내용을 조정하고 효과적인 학습 경로를 제공함으로써 교육의 질을 향상시킨다.

코스 디자인 및 콘텐츠 생성

생성형 AI 기술은 교육 분야에서 맞춤형 코스 디자인을 가능하게 한다는 점에서도 혁신적인 도구로 인정받는다. 교육자들은 학습자의 필요와 선호에 따라 강의 계획서, 강의 내용, 평가 방법을 포함한 코스 자료를 설계하고 구성할 수 있다. 비디오 강의나 팟캐스트용 스크립트 생성을 통해 온라인 강의의 멀티미디어 콘텐츠 제작을 간소화할 수 있으며 퀴즈, 연습 문제, 개념 설명, 요약 등 새로운 교육 자료를 만들 수 있어서 다양한 콘텐츠가 필요한 교사에게 유용하다. 학습 목적에 맞는 텍스트, 스토리, 설명 등의 콘텐츠를 생성할 수 있어 학습자의 참여와 흥미를 증진시키며 교사의 수업 준비 시간을 줄여준다.

효율적인 학습 관리

학습관리시스템(LMS, Learning Management System)은 교육 분야에서 학습자와 교육자를 연결하는 디지털 플랫폼이다. 온라인 강의, 학습 자료 제공, 과제 제출, 평가 및 성적 관리 등을 지원하며 학습 진행 상황을 추적할 수 있게 한다. 교육기관, 기업 또는 개인 강사가 학습 콘텐츠를 관리하고 학습자와 소통할 수 있도록 돕는 중요한 도구로 전통적인 교육 방식을 보완하거나 대체할 수 있다.

전통적인 LMS는 주로 교육 자료의 배포, 과제 제출, 시험 관리 등으로 정적인 콘텐츠 전달에 중점을 두며, 강사와 학생 간의 상호작용은 제한적이었다. 하지만 생성형 AI 기능을 LMS에 통합하면 전통적인 기능의 여러 측면을 개선할 수 있다. 예를 들어, 자연어 처리 기능을 갖춘 AI 챗봇을 LMS에 통합하면 수업 내용, 과제 제출 방법, 시험 일정 등에 대한 기본적인 문의에 시스템이 즉각 답변할 수 있으며, 복잡한 질문의 경우 관련 자료나 교수자에게 연결해줄 수 있다.

생성형 AI는 학습 콘텐츠 제작에도 활용된다. 교수자가 주제와 핵심 개념만 입력하면 생성형 AI가 기본적인 학습 자료, 퀴즈 문항, 토론 주제 등을 생성할 수 있다. 역사 교수자가 르네상스 시대를 가르치려고 한다면, 생성형 AI에 "르네상스 시대와 주요 예술가들"이라는 주제와 핵심 개념을 입력한다. 그러면 AI는 이에 대한 기본적인 학습 자료를 제공한다. 미켈란젤로와 다빈치의 생애와 작품에 대한 요약, 퀴즈 문항 그리고 "르네상스 예술이 현대 문화에 미친 영향" 같은 토론 주제를 자동으로 생성하기도 한다. 이를 통해 교수자는 콘텐츠 제작 시간을 크게 줄일 수 있고, 학생들과의 상호작용이나 수업 내용 향상에 더 많은 에너지를 쏟을 수 있다.

평가 및 피드백 과정에서도 생성형 AI의 활용이 가능하다. 에세이나 프로젝트 보고서를 분석하여 초기 평가를 수행하고, 개선점에 대한 상세한 피드백이 가능하다. 이는 교수자의 업무 부담을 줄이고, 학습자에게 더 빠르고 구체적인 피드백을 제공하는 데 도움이 된다.

마지막으로, 생성형 AI는 LMS의 관리 및 운영 효율성을 높이는 것에도 기여할 수 있다. 학습자의 참여도, 성취도, 만족도 등의 데이터를 분석하여 교육 프로그램의 효과성을 평가하고 개선점을 제안할 수 있으며 시스템 사용 패턴을 분석하여 사용자 경험을 개선하고 교육 자원의 할당을 최적화하는 것에도 도움을 준다.

생성형 AI는 LMS의 다양한 측면을 개선하여 학생들의 학습 경험을 개선하고, 교사들의 업무 부담을 줄이며, 교육의 질을 높이는 데 크게 기여할 수 있다[74].

적용 사례 – 듀오링고

듀오링고는 사용자 친화적인 인터페이스와 게임화된 학습 접근 방식으로 널리 알려진 언어 학습 플랫폼이다. 최근에는 챗GPT-4에 기반한 고급 자연어 처리 기능을 이용해 듀오링고 맥스를 출시했다. 실제 대화 상황에서 언어 실력을 테스트할 수 있도록 하고 몰입감 있고 개인화된 언어 학습 경험을 제공한다.

듀오링고(Duolingo)는 사용자 친화적인 인터페이스와 게임화된 학습 접근 방식으로 널리 알려진 언어 학습 플랫폼이다. 듀오링고는 카네기멜론 대학교 교수인 루이스 폰 안(Luis von Ahn)이 전 세계 수억 명의 사람들이 서로 다른 언어를 번역하도록 하는 방법에 대해 고민하면서 2011년 시작했다. 2024년 1월 기준, 듀오링고는 40개 언어를 지원하며 전 세계 5억 명이 사용하고 있다. 가장 많이 다운로드된 언어 교육용 앱 중 하나로 개인 학습자를 넘어 교육 분야에서도 상당한 성과를 거두었다. 학교용 듀오링고 프로그램은 전 세계 수천 개의 교육기관에서 채택하고 있으며, 100만 명 이상의 교사와 학생이 교실 기반 언어 교육에 이 플랫폼을 사용 중이다[75]. 기본적으로 무료 가격 정책을 채택하고 있다. 고급 서비스인 듀오링고 플러스는 유료이다.

웹사이트 듀오링고는 크게 '홈', '활동', '토론'의 세 가지 탭으로 구성되어 있다. 홈은 실제로 공부를 진행할 수 있는 화면이다. 자신의 진도에 맞는 커리큘럼을 확인할 수 있고 새로 나갈 진도를 시작하거나 과거의 공부 내용을 복습할 수 있다. 활동 탭에는 나와 내 친구들의 서비스 이용 현황을 타임라인 형식으로 확인할 수 있으며, 토론 탭에서는 보다 많은 사람들과 외국어 공부에 대해서 이야기할 수 있다.

듀오링고의 AI 알고리듬은 사용자 성과를 분석하여 코스의 난이도를 맞춤화한다. AI 시스템은 사용자가 다양한 유형의 연습 문제와 콘텐츠에 어떻게 반응하는지 모니터링하여 사용자의 수준과 학습 속도에 맞게 학습 자료를 조정할 수 있다. 사용자가 어려움을 겪고 있는 영역을 식별하여 특정 언어 능력을 향상시킬 수 있는 목표 연습과 제안을 제공한다.

듀오링고는 최근 생성형 AI 기술을 이용해 듀오링고 맥스(Duolingo Max)라는 새로운 서비스를 출시했다. 이 서비스는 GPT-4기술을 이용한다. 듀오링고 맥스는 두 가지 새로운 기능을 제공한다(그림 43). 내 답변 설명하기(Explain My Answer)와 역할극(Roleplay) 이다[76].

'내 답변 설명하기' 기능은 학습자가 수업에서 자신의 정답과 오답을 모두 이해하도록 돕는다. 학습자는 단순히 정답을 알아가는 것이 아니라 왜 그 답이 맞는지를 정확히 알 수 있으며 어떻게 개선하면 좋은지 구체적인 피드백을 들을 수 있다. '역할극' 기능은 사용자가 가상의 대화 상황에서 자신이 배운 언어를 실제로 사용해 볼 수 있도록 돕는다. GPT-4가 생성한 대화 파트너는 휴가 계획을 논의하거나 카페에서 음료를 주문하는 등 학습자가 대화에 참여할 수 있는 다양한 시나리오를 제시한다. 대화가 끝나면 학습자는 개선 팁과 함께 응답의 정확성 및 복잡성에 대한 AI 기반 피드백을 받는다. 듀오링고 맥스는 이러한 고급 기능을 제공하기 위해 구독(유료) 기반의 프리미엄 모델을 채택하고 있다.

이 두 기능은 모두 GPT-4의 자연어 처리 능력을 기반으로 하여, 사용자가 입력한 내용에 대해 실시간으로 반응하고 적절한 피드백을 제공한다. 학습 과정을 더욱 동적이고 매력적으로 만들어 사용자가 새로운 언어를 배우는 동안 실제 사용 상황을 체험할 수 있도록 도와준다.

(a) Explain My Answer　　　(b) Roleplay report

그림 43: (a) 듀오링고 맥스의 "내 답변 설명 기능"은 GPT-4를 활용하여 요청 시 응답과 예시를 생성한다. (b) 듀오링고 맥스의 "역할극" 기능은 사용자가 GPT-4 기반 챗봇과 대화한 다음, 대화에 대한 보고서를 생성해 보여준다. (출처: 듀오링고)

적용 사례 - 칸미고

칸미고는 GPT-4를 기반으로 칸아카데미의 학습 콘텐츠를 학습하여 두 가지 역할을 하는 생성형 AI 챗봇이다. 하나는 학생들의 학습을 돕는 튜터이고, 다른 하나는 교사들의 업무를 지원하는 조교 역할이다.

칸아카데미(Khan Academy)는 살만 칸(Salman Khan)이 2006년 설립한 비영리 교육 기관이다. 수학, 과학, 컴퓨터 과학, 경제, 역사, 예술, 인문학 등 다양한 분야의 교육 콘텐츠를 무료로 제공하며 누구나 언제 어디서나 학습할 수 있는 기회를 제공한다. 칸아카데미는 전 세계적으로 큰 인기를 끌고 있으며 2023년 기준으로 누적 방문자 수는 15억 명에 달하며 매월 5천만 명이 이용한다.

칸아카데미의 강의는 모두 동영상으로 제공된다. 초보자부터 전문가까지 누구나 이해할 수 있도록 쉽고 명확하게 설명되어 있다. 또 강의마다 연습문제가 제공되어 학습자가 자신의 실력을 점검할 수 있다. 칸아카데미는 사용자 중심의 학습 환경을 제공하여 자기 주도 학습을 지원한다. 자신의 학습 수준과 목표에 맞는 콘텐츠를 선택하고, 자신의 속도에 맞게 학습할 수 있다.

칸아카데미는 강의 중에 학생을 돕고 교사의 업무를 돕기 위해 칸아카데미의 교육 콘텐츠와 오픈AI의 대규모 언어 모델을 결합하여 칸미고(Khanmigo)라는 서비스를 출시했다. 칸미고는 2021년 설립된 칸아카데미의 자회사로 칸아카데미의 교육 콘텐츠와 텍스트 생성형 AI

를 결합해 만든 교육 서비스다. 칸미고는 칸아카데미 교육 플랫폼의 애드온(특정 기능을 보강한 프로그램)으로 학생에게는 튜터, 교사에게는 조교 역할을 하도록 설계한 생성형 AI 챗봇이다. 간단히 말해, 일대일 과외 역할을 하는 AI 챗봇이다. 강의를 듣다가 모르는 내용이 있을 때 선생님에게 질문하는 대신 칸미고의 텍스트 상자에 궁금한 내용을 질문하면 텍스트 형식으로 답변을 해준다.

칸미고는 크게 두 가지 목적으로 사용된다. 하나는 학생들의 학습을 돕는 것이고, 다른 하나는 교사들의 업무를 지원하는 것이다. 학생들에게 칸미고는 튜터로서 학습 진도 관리, 학습 피드백, 학습 리소스 추천 등의 역할을 지원한다. 또 토론, 스토리 공동 작성, 단어 게임과 같은 일련의 대화 기반 활동을 지원한다. 교사들에게는 수업 계획, 평가, 학생 관리 등의 역할을 한다. 칸미고는 즉문즉답을 하는 기존 챗GPT와 달리, 교사와 학생들의 학습 활동을 지원하는 가이드 역할을 한다. 그래서 더 깊고 생산적인 대화가 가능하다.

그림 44에 있는 칸미고와 학생과의 대화 사용 예시를 보자. "그냥 답을 말해줄 수 있어요?"라고 묻는 학생에게 칸미고는 "직접 해보는 것이 중요하다."라고 말한다. 그리고 "2에 5/12를 곱하려면 어떻게 해야 할까?"라는 질문을 던진다. 학생이 "분모가 같아야 해요."라고 대답하자 칸미고는 "좋은 생각이지만, 이 경우에는 더하거나 빼는 것이 아니라 곱하는 것이기 때문에 공통분모를 찾아야 해요. 다른 방법은 없을까요?"라고 말한다.

이번에는 그림 45에 보이는 칸미고와 교사와의 대화 사용 예시를 보자. 칸미고는 교사에게 "선생님 수업에 대해 자세히 설명하는 것부터 시작합시다."라고 제안한다. 그리고 "어떤 학년과 과목을 가르치시는지요? 그리고 어떤 주제로 수업을 만들고 싶으신가요?"라고 묻는다. 교사는 "저는 6학년 영어를 가르치고 있어요. 학생들이 설명 텍스트의 세부 사항을 뒷받침하는 내용을 사용하여 주요 아이디어를 인식, 요약 또는 설명하는 방법을 배울 수 있는 수업을 하고 싶습니다."라고 대답한다. 칸미고는 "좋은 토픽이네요! 학생들이 이전에 주요 아이디어를 인식하거나 설명 텍스트를 요약하는 것에 대한 수업을 받은 적

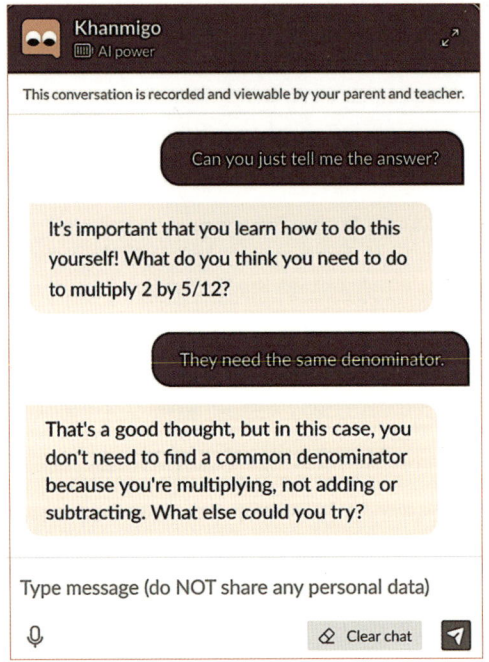

그림 44: 칸미고와 학생과의 대화 사용 예시. (출처: 칸미고)

이 있나요?"라고 다시 질문한다. 선생님은 "아니요."라고 대답한다. 이렇게 반복적인 상호 대화를 통해 교사는 더 나은 수업 계획을 세울 수 있다.

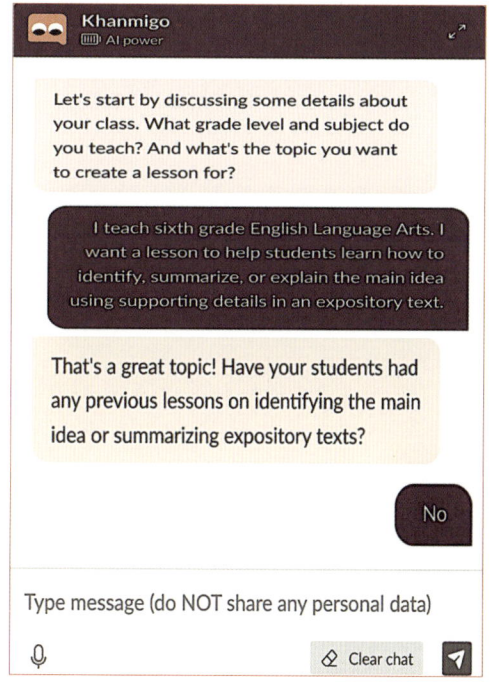

그림 45: 칸미고와 교사와의 대화 사용 예시. (출처: 칸미고)

성과와 혁신

교육 분야에서 생성형 AI의 활용이 증가함에 따라 우리는 맞춤형 학습 경험과 교육 자료의 개발 및 배포 방식에서 근본적인 변화를 목격하는 중이다.

AI는 학생 개개인의 학습 스타일과 속도를 인식하고 개인화된 학습 계획을 제공한다. 이는 학습의 효율성을 높이고 교육의 격차를 줄이는 데 기여한다. 교사들은 생성형 AI를 활용해 교육 콘텐츠를 쉽고 빠르게 만들 수 있다. 그리고 학습 자료를 다양한 언어로 번역하거나 복잡한 개념을 이해하기 쉽게 풀어쓴 설명을 얻을 수 있다. 이는 교육의 접근성을 향상시키고 다양한 배경을 가진 학생들에게 맞춤형 지원을 가능하게 한다.

시험과 평가 방식 또한 변화한다. 학생의 학습 과정과 결과를 분석함으로써 더 공정하고 정확한 평가가 가능해졌다. 개인의 진행 상황을 지속적으로 추적하고 평가하여 학생의 약점을 파악하고 이에 대한 개선 방안을 제시할 수 있다.

이제 교사와 교육자는 더 이상 단순한 지식 전달자가 아니라 학습 촉진자나 멘토의 역할을 해야 한다. AI가 제공하는 데이터를 바탕으로 학생들의 학습을 개인화하고, 창의적이고 비판적인 사고 능력을 기를 수 있도록 집중할 필요가 있다.

AI 기술은 개인이 직업인으로 사는 동안 필요한 기술을 배우고 적용하는 데 도움을 준다. 교육이 단순히 학교에서의 학습으로 끝나지 않고, 개인의 전 생애에 걸쳐 이루어지는 지속적인 과정임을 의미한다. 교육 기술의 발전은 지속적인 학습과 평생 교육의 중요성을 계속해서 강조한다.

11. 출판

- 책의 본질은 아이디어, 텍스트, 이미지의 결합이다. 챗GPT는 프롬프트 입력만으로 이 세 가지 모두를 모방하거나 더 나은 창의적인 콘텐츠를 만들 수 있다. 생성형 AI는 인간 작가의 스타일을 모방하여 인간이 쓴 것과 구별하기 어려울 정도의 콘텐츠를 생산한다. 생성형 AI는 다른 어느 산업보다도 도서 출판 분야에 효과적으로 활용될 수 있다.

 챗GPT로 글을 쓰고 미드저니로 그림을 그려 단숨에 책 한 권을 완성하는 작가도 드물지 않다. 창의적인 글쓰기에 익숙하지 않은 사람들도 책을 출간할 수 있도록 도와준다. 글쓰기 전문 지식이 없는 사람들도 생성형 AI의 도움으로 책을 쓸 수 있는 기회를 얻을 수 있다. 그리고 책을 만드는 편집자들은 생성형 AI의 능력을 이용해 편집의 정확성을 높이고 보다 복잡한 작업도 수행할 수 있다.

 챗GPT와 같은 기술은 이미 수백 권의 도서를 출판하는 데 사용되었다. 이는 생성형 AI가 출판 시장에서 빠르고 효율적으로 책을 출시할 수 있음을 의미한다. 출판 업계에 혁신을 가져오며 작가, 편집자, 독자 모두에게 새로운 기회와 가능성을 제공한다.

생성형 AI 기술을 출판에 이용

생성형 AI 기술 즉, 챗GPT와 제미나이 그리고 달리와 미드저니 같은 도구를 출판 산업 전반에 적용할 수 있다. 창작부터 마케팅까지 전 과정을 포괄할 수도 있다. 출판 기획자, 작가, 편집자, 마케터의 관점에서 이 과정을 살펴보자[77].

아이디어 생성 및 초안 작성을 해보자. 생성형 AI는 작가가 해당 주제에 대해 가지고 있는 정보를 분석하여 새로운 아이디어를 제시하거

> **AskUp's message**
>
> 빈센트 반고흐가 남부 프랑스 아를에서 머물며 그린 작품들을 다룬 책을 출간한다면, 다음과 같은 구조를 고려해 볼 수 있습니다:
>
> 1. 서론
>   - 반고흐의 생애 소개와 아를로 이사한 배경
>   - 아를에서의 생활이 그의 창작 활동에 미친 영향
>
> 2. 아를에서의 생활
>   - 반고흐의 일상과 그를 둘러싼 사회적, 문화적 환경
>   - 당시 반고흐가 경험한 개인적, 정서적 변화
>
> 3. 작품 분석
>   - 아를에서 그린 주요 작품들의 상세 분석
>   - 각 작품의 테마, 색채, 기법의 변화와 그 의미
>   - 작품에 담긴 반고흐의 심리적, 철학적 고민
>
> 4. 반고흐와 아를
>   - 아를의 자연과 풍경이 그의 작품에 미친 영향
>   - 아를에서의 인간 관계와 그것이 창작에 끼친 영향
>
> 5. 아를 이후의 반고흐
>   - 아를에서의 시간이 후기 작품에 미친 영향
>   - 아를에서의 경험이 반고흐의 예술적 유산에 남긴 것들
>
> 6. 결론
>   - 아를에서의 시간이 반고흐의 예술에 끼친 전반적인 영향 평가
>   - 반고흐의 아를 시기 작품들이 현대 미술에 미친 영향
>
> 7. 부록
>   - 아를에서 그린 작품 목록과 현재 위치
>   - 연대기, 참고 문헌 및 자료

그림 46: 카카오톡 챗봇 'AskUp'에게 화가 빈센트 반고흐가 남부 프랑스 아를에 머물 때 그린 작품에 대한 책을 출간하려고 하는데, 책의 구조에 대한 아이디어를 달라는 프롬프트에 대한 결과 화면이다.

나, 작가의 글쓰기 스타일을 분석하여 더 효과적인 글쓰기 조언을 제공할 수 있다. 예컨대, 작가가 카카오톡의 생성형 AI 기반 챗봇인 업스테이지(Upstage)의 아숙업(AskUp)에게 "화가 빈센트 반고흐가 남부 프랑스 아를에 머물 때 그린 작품에 대한 책을 출간하려고 합니다. 책의 구조에 대한 아이디어를 주세요."라는 프롬프트를 입력하면 그림 46과 같이 친절하게 아이디어를 생성해준다.

작가는 AI에게 초기에 특정 주제나 관심 있는 장르에 대해 브레인스토밍을 요청하며, AI와의 대화를 통해 창의적인 아이디어를 발굴해낸다. 작가가 프롬프트를 통해 자기 의견을 보다 구체적으로 피력하면 AI는 다양한 시나리오를 제시하거나 특정 주제에 대한 정보를 제공함으로써 깊이 있는 배경 지식을 작가가 갖출 수 있도록 도움을 준다. 작가는 만족할만한 결과를 얻을 때까지 이러한 과정을 반복할 수 있다.

"새로운 소설을 쓰고 싶다."라고 말하면, 자연어 처리 기술을 사용하여 작가와 대화하며 새로운 소설의 주제나 줄거리 등 다양한 아이디어를 제시한다. 작가가 "이 책의 주인공은 어떤 성격의 인물이 좋을까?"라고 질문하면, AI는 주인공의 성격, 배경, 갈등 요소 등의 아이디어를 제공한다. 또 "새로운 소설의 첫 장면을 묘사해 줘"라고 요청하면, AI는 작가가 원하는 분위기와 내용을 반영한 텍스트를 생성해 낼 수도 있다.

아이디어가 결정되면, 스토리의 대략적인 구조나 개요를 제작하도록 요청한다. AI는 작품의 시작, 중간, 그리고 끝을 포함한 전반적인 플롯을 설정하는 것에도 도움을 준다. 그리고 캐릭터의 성격, 배경, 동기 등을 설계하고 작품의 배경이 되는 세계관에 대한 세부 사항도 요청할 수 있다.

초안이 완성되면, 작가는 챗GPT와 협력하여 스토리의 세부 사항을 추가하고 확장할 수 있다. 이는 대화, 장면 묘사, 내부 갈등 등을 포함한다. 작가는 생성된 내용을 검토하고 필요에 따라 챗GPT에게 추가적인 수정이나 개선을 요청한다. 이러한 일련의 과정이 여러 번 반복될수록 작품의 품질은 향상된다. 생성된 초안을 바탕으로 스토리를 다듬고, 필요한 부분을 수정하거나 개선하여 최종안을 완성한다.

기사나 블로그 포스트 작성에서도 주제에 적합한 어휘를 선택하고 문체를 조정하는 등 텍스트의 질을 높이며 해당 분야의 전문성을 반영할 수 있다. 예를 들어 "기후 변화가 해양 생태계에 미치는 영향"이라는 주제로 글을 작성한다고 가정해보자. 챗GPT는 이 주제에 대한 기본 정보를 바탕으로 글의 구조를 제안한다. 도입부에서는 기후 변화의 개념과 중요성을 설명하고, 본문에서는 해양 생태계에 미치는 구체적인 영향을 다룬다. 결론에서는 해결책과 미래 전망을 제시한다.

이후, 챗GPT는 주제에 적합한 어휘를 선택한다. '기후 변화' 대신 '지구 온난화', '온실가스 배출' 등의 용어를 사용해 글의 전문성을 높이거나 할 수 있다. 또 문체를 조정하여 독자층에 맞추는 것도 가능하다. 전문 독자를 대상으로 할 경우에는 학술적인 어조를, 일반 독자를 대상으로 할 경우에는 이해하기 쉬운 어조를 사용한다.

글 작성 과정에서 챗GPT는 주어진 정보를 바탕으로 추가적인 데이터를 제공하거나 관련 연구 결과를 인용해 글의 신뢰성을 높여준다.

"최근 연구에 따르면, 해수 온도가 2도 상승하면 산호초의 70%가 사라질 수 있다."와 같은 문장을 생성해서 보완을 제시하기도 한다. 이를 통해 글의 전문성을 강화한다.

챗GPT에 자신의 작품을 제공하고, 기본적인 문법 및 맞춤법 검사를 요청할 수도 있다. AI는 텍스트를 분석하고 일반적인 오류(예: 오타, 띄어쓰기 오류, 문장 부호 사용 오류)를 식별한다. 식별된 오류는 상세한 보고 형태로 작가에게 제공한다. 오류의 위치와 유형 그리고 수정 제안을 포함한다. 작가는 특정 문체를 설정할 수도 있다. 그러면 챗GPT는 제출된 텍스트를 조정해서 수정안을 내놓는다. 그리고 용어 사용, 인물 이름, 표기 방식이나 설정 등 작품 전반에 걸쳐 일관성을 유지할 수 있도록 편집을 도와준다. 같은 의미를 담은 중복된 문장은 줄여 주고, 메시지 전달력은 강화한다.

잠시 구글의 텍스트 생성형 AI인 제미나이의 수정 기능을 살펴보자. 그림 47에서 보는 바와 같이 제미나이에게 원문의 중복을 없애고 글 흐름을 자연스럽게 편집해 줄 것을 요청하면 수정된 문장과 함께 자세한 개선 내용을 알려준다. 작가는 수정 제안을 검토한 후 자신의 판단에 따라 이를 채택하거나 무시할 수 있다. 이러한 편집 과정은 작가의 시간을 절약하고 작품의 전반적인 품질을 향상시키는 데 사용된다. 다만 기억해야 할 것은 AI의 제안은 인간의 창의성과 판단력을 보완하는 역할일 뿐이라는 사실이다. 최종적인 결정은 작가와 편집자가 해야 한다.

글뿐만이 아니다. 이미지 생성형 AI 기술인 달리와 미드저니 같은 도구를 출판에 적용함으로써 과거에는 상상하기 어려웠던 이미지를 만들 수도 있다. 작가가 "중세시대 스타일의 판타지 소설의 주인공"이

그림 47: 구글의 제미나이에게 원문을 수정 및 편집해 줄 것을 요청하여 생성된 문장. 수정된 문장과 함께 개선 내용을 알려준다.

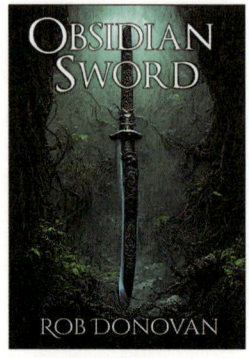

DALL-E 2 로 그린 책 커버 Midjourney 로 그린 책 커버

https://www.reddit.com/r/dalle2/comments/xbqqi7/used_dalle_2_to_create_a_new_cover_to_my_book_ive/

https://www.fiverr.com/sniki5/create-your-book-cover-using-midjourney-ai

그림 48: 달리2, 미드저니 이미지 생성형 AI에 텍스트 프롬프트를 입력하면, 원하는 스타일로 주인공의 모습을 그려 준다. 책의 디자인과 레이아웃, 표지 디자인, 삽화 생성 등에 이용할 수 있다.

라고 입력하면, 미드저니는 작가가 원하는 스타일로 주인공의 모습을 그려준다. 작가가 생각하고 있는 스토리에 부합되는 일러스트레이션이나 이미지를 그림 48처럼 자동 생성한다.

책의 커버 디자인을 위한 초기 아이디어를 AI에 입력하고 다양한 스타일과 분위기의 디자인 옵션을 만들 수도 있다. 이는 시각적 아이디어를 신속하게 시험해보고, 디자인 결정 과정에서 시간과 비용을 절약할 수 있는 방법이 된다. 특히 판타지나 SF 같은 장르에서 독창적인 세계관을 구축하는 데 도움을 준다.

마케팅 및 광고 담당자는 책의 출시와 홍보 과정에 생성형 AI를 활용할 수 있다. 책의 주요 테마나 캐릭터를 기반으로 시각적 콘텐츠를

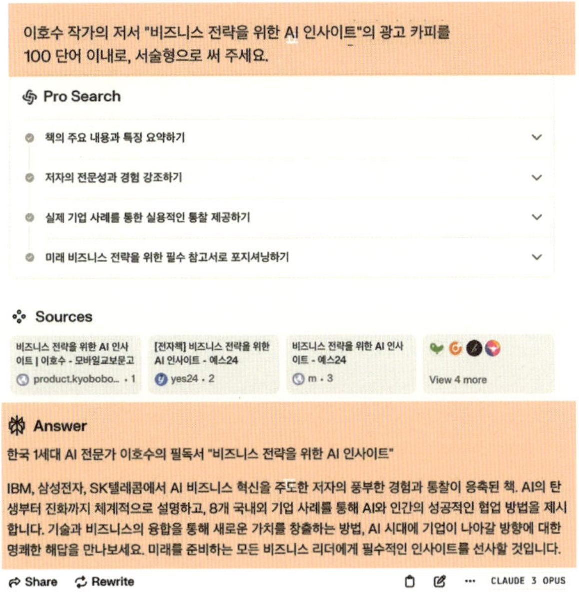

그림 49: 퍼플렉시티(Perplexity)는 AI 검색 엔진으로 사용자가 묻는 질문이나 지시에 대해 다양한 최신 자료를 검색해서 답하는 특징이 있다. 그리고 출처를 보여줌으로써 신뢰도 높은 결과를 생성해낸다.

생성하고, 광고 캠페인이나 소셜 미디어 포스팅을 위한 이미지나 비디오를 제작할 수 있다. 따로 사진 촬영이나 그래픽 디자인을 하는 것은 아니기 때문에 비용이 거의 들지 않으며 빠르게 마케팅 자료를 생성할 수 있다. 그리고 책 소개 글 작성을 위해 신간 도서의 책 내용을 열 줄 이내로 요약해 달라고 요청할 수도 있다. 또 그림 49과 같이 "광고 카피를 100단어 이내로, 서술형으로 써 주세요."라고 마케팅 콘텐츠를 생성해달라고도 할 수 있다.

작가들의 챗GPT 사용자 경험

챗GPT를 사용하여 책을 쓴 저자들은 새로운 아이디어를 생성하거나 기존 아이디어를 새로운 방식으로 결합하는 데 있어서 생성형 AI가 집필에 걸리는 시간을 대폭 줄여준다고 말한다[78]. 챗GPT를 사용하여 책을 써본 작가들의 의견을 요약하면 다음과 같다.

- "글쓰기 과정에서 평소보다 더 빠르고 정확하게 초안을 작성하고 개요를 작성할 수 있었다."
- "글 쓰기에 드는 시간을 줄일 수 있어 작업 프로세스가 훨씬 더 효율적이게 되었다."
- "내가 생각해낸 초기 아이디어의 더욱 세련된 버전의 책을 빠르게 만들 수 있었다."
- "아이디어를 동적이고 기하급수적으로 생성하도록 도와줘 글쓰기 과정을 더욱 창의적이고 생산적으로 만들어 주었다."
- "연구를 수행하고 아이디어를 구조화하는 데 큰 도움이 되었다."
- "스토리에서 공백이나 불일치를 찾아내고 분류하기가 더 쉬워졌다."

반대로 문제점을 지적하는 작가도 있다. 챗GPT는 인간의 창의성을 완전히 대체할 수 없으며, 인간의 개성과 독창성을 따라잡을 수 없으며 환각 현상으로 종종 잘못된 정보나 편견을 포함하는 글을 출력하므로 챗GPT를 사용하여 작성된 역사적, 과학적 사실이 중요시되는 책을 만들 때는 주의가 필요하다고 말한다.

적용 사례 - 스프링거 네이처

독일 학술 출판사인 스프링거 네이처는 2023년 5월, 생성형 AI인 GPT가 생성한 연구 서적을 세계 최초로 출판했다. 생성형 AI를 사용하게 되면 책을 집필하고 제작하는 데 드는 시간을 크게 줄일 수 있고, 고품질을 유지할 수도 있다.

스프링거 네이처(Springer Nature)그룹은 여러 출판사가 합병하여 2015년 5월에 출범한 독일 학술 출판사이다. 스프링거 네이처는 2023년 5월, 세계 최초로 AI가 생성한 연구 서적을 출판했다. 과학 출판물을 번역하거나 요약하고, 연구 논문의 표절을 감지하는 데 AI를 도입했다.

스프링거 네이처는 챗GPT를 통합 워크플로우의 일부로 작가가 사용할 수 있도록 지원하여 완전히 새로운 학술 도서를 만든 최초의 출판사다. 회사는 작가가 생성형 AI 도구를 이용하게 되면 과연 어느 정도의 수준을 유지하면서 지식을 더 빠른 속도로 활용할 수 있는지 확인하는 실험을 했다. 그리고 실제로 작가, 편집자, 전문가가 함께 GPT를 이용해 독일어 도서 〈금융, 규정 준수 및 감사에서 GPT의 활용〉이라는 책을 출간했다. 시작부터 출판까지 걸린 시간이 불과 5개월 정도였다. 일반적인 책 출간에 필요한 시간의 절반 정도밖에 쓰지 않았다.

이 프로젝트는 생성형 AI 기술이 여러 가지 이유로 책 쓰기를 어려워하는 사람들의 여러 장벽을 낮출 수 있음을 확인시켜준다. 동시에 생성형 AI 기술이 도서 출판을 더욱 가속화할 잠재력이 있다는 것을 보여준다[79].

적용 사례 - 포브스

포브스는 '애들레이드'와 '버티'라는 두 가지 AI 도구를 개발했다. 2023년에 출시된 애들레이드는 생성형 AI를 사용하여 독자가 알고자 하는 내용과 관련성 높은 포브스 기사들을 검색해 맞춤형으로 제공한다. 이보다 앞서 2019년에는 글 기고자(기사 작성자)에게 주제 추천, 초안 기사 작성, 문법 검사 등의 기능을 제공하는 AI 기반 콘텐츠 관리 시스템 버티를 개발했다.

포브스(Forbes)는 미국의 글로벌 미디어 회사로 경제, 비즈니스, 투자, 기술, 라이프 스타일 등을 다루는 잡지와 웹사이트로 유명하다. 1917년에 설립되어 심층적인 분석과 권위 있는 저널리즘으로 독자들에게 인사이트를 제공한다.

포브스는 AI를 활용하여 포브스의 방대한 기사 아카이브를 활용하기 위한 여러 가지 혁신적인 도구를 개발했다. 가장 주목할 만한 도구는 2023년 10월에 공개된 애들레이드(Adelaide)이다. 사용자는 포브스 웹사이트를 통해 애들레이드에 액세스하여 다양한 주제에 걸쳐 풍부한 콘텐츠를 탐색할 수 있다.

독자는 웹사이트에서 애들레이드 버튼을 탭하고 "생성형 AI는 무엇입니까?"와 같은 질문을 할 수 있다. 애들레이드는 발행물의 뉴스 기사, 의견, 목록 라이브러리를 사용하여 생성형 AI에 대한 요약을 작성한 다음 사용자가 읽고 싶어할 수 있는 관련 기사를 표시한다(그림 50). 맞춤형 뉴스 외에도 비즈니스 리서치도 할 수 있다. 예를 들어, 보잉사의 시장 전략을 조사하는 항공 전문가라면 검색을 통해 보잉사의 비즈니스 접근 방식, 최근의 발전, 재무 성과 등의 다양한 분야의 엄선

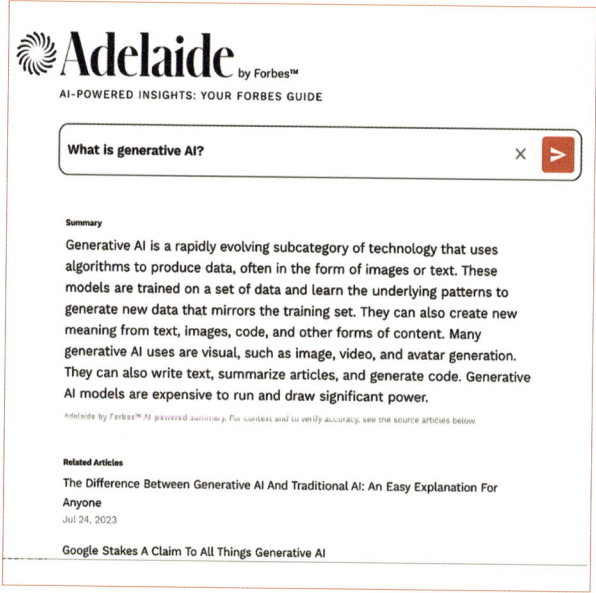

그림 50: 포브스 애들레이드 스크린 (출처: https://www.theverge.com/2023/10/26/23933799/forbes-generative-ai-search-adelaide)

된 기사 세트를 받아볼 수 있으며, 모두 요약 및 링크되어 심층적인 탐색이 가능하다.

애들레이드 사용자는 후속 질문을 통해 애들레이드와 대화를 계속할 수도 있다. 플랫폼은 이전 질문을 기억하고 다른 기사에 대한 더 많은 정보를 표시한다[80]. 그리고 사용자와의 상호 작용을 학습하도록 설계되어 시간이 지남에 따라 점점 더 정확하고 개인화된 검색 결과를 제공한다.

애들레이드를 런칭하기에 앞서 포브스는 2019년에 버티(Bertie)라는 도구도 개발했다. 버티는 기사 작성을 돕는 콘텐츠 관리 시스템(CMS)이다. 버티는 다양한 AI 및 기계 학습 기능을 사용하여 작성자의 글쓰기 과정을 지원한다[81]. 버티는 이전 결과물을 기반으로 기고자에게 기사 주제를 추천하고 기사 내용을 기반으로 헤드라인을 추천한다. 또한 기고자가 전체 기사를 처음부터 작성하지 않고 간단히 다듬을 수 있도록 대략적인 버전의 기사를 자동으로 생성해 주기도 한다.

버티를 이용해 "AI의 최신 동향"에 관한 기사를 작성해야 하는 임무를 맡았다고 해보자. 버티를 사용하는 워크플로우는 다음과 같다. 먼저, 기사 주제인 "AI의 최신 동향"을 버티에 입력한다. 버티는 현재 트렌드를 분석하고 다양한 소스에서 데이터를 가져와 통계, 전문가 의견, 주요 개발 사항 등 가장 관련성이 높은 최신 정보를 요약하여 제공한다. 이 때 버티는 작성자의 이전 작업을 기반으로 주제를 제안한다. 다음으로 버티는 SEO(검색 최적화) 및 독자의 기사 참여를 높이기 위해 최적화된 여러 가지 헤드라인("당신이 알아야 할 AI의 5대 혁신" 등) 옵션을 생성한다. 작성자는 여러 가지 헤드라인 중 하나를 선택하기만 하면 된다. 이제 버티는 기사의 개요를 제안한다. 여기에는 서론, 본론("AI 분야에서 상위 5가지 혁신에 대한 각 섹션"), 결론이 포함된다. 그런 다음 기사의 초안도 생성해준다. 이 초안을 시작점으로 작성자는 글을 다듬는다. 글을 작성하는 동안 버티는 문장 구조, 문법 및 가독성을 개선하기 위한 여러 가지 제안을 한다. 관련 이미지, 인포그래픽 등에 대한 제안, SEO 성과를 위한 키워드 배치, 메타 설명, 출처 링크 등을 포함한다. 최종 게시 전 버티는 마지막 검토를 수행하여 기사에 오류가 없는지 가독성과 독자 참여도를 위한 최적화에는 문제가 없는지를 확인한다. 이후 기사는 게시된다.

버티의 도움을 받게 되면 초안 작성에 소요되는 시간을 크게 줄일 수 있다. 그리고 글 전반에 걸쳐 일관된 스타일과 어조를 유지할 수 있다. 또한 검색최적화도 가능하다. 포브스는 이러한 AI 기반 기능을 통합함으로써 기사 작성자의 역량을 강화하고 보다 생산적으로 만든다.

버티 구현 이후 포브스는 월 방문자 수가 두 배로 증가하고 한 달 만에 고유 방문자 수가 6,500만 명에 달하는 등 트래픽이 눈에 띄게 증가했다.[82]

적용 사례 – 히든브레인연구소

히든브레인연구소는 챗GPT와 미드저니를 활용하여 100명의 작가와 한 권씩 책을 출간하는 프로젝트를 성공적으로 진행했다. 결과적으로 생성형 AI를 활용해 154권의 책을 출간했다.

2023년 7월, 1인 미디어 기업이자 출판사인 히든브레인연구소는 챗GPT와 미드저니를 이용하여 100명의 작가가 한 권씩 책을 출간하는 프로젝트를 진행했다(그림 51). 생성형 AI를 활용하여 누구나 쉽게 책을 출간할 수 있는 기회를 제공한다는 취지로 진행됐다. 이렇게 출

그림 51: 챗GPT와 미드저니를 활용하여 100명의 작가가 각자 한 권씩 책을 출간하는 프로젝트를 진행했다. (출처: https://kr.aving.net/news/articleView.html?idxno=1780553)

간된 책들은 다양한 분야의 주제를 다루며 독자들로부터 좋은 반응을 얻었다.

작가가 챗GPT에게 책의 주제와 방향성을 제시하면, 챗GPT는 텍스트를 생성하고, 작가들은 다시 챗GPT가 생성한 내용을 수정하고 보완하여 최종적으로 글을 완성했다. 작가들은 생성형 AI를 글쓰기 보조 도구로 활용했다. 책 내용뿐만 아니라 표지도 AI를 활용했다. 미드저니를 활용해 그림을 생성하고, 이를 바탕으로 책의 표지를 디자인했다. 이 프로젝트를 통해서 총 154권이 만들어졌다.

성과와 혁신

콘텐츠 생성 과정이 대폭 단축되고 다양화되었다. AI가 작가의 아이디어를 바탕으로 초안을 작성하거나 기존 작품을 분석하여 새로운 스토리라인을 제안함으로써 창작의 속도를 크게 개선시켰다. 이는 단기간에 다양한 장르의 콘텐츠를 시장에 내놓아야 하는 출판사에게 큰 이점으로 작용한다.

맞춤형 출판도 보편화되고 있다. 독자의 선호나 읽은 기록을 분석하여 개인화된 책을 제안하거나 심지어는 독자의 요청에 맞춰 새로운 책을 생성하는 시스템도 등장하기 시작했다. 독자와의 관계를 더욱 밀접하게 만들고 출판 산업에서의 경쟁력을 강화하는 요소로 생성형 AI가 쓰여지고 있다.

번역과 출판의 경계도 허물어진다. AI가 다양한 언어로 책을 자동 번역하고 문화적 차이를 고려하여 내용을 조정할 수 있게 되면서 한 국가에서 출판된 책이 전 세계로 빠르게 확산할 수 있게 되었다. 출판 콘텐츠의 글로벌 셀링 가능성이 높아진 것이다.

출판 과정의 자동화와 최적화도 빠르게 진행중이다. AI가 출판물의 편집, 교정, 디자인 작업을 보조하거나 전담하게 됨으로써 제작 프로세스는 더욱 빨라지고 효율적으로 변하고 있다. 이는 출판 비용의 절감으로 이어져, 출판사가 더 많은 리스크를 감수하고 다양한 책을 시도할 수 있는 여지를 만들었다.

생성형 AI는 출판 분야에 신선한 바람을 불어넣으며 창작자, 출판사, 독자 모두에게 새로운 기회와 도전을 제공한다. 생성형 AI의 진화에 따라 이러한 변화들은 더욱 가속화될 것이다.

12. 뷰티

- 고객 맞춤과 개인화는 기업의 경쟁력을 높이는 중요한 요소다. 모든 산업 분야에 적용되는 얘기지만 뷰티 업계에서의 개인화는 더욱 중요한 이슈다. AI와 증강현실의 급격한 발전은 뷰티 산업에 새로운 트렌드를 만들고 있다[83].

생성형 AI는 소셜 미디어, 온라인 리뷰, 검색 데이터 등을 분석해 뷰티 트렌드를 예측하고 새로운 제품을 개발에 중요한 정보를 제공한다. 그리고 고객의 피부 타입, 색상 선호도, 라이프스타일 등의 데이터를 분석하여 가장 적합한 화장품을 찾을 수 있게 도와준다.

AI 기반의 가상 메이크업 툴을 이용하게 되면 사용자가 다양한 메이크업 제품을 자신의 얼굴에 가상으로 적용해 보면서 온라인 쇼핑 경험을 해볼 수 있다. 이러한 시뮬레이션은 고객이 실제 제품을 구매하기 전 시각적으로 제품을 평가할 수 있도록 도와준다.

고객의 질문에 실시간으로 응답하고 맞춤형 제품 추천, 사용법 등을 안내하며 고객 경험을 향상시키는 것 역시도 AI 챗봇과 가상 상담사가 담당할 수 있다. AI는 뷰티 산업의 효율성과 창의성을 증진시키며, 고객의 경험을 개인화하고 제품 개발 및 마케팅 전략에 깊이 있는 인사이트를 제공한다.

AI와 증강현실의 결합을 통한 가상 체험

AI 알고리듬은 고객의 개인 정보를 바탕으로 맞춤형 제품을 추천할 수 있다. AI 기반 스킨케어 앱은 간단한 셀카 촬영을 통해 피부 상태를 분석하고 고객의 특정 니즈에 맞는 제품을 추천한다. 그리고 특정 색상의 립스틱이나 아이섀도가 고객의 얼굴에 어떻게 어울리는지 가상으로 보여줄 수 있다. 증강현실 기술은 고객이 선택한 제품이 실제로 고객에게 어떻게 적용되는지 사실적으로 보여준다. AI가 개인화 추천을 제공한다면, 증강현실은 구매 전 체험을 제공한다고 할 수 있다.

개인화 추천과 증강현실 두 가지를 결합하면 세세한 부분까지 개인화된 종합적인 뷰티 경험을 제공받을 수 있다. 세포라나 로레알과 같은 리딩 브랜드는 이미 이런 기술을 이용해서 고객 서비스를 제공하고 있다. 미래에는 훨씬 더 고도화된 뷰티 경험이 가능할 것이다.

적용 사례 - 모디페이스

모디페이스는 생성형 AI와 증강현실 기술을 활용하여 뷰티 산업에 특화된 솔루션을 제공하는 회사이다. 사용자는 가상으로 화장을 해보거나 다양한 헤어스타일을 시험해보는 체험이 가능하다. 모디페이스는 개인 맞춤형 뷰티 솔루션을 제공하여 사용자 경험을 향상시키고 있다.

캐나다 기업인 모디페이스(ModiFace)는 가상 및 증강현실 기술에 중점을 두고, 사용자의 얼굴 특징과 색상을 추적하여 가상 메이크업을 적용하는 기술을 갖고 있는 회사다. 30개 이상의 특허를 보유하고 있으며 약 70명의 엔지니어, 연구원, 과학자들로 구성되어 있다.

모디페이스의 기술은 가상체험(Virtual Try-On) 서비스에 활용되어 사용자가 몇 분 만에 수백 가지 다양한 룩을 시험해 볼 수 있도록 돕는다.[84] 사용자 얼굴을 스캔하고 분석하여 실시간으로 메이크업이나 피부 관리 제품을 가상으로 적용하는 방식으로 작동한다(그림 52). 이는 증강현실과 결합된 생성형 AI로 다양한 제품의 색상과 효과를 사용자의 얼굴에 자연스럽게 오버레이 하는 데 사용된다.

모디페이스의 메이크업 가상체험은 소비자가 메이크업을 구매하는 방식도 변화시켰다. 실시간 얼굴 분석 및 특징을 추적하여 입술 및 눈 가장자리, 홍채 크기 및 위치, 머리 모양, 점, 주름과 같은 피부 특징과 68개의 고유한 얼굴 파라미터를 정밀하게 측정한 다음 이를 바탕으

그림 52: 모디페이스는 증강현실과 결합된 생성형 AI 기술을 이용해, 사용자의 얼굴을 스캔하고 분석하여, 실시간으로 메이크업이나 피부 관리 제품을 가상으로 적용하는 가상체험을 제공한다. (출처: 세포라)

로 파운데이션 색상을 추천하거나 특정 립스틱 색상이 사용자의 얼굴에 어떻게 보일지를 직접 보여준다. 라이브 비디오 시뮬레이션 기능을 사용하면 브랜드의 정교한 메이크업 색상을 정확하게 재현할 수 있고, 사용자가 주변 조명에 맞게 움직이면서 더 사실적인 디지털 메이크업 경험도 할 수 있다.

글로벌 최대 뷰티 기업인 로레알은 뷰티 산업에서 머신러닝 기술의 역할이 커지자 2018년 3월 모디페이스를 인수했다. 뷰티 브랜드가 아닌 기술 기업을 인수한 첫 번째 사례였다. 모디페이스의 메이크업 가상체험 솔루션은 로레알뿐 아니라 자회사인 랑콤, 메이블린, 비오템, 헬레나 루빈스타인, 조르조 아르마니 등에도 사용된다. 또 세포라, 아마존, 타미힐피거 등 다른 유명 브랜드와도 협력하고 있다.

적용 사례 – 로레알

로레알은 화장품의 새로운 트렌드를 누구보다 먼저 발견하고 소비자의 요구에 맞춘 제품을 개발해 왔다. 로레알은 세계 많은 나라에서 모아온 대규모 데이터베이스를 이용해 생성형 AI 챗봇을 장착한 가상 메이크업 체험 도구인 로레알 뷰티 지니어스를 출시했다. 개인의 사진 정보를 활용해 피부 톤과 상태 등을 확인하고 적합한 화장품이나 화장 방법 등을 추천한다.

로레알(L'Oréal)은 세계 최고의 화장품 브랜드이다. 첨단 메이크업,

스킨케어, 헤어케어, 헤어 컬러 등의 제품을 전세계 150여 개국에서 판매하고 있다. 업계에서 리더 자리를 지키고 혁신적인 제품을 개발한다는 것은 소비자의 취향을 잘 읽고, 뷰티 트렌드를 앞서 나간다는 것을 의미한다. 2023년 상반기에만 연구 및 혁신에 약 6억 2,300만 유로를 썼다. 광고에도 6억 7,000만 유로를 지출하는 등 막대한 투자를 하고 있다.[85]

뷰티 산업에서 제품 아이디어를 얻고, 이를 제품으로 만들어 진열대에 올리기까지는 약 1년이 걸린다. 제품 개발 초기 단계에서부터 소비자의 요구와 기대를 정확히 파악하고 이해하는 것이 매우 중요하다. 로레알은 새로운 트렌드를 누구보다 빨리 발견하고 소비자 기대에 부합하는 제품 개발을 지속적으로 추구해 왔다. 로레알은 진정한 혁신의 선구자는 기업이나 제조업체가 아닌 사용자임을 인식했다. 특히 인플루언서, 유튜버, 블로거, 온라인 커뮤니티 등을 주목했다. 이곳에서 고객들끼리 주고받는 온라인 대화를 혁신 기회로 포착하고 새로운 트렌드 정보를 얻는 귀중한 채널로 인식했다.

로레알의 인텔리전스팀은 빠르게 변하는 트렌드를 파악하고 이러한 통찰력을 회사 전체로 전파하기 위해 노력하는 부서다. 이를 위해 피리에 위치한 로레알 기술 허브의 연구자들은 글로벌 리서치 기업 입소스(Ipsos)의 AI 기반 소비자 인텔리전스 플랫폼 신세시오(Synthesio)를 활용하여 2020년에 트렌드스포터(TrendSpotter)를 출시했다. 트렌드스포터는 페이스북, 유튜브와 같은 주요 소셜 미디어 사이트와 패션 블로그, 뷰티 포럼과 같은 업계별 소스를 포함해 3,500개 이상의 온라인 소스에서 데이터를 수집, 분석, 시각화한다[86]. 이 플랫폼은 스킨케어, 헤어케어, 메이크업 등 주요 뷰티 카테고리에서 6~18개월 기간 동안 뷰티 트렌드를 정확하게 감지하고 예측하는 역할을 한다(그림 53).

AI를 이용한 트렌드 분석은 총 3단계 프로세스에 의해 진행된다. 자연어 처리 알고리듬을 통한 감지, 머신러닝에 의한 예측, 지원 데이터와 맥락을 통한 추세 설명이다. 그런 다음 이를 주요 이해관계자와 공유한다. 하나씩 살펴보자. 먼저 자연어 처리 알고리듬을 사용해 뷰티 카테고리와 관련된 수백만 건의 온라인 대화를 분석한 후, 대화에서 드물게 등장하는 키워드인 '약한 신호'를 감지해 추출한다. 다음으로 새롭고 비정형적인 뷰티 용어가 감지되면 머신러닝 알고리듬이 해당 신호가 향후 어떻게 진화할지 예측한다. 중요한 것은 경쟁사들이

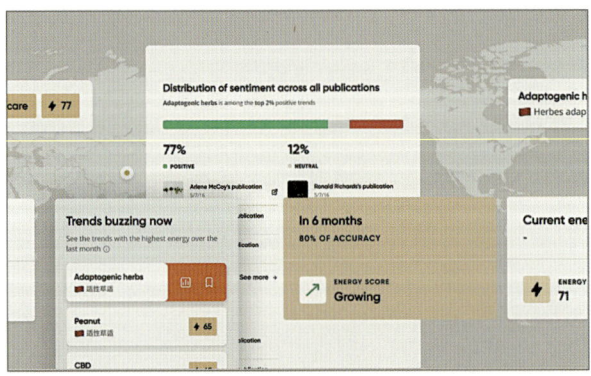

그림 53: 트렌드스포터는 스킨케어, 헤어케어, 메이크업 등 주요 뷰티 카테고리에서 6~18개월 기간 동안 뷰티 트렌드를 정확하게 감지하고 예측하는 역할을 한다. (출처: https://source.paris/projets/loreal-trendspotter/)

아직 눈치 채지 못한 추세를 파악하여 경쟁에서 우위를 점하는 것이다. 알고리듬은 총 멘션 수, 기여도 점수, 작성자 인용의 동시 발생 등의 변수를 기반으로 트렌드가 성장할 가능성이 있는지를 본다. 마지막으로 데이터 시각화로 트렌드를 설명하고 제품 개발 및 마케팅의 주요 이해관계자와 공유하면서 주요 텍스트, 멘션, 시각 자료, 기사, 소셜 작성자 등 결과를 뒷받침하는 컨텍스트 데이터를 준비한다.

트렌드스포터를 통해 AI가 감지한 패턴은 로레알 제품 개발과 마케팅 팀 전문가에게 넘겨져 의미있는 트렌드가 있는지를 평가받는다. 트렌드스포터 시스템은 지금까지 연구할 가치가 있다고 판단되는 700~800개의 트렌드를 제시했다. 전 세계 로레알 직원 88,000명 중 1,800명이 트렌드스포터의 통찰력을 활용한다. 로레알을 단순한 화장품 브랜드가 아닌 "뷰티 기술 회사"로 자리매김하게 되는 계기를 마련하고 있다.[87]

로레알은 CES 2024에서 생성형 AI가 뷰티 업계의 비즈니스 모델을 파괴적으로 혁신하고 있다고 발표했다. 그리고 2018년부터 37개국에서 모아온 데이터와 생성형 AI를 활용해 로레알 뷰티 지니어스(L'Oreal BeautyGenius)를 개발했다고 발표했다(매장용). 뷰티 지니어스는 생성형 AI 챗봇을 장착한 가상 메이크업 도구로서 사진 정보를 활용해 피부 톤과 상태 등을 확인하고 적합한 화장품이나 화장 방법 등을 추천한다. 10년 이상에 걸쳐 모은 6천 개 이상의 이미지와 1만 개가 넘는 제품, 고객과 로레알 뷰티 전문가들이 매장 내에서 나눈 대화를 기반으로 한다. 뷰티 지니어스는 개인에게 맞는 최고의 뷰티 루틴을 제공하며, 피부와 피부톤에 대한 맞춤형 진단을 해준다.

로레알은 모바일에서 구동되는 개인용 뷰티 지니어스 솔루션도 출시했다. 스마트폰을 이용해 사용자의 스킨, 헤어를 실시간으로 인식 및 분석을 하고, 사용자의 질문에 뷰티 어드바이저가 답변하는 형식이다. 이를 이용하면 사용자가 다른 사람들에게 말하기 꺼리는 개인적인 피부 상담도 가능하다[88]. 예를 들어, 개인 뷰티 지니어스 AI 챗봇에게 소비자가 "11시간의 비행 끝에 라스베이거스에 도착했는데, 시차로 인한 피로감이 있다. 어떻게 할까?"라고 물었을 때 "아이 세럼(eye serum)을 추천하는데, 사진 정보가 있으면 좋겠다"라고 대답하고, 사진 정보로 소비자의 피부 건조도를 파악하고 난 후에는 "자외선 차단제와 1.5% 히알루론산 화장품, 워터 크림 등을 사용하라"라고 제안한다.

성과와 혁신

생성형 AI가 기존의 가상현실 기술과 함께 뷰티 산업에 깊숙이 자리 잡으면서 이 분야는 기술 중심의 혁신으로 재편되고 있다.

AI의 진보는 개인 맞춤형 화장품 추천에서 시작하여 피부 분석, 가상 메이크업, 신제품 개발에 이르기까지 뷰티 산업의 모든 측면에 영향을 미친다. 이러한 변화로 고객 경험은 더욱 개인화되고 정교해진다. AI는 고객의 피부 상태, 선호도, 심지어 생활 습관까지 분석하여 최적의 화장품을 추천한다. 고객은 자신에게 잘 맞는 제품을 더욱 쉽게 찾으며 기업은 타깃 고객을 더 효과적으로 찾아내 매출을 증대한다.

가상 및 증강현실 기술은 고객이 제품을 체험하는 방식에도 변화를 가져온다. 소비자는 집에서도 메이크업 가상체험을 해볼 수 있다. 이는 온라인 쇼핑의 만족도를 높이고, 반품률을 감소시킨다. 이러한 기술은 오프라인 매장에서도 고객 경험을 개선하는 데 사용된다.

4부
해결해야 할 문제와 다가올 미래

13. 직면한 문제들

●
○

콘텐츠 저작권

생성형 AI 기술의 발전으로 저작권, 데이터 프라이버시, 콘텐츠 책임 소재 등에 대한 윤리적 및 법적 문제가 점점 더 중요해지고 있다. AI의 발전 속도가 워낙 빠르다 보니 법적 규정 사이와 간극이 생길 수 있으며 다양한 법적 (지적재산권, 특허권), 윤리적 (명예훼손) 논쟁이 지속되고 있다[89].

생성형 AI는 이미지, 텍스트, 음악 등을 생성할 수 있는 능력을 갖고 있어 실제 인물이나 저작권으로 보호되는 작품들과 충돌하는 상황이 발생할 수 있다. AI가 유명 인사의 이미지를 생성하여 광고에 사용할 경우 초상권이나 명예훼손 문제가 발생할 수 있다. 소설이나 음악을 생성할 때도 기존의 저작물과 유사한 콘텐츠가 생성된다면 저작권 문제가 제기될 수 있다. 특히 특정 작가의 책으로 AI가 훈련되어 의도치 않게 유사한 스타일의 소설을 생성했다면 창작적 표현을 무단으로 사용한 것이 된다.

생성형 AI가 디자인 프로세스에 통합될 때도 저작권과 디자인 소유권 등의 문제가 발생한다. AI가 만들어낸 디자인이 다른 디자이너의 작업에 기반한 경우, 그 결과물의 소유권이 누구의 것인지 명확하지 않아 법적인 분쟁으로 이어질 수 있다. 제품뿐만이 아니라 콘텐츠 창작물(게임, 애니메이션 등)에서도 기존의 캐릭터나 스토리라인을 학습하여 새로운 콘텐츠를 생성한다면, 이 역시도 원작자의 저작권 침해에 해당한다. 저작권 문제로 인한 소송 사례 몇 가지를 살펴보자.

- 게티 이미지(Getty Image)는 스태빌리티(Stability) AI가 자신들이 소유한 수백만 개의 이미지와 메타 데이터를 불법적으로 복사하고 처리했다고 주장하며 영국에서 소송을 제기했다. 스태빌리티의 AI 모델인 스테이블 디퓨전을 훈련시키기 위해 게티 이미지 중 저작권이 있는 1,200만 개 이미지를 적절한 라이선스 계약 없이 사용했다고 주장했다.
- MS와 오픈AI는 오픈소스 소프트웨어 저장소인 깃허브(GitHub) 데이터를 이용해 코딩 생성 AI 깃허브 코파일럿를 개발했는데, 깃허브 이용자들은 이를 두고 권리 침해를 주장하며 집단 소송을 제기했다.

- 조지 마르틴(George Martin)과 같은 저명한 작가들이 이끄는 미국 작가 조합(Authors Guild)이 오픈AI와 메타(페이스북)를 상대로 소송을 제기했다[90]. 불법으로 수집된 183,000권의 도서가 포함된 북스쓰리(Books3) 데이터베이스로 AI를 학습시켰다는 이유였다. 여기에는 소설, 비소설, 과학 서적, 기술 서적 등 다양한 장르의 도서가 포함되어 있다. 이 소송을 계기로 AI 훈련을 위해서 대규모 데이터를 긁어가는 데이터 스크래핑(Data Scraping)에 대한 우려가 제기되었다.
- 뉴욕타임스는 오픈AI가 챗GPT 학습에 자기네 콘텐츠를 고의로 무단 사용했다고 저작권 침해 소송을 제기했다. 피해 규모는 수십억 달러에 달한다고 주장했다.

AI를 이용해 생성된 콘텐츠의 권리와 AI 시스템을 훈련하기 위해 사용된 자료의 저작권 문제에 대한 법적 논쟁은 계속 진행될 것이다. 소송의 결과는 저작권법이 AI 기술과 그 결과물에 어떻게 적용되는지 보여주는 중요한 선례가 될 것이다.

생성형 AI 기술이 사회적, 법적으로 수용 가능한 방식으로 발전하고 활용되려면, 생성 콘텐츠에 대한 적절한 표시와 출처 제공을 통해 사용자가 AI가 생성한 콘텐츠임을 인지할 수 있도록 하는 것이 중요하다. 기술 개발자, 사용자, 법률 전문가가 협력하여 저작권, 개인정보 보호, 콘텐츠 책임 등에 관한 명확한 지침과 법적 프레임워크 마련이 필요하다.

편향성과 공정성

생성형 AI에서 편향성과 공정성의 문제는 사회 인식 문제와 깊이 연결되어 있다. AI는 자신이 훈련한 데이터를 기반으로 결과물을 내놓는데, 학습 데이터가 편향되어 있거나 오류를 포함한다면 AI 역시 잘못된 추천을 하거나 불공정한 결정을 내리게 된다. 이는 고객에게 손실을 초래할 수 있으며 기업의 신뢰를 하락시킬 수도 있다. 그래서 AI가 잘못된 결정을 내리거나 편향된 결과를 도출할 수 있음을 항상 염두에 두어야 한다.

성별이나 인종, 학력에 대한 편견이 AI 시스템 안에 스며들게 되면 특정 집단에 대한 부정적인 인식을 부각시키거나 부적절한 내용을 포함해 부정적인 스테레오 타입을 강화한다. 얼굴 인식 기술에서의 편향성은 한 예이다. 한 연구에 따르면, AI가 백인 남성 얼굴을 인식할 때는 높은 정확도를 보이지만, 흑인 여성 얼굴에 대해서는 그렇지 못한 경향이 있다고 한다. 이는 훈련 데이터의 다양성 부족이나 기존의 사회적 편견이 데이터에 반영되었기 때문이다.

자연어 처리 분야에서도 비슷한 문제가 나타난다. 일부 자연어 처리 시스템은 '의사'와 같은 직업 명칭을 남성과 강하게 연결지어 처리하고, '간호사'와 같은 명칭은 여성과 연결지어 처리하려는 경향을 보인다. 훈련 데이터에 내재된 성별 편향이 학습되었기 때문이다. 이미지 생성 분야에서도 편향성을 보여주며 'CEO'라는 단어에 대해서는 주로 남성 이미지를, '주방'이라는 단어에 대해서는 여성 이미지를 생성하는 사례가 있다. 이처럼 AI가 생성하는 콘텐츠는 사회적, 문화적 민감성을 반영하지 못할 때가 있다. 편향성 문제를 해결하기 위해서는 훈련 데이터를 다양화하고 모델 훈련 과정에서 편향을 감지하고 수정하는 알고리듬을 적극적으로 사용해야 한다. 또 사회적, 법적 규제와 정책의 도입, AI 개발자와 사용자의 편향에 대한 인식 전환 등이 필요하다.

생성형 AI 기술은 우리에게 많은 가치를 제공할 수 있다. 따라서 누구나 공평하게 혜택을 누릴 수 있어야 한다. 이를 위해서는 기술적, 경제적 장벽을 낮춰 여러 사용자, 커뮤니티가 생성형 AI를 통해 이익을 얻을 수 있도록 하는 것이 필요하다. AI 기술에 대한 접근성이 지역이나 경제적 상황에 따라 크게 달라진다면, 교육 격차나 공정성 문제가 발생할 수 있다. 이는 교육 평등을 해치고, 특정 집단의 학생들이 경쟁에서 뒤처지게 되는 원인이 된다. 이러한 문제를 해결하기 위해서는 교육계와 기술 개발자들이 긴밀히 협력하여 AI의 편향성을 최소화하고, 교육적 가치를 최대화하는 방안을 모색해야 한다.

구글의 텐서플로(TensorFlow)나 오픈AI의 GPT 같은 오픈 소스 소프트웨어는 개발자들이 무료로 접근할 수 있도록 만들어졌다. 그래서 누구나 최첨단 AI 기술을 사용하고 연구 개발할 수 있는 공평한 기회를 제공한다. 그리고 여러 대학과 연구 기관에서는 AI 교육 프로그램과 워크샵을 제공하여 학생들과 젊은 연구자들이 AI 기술을 배우고 이를 자신들의 연구와 프로젝트에 적용할 수 있도록 지원한다. 이러한 프로그램은 특히 저소득층이나 기술적 자원이 부족한 지역에서 큰 기회로 작용한다.

정부와 비영리 단체도 디지털 격차를 해소하는 노력을 해야 한다. 정부 주도의 디지털 교육 프로그램이나 기술 지원 사업은 개발도상국에게 AI 기술의 접근성을 높이는 중요한 역할을 한다.

생성형 AI의 개발과 배포 과정에서 접근성과 디지털 격차 문제를 해결하는 것은 공정하고 지속 가능한 기술 발전을 위해 필수적이다. 기술의 혜택을 공평하게 분배함으로써 더 많은 사람들이 이를 활용하고 창의적이고 혁신적인 방법으로 사회적, 경제적 문제를 해결할 수 있다.

품질과 창의성 저하

생성형 AI는 창의성이 뛰어나다고 할 수 있지만 기본적으로는 기존 데이터와 알고리듬에 의해 영향을 받는다. 따라서 시간이 지남에 따라 동질화된 콘텐츠의 생산으로 이어질 수 있으며, 결국 창의성과 혁신성의 감소를 낳을 수 있다.

생성형 AI가 폭발적 관심을 끄는 가운데, 가장 큰 우려 중 하나는 학생들이 과제나 프로젝트를 완성하기 위해 AI에 의존하면서 자신의 지식과 노력보다는 기술에 의존하는 경향이 짙어진다는 점이다. 이는 학습 과정에서의 진정성과 학문적 정직성을 저해하며 학생들의 비판적 사고와 문제 해결 능력 개발을 방해한다. AI가 만든 콘텐츠는 때때로 표면적인 면에서 인간의 작업과 구분하기 어려울 정도의 수준을 보여줄 때도 있다. 하지만 깊이 있는 분석이나 창의성 그리고 인간적인 감성을 완전히 반영하기는 어렵다.

산업별로 간단히 살펴보게 되면, 마케팅과 광고는 소비자의 관심을 끌고 감정을 자극하는 창의적인 아이디어에 크게 의존하는 분야이다. AI가 생성한 디자인은 주어진 데이터나 알고리듬에 기반하여 생성되기 때문에 인간만이 가지는 독창성이나 감성을 완벽하게 모방하기는 힘들다. 따라서 AI 디자인은 인간 디자이너의 역할을 대체하는 것이 아니라 보조하는 것임을 인식해야 한다. 생성형 AI가 대량의 콘텐츠를 신속하게 생성할 수는 있지만 인간의 창의적 감성을 완전히 대체한다고 봐서는 안 된다.

의료 분야에서도 생성형 AI를 사용해 환자의 의료 기록에서 중요한 정보를 요약하는 경우, 잘못된 정보를 포함하거나 중요한 정보를 누락시킬 수 있다. 이는 환자 건강에 직접적인 위험을 초래할 수 있다. 법률 분야에서도 생성형 AI가 문서 작성을 잘못하거나 부정확한 해석을 내린다면 법적 결과에 심각한 영향을 미칠 수 있다. 그리고 생성형 AI가 뉴스 기사를 잘못 작성하는 경우 사회적으로 중대한 영향을 미칠 수 있으며 공공의 신뢰를 손상시킬 수도 있다.

기술적 측면에서도 생성형 AI에 대한 의존도가 높아질수록 시스템의 취약성은 커진다. AI 시스템에 문제가 발생하거나 예측하지 못한 상황이 생기면 전체 제조 공정에 심각한 차질이 발생한다. 잘못된 생산 라인 최적화를 제안하거나, 공정 중에 필요한 유지보수를 예측하지 못한다면, 이는 생산성 저하나 제품 결함으로 이어질 수 있다.

개인정보 보호

생성형 AI는 많은 양의 데이터를 학습하고 분석하는 과정에서 고객의 개인 정보 유출 위험을 안고 있다. 고객의 구매 이력, 선호도, 심지어 개인적인 정보까지 악용된다면 신뢰 상실은 물론이고 법적 문제에도 휘말릴 수 있다.

의료 데이터는 매우 민감한 개인 정보를 포함한다. AI 시스템이 해킹당하거나 잘못된 손에 데이터가 넘어갈 경우 개인의 사생활 침해는 물론이고 법적인 문제가 대두 될 수 있다. 은행 같은 금융기관 역시 고객의 매우 민감한 개인 정보와 재정 정보를 다루기 때문에 최고 수준의 보안 조치가 필요하다. 법률 분야도 마찬가지다. 고객의 민감한 정보를 취급하기 때문에 보안 문제는 매우 중요하다. 설계나 소프트웨어 개발에 생성형 AI가 사용되면 해커들에게 악용되거나 원격으로 제어가 가능하게 될 수도 있다.

디지털 위조, 가짜 뉴스 생성, 사기, 개인의 명예 훼손 등은 사회적 혼란을 일으키며 경제적 손실을 초래한다. 최근 '딥페이크' 기술을 사용하여 실존하는 사람의 얼굴이나 목소리를 가짜 비디오나 오디오에 합성하여 마치 실제인 것처럼 보이게 해 문제가 되는 경우가 있다. 이러한 기술은 정치적 목적으로 오용되어 선거 과정에 영향을 미치거나, 연예인이나 일반인의 이미지를 훼손하는 데 사용된다. 특히 소셜 미디어를 통해 빠르게 퍼질 때 그 영향력은 엄청나다. 결과적으로 공공의 신뢰를 저하시키고, 잘못된 정보에 기반한 의사결정을 유도한다. 사기성 이메일이나 메시지도 개인 또는 기업으로부터 금전을 편취하는 등의 범죄로 활용된다. AI를 이용한 사기 메시지는 점점 더 교묘해지고 설득력도 높아 진위 판단이 어려울 정도다.

가짜 콘텐츠에 대응하기 위해 여러 전략이 모색되고 있다. 기술적으로는 생성형 AI 콘텐츠에 디지털 워터마크나 기타 추적 가능한 식별자를 삽입하여 실제와 AI 생성 콘텐츠를 구별할 수 있게 하는 방법이 있다. 정책적(법적) 조치로는 생성형 AI 사용의 명확한 규제와 가이드라인 마련이 필요하다. 위반 시 처벌할 수 있는 법적 기준 마련도 중요하다. AI 개발자와 연구자들 역시 윤리적 지침을 만들고 이를 준수하기 위해 노력해야 한다.

효율적 자원 관리와 지속 가능성

생성형 AI의 발전과 사용은 많은 긍정적인 변화를 가져왔다. 하지만 대규모 언어 모델의 훈련과 유지에는 막대한 에너지가 필요하다. 이로 인한 환경 피해 우려도 점점 더 현실이 되고 있다.

경제적으로도 AI 도입과 유지보수에 대한 부담이 크다. 고도로 발전된 AI 시스템을 설계, 구현, 유지하는 데는 상당한 초기 투자가 필요하다. 그리고 데이터 수집, 분석, 시스템 업데이트에도 계속적인 추가 비용이 발생한다. 결과적으로 제품과 서비스 비용 상승으로 이어져 시장 경쟁력에 부정적인 영향을 미친다.

AI 시스템, 특히 대규모 데이터 센터에서 운영되는 훈련 모델은 많은 양의 컴퓨팅 자원과 전력을 소모한다. 따라서 지속 가능한 생성형 AI가 되기 위해서는 에너지 효율을 최적화하고, 재생 가능 에너지를 사용할 필요가 있다.

구글의 AI 연구 부서인 딥마인드(DeepMind)가 개발한 알파고(AlphaGo)는 인간 고수들을 이기며 유명해졌다. 이러한 성과를 내기 위해서는 수백 개의 GPU를 사용해 수주 또는 수개월 동안 지속되는 훈련을 해야 한다. 이 과정에서 소모되는 전력량이 상당하다. 이는 대규모 데이터 센터를 운영하는 데 필요한 전력과 직접적으로 연결된다. 데이터 센터는 전 세계적으로 에너지 소비량이 많은 곳 중 하나이며, 이로 인한 탄소 배출은 기후 변화에 중요한 영향을 미칠 정도다.

GPT-3는 1,750억 개의 파라미터를 가진 매우 크고 복잡한 모델이다. 이 모델의 훈련에 엄청난 양의 컴퓨팅 자원이 필요했고, 이에 따른 환경적 영향도 상당했다. 오픈AI는 이러한 문제를 인식하고 더 효율적인 알고리즘 개발, 더 나은 하드웨어 사용, 재생 가능 에너지로의 전환 방안 등을 모색중이다.

또 다른 사례로, 구글은 자사의 데이터 센터와 클라우드 서비스에서 사용하는 에너지의 탄소 발자국을 줄이기 위해 재생 가능 에너지 사용을 크게 늘렸다. 구글은 자신들의 데이터 센터가 사용하는 전력과 동일한 양의 재생 가능 에너지를 구매하고, 이를 통해 탄소 중립성을 달성하겠다는 목표를 세우고 있다.

앞으로 이 분야에서의 지속 가능한 발전을 위해서는 기술 혁신과 함께 환경 책임에 대한 인식 또한 중요해질 것이다. 기업과 연구 기관들은 더 효율적인 알고리듬과 하드웨어를 개발하고, 재생 에너지를 사용하며, 탄소 발자국을 줄이기 위한 노력을 계속 해야 한다.

노동 시장의 변화

생성형 AI의 등장은 노동 시장에 큰 변화를 가져올 것으로 예상된다. 일부 직업의 소멸과 동시에 새로운 직업의 창출도 이뤄질 것이다. 세계경제포럼(WEF)의 〈The Future of Jobs Report 2023〉 보고서에 따르면 AI로 인해 2027년까지 약 8,300만 개의 일자리가 사라질 수 있지만 동시에 6,900만 개의 새로운 일자리가 창출될 것으로 예측했다[91].

AI가 제조 공정을 자동화하고 최적화함에 따라, 인간 노동자의 역할은 축소될 수밖에 없다. 아무래도 반복적이고 예측 가능한 작업을 수행하는 직종이 가장 큰 영향을 받을 것으로 보인다. 예를 들어, 콜센터 상담원은 AI 챗봇이 많은 부분을 대체할 것이다. 이미 많은 기업들이 고객 서비스에 AI를 도입하고 있으며, 이는 일부 상담원 일자리의 감소로 이어지고 있다. 또한 데이터 입력이나 기본적인 문서 작성과 같은 사무직 업무도 AI에 의해 자동화될 가능성이 높다.

기술의 유입은 근로자의 직업 안정성에 영향을 줄 수 있다. AI가 콘텐츠 제작을 자동화함에 따라 그래픽 디자이너, 작가, 음악가, 편집자 등의 전통적인 창작자 역할도 축소된다. 이는 창작 분야에서 인간의 일자리 감소를 초래하며 창작자의 역할을 재평가하는 요인이 된다.

AI로 인해 인간의 역할이 축소 혹은 대체되는 현상은 직원들 사이에 불안을 조성하고 장기적으로는 기술 업그레이드에 대한 저항을 유발한다. 특히 기술적 스킬이 덜 필요한 업무나 반복적인 작업에 종사하는 사람들에게 큰 영향을 줄 수 있다.

반면, 생성형 AI의 발전은 새로운 직업을 창출할 것이다. 새로운 기술의 도입은 항상 새로운 직업을 창출한다. 생성형 AI도 예외는 아니다. 예를 들어 AI 프롬프트 엔지니어라는 직업이 부상하고 있다. 이들은 AI 시스템에 최적의 입력을 제공하여 원하는 결과를 얻어내는 전문가다. 그리고 광고 회사에서는 AI를 활용해 창의적인 캠페인을 만들거나, 법률 회사에서는 AI를 이용해 법률 문서를 작성하는 전문 인력이 나타날지도 모른다.

AI 윤리 전문가도 중요한 직업군이 될 것이다. 이들은 AI 시스템이 윤리적 기준을 준수하고 편향성을 최소화하도록 감독의 역할을 한다. 금융 기관에서 AI를 사용해 대출 심사를 할 때, AI 윤리 전문가는 시스템이 공정하게 작동하는지 확인한다. AI-인간 협업 전문가라는 직업도 생겨날 수 있다. 이들은 AI 시스템과 인간 직원 사이의 원활한 협업을 촉진하는 역할을 한다. 의료 분야에서 AI가 진단을 보조할 때, 이들은 의사들이 AI 시스템을 효과적으로 활용할 수 있도록 돕는 일을 한다. AI 콘텐츠 큐레이터도 새로운 직업이 될 수 있다. AI가 생성한 대량의 콘텐츠 중 품질이 높고 목적에 부합하는 것을 선별하는 역할을 한다. 출판사에서 AI가 생성한 수많은 이야기 중 출판할 만한 가치가 있는 작품을 선별하는 일을 할 수도 있다.

이러한 새로운 직업들은 AI 기술과 인간의 창의성, 판단력, 윤리의식을 결합하는 역할을 하게 될 것이다. 이는 AI가 인간의 능력을 대체하는 것이 아니라 보완하고 확장하는 방향으로 발전할 것임을 시사한다.

긴 안목에서 보면, 생성형 AI의 등장은 노동 시장에 양면적인 영향을 미칠 것이다. 일부 직업은 사라지겠지만 새로운 기회도 함께 열린다고 볼 수 있다. 중요한 것은 이러한 변화에 적응하고 새로운 기술을 습득하는 것이다. 개인과 사회는 이러한 변화에 대비하여 지속적인 학습을 할 수 있어야 한다.

14. 생성형 AI 활용 가이드라인

생성형 AI 도구에 익숙해진다

평생 직업을 준비하던 시대는 지났다. 학교에서는 물론이고 회사 생활을 하면서도 끊임없이 기술과 지식을 업데이트해야 하는 시대다. 요즘 같은 때는 다양한 생성형 AI 도구와 기술을 사용해 보고 각각의 특징과 장점, 한계 등을 미리 파악해 두는 것이 필요하다. 사전에 충분히 이해하고 실험해보는 것은 사용자가 미래에 직면할 문제를 효과직으로 해결할 수 있는 기반을 마련한다. 점점 새로운 생성형 AI가 계속해서 나오는 만큼, 적어도 몇 개의 기능과 특징 등을 알아두는 것이 필요하다. 특징을 미리 이해하게 되면 필요한 상황에서 가장 적합한 도구를 선택할 수 있다. 미리 해보는 경험이나 연습만큼 중요한 것은 없다.

생성형 AI 기술의 빠른 발전을 고려할 때, 기업의 경쟁력을 위해서는 최신 동향과 기술 업데이트에 주의를 기울이고 시스템을 주기적으로 업데이트하는 것이 중요하다. 자동차 제조업체가 자율주행 차량의 개발에 생성형 AI 기술을 활용하는 경우를 생각해 보자. 이 회사는 자율주행 기술의 최신 연구와 개발 동향을 지속적으로 조사한다. 이를 위해 업계 컨퍼런스에 참석하고 최신 학술 논문을 리뷰하며 다른 기업과의 협력 가능성을 모색한다. 이 과정에서 새로운 센서 기술, 알고리듬 개선, 데이터 처리 방법 등의 정보를 수집하여 자사의 기술 개발 방향에 반영한다. 기술 개발 팀은 정기적으로 기술 업데이트를 수행하고 AI 모델의 학습 데이터를 업데이트하고 시스템 성능을 개선하기 위한 새로운 기법을 연구한다. 이러한 활동은 빠른 속도로 발전하는 생성형 AI 환경에서 회사가 선도적인 위치를 유지할 수 있게 돕고 신기술을 신속하게 채택하여 제품과 서비스의 품질을 향상시킨다.

인간과 AI 간의 협업도 매우 중요하다. 뉴스 기사 작성을 돕기 위해 생성형 AI를 도입하는 프로젝트를 언론사가 진행한다고 생각해보자. 이 경우 기자와 AI가 함께 협력하여 효율적이고 신속한 뉴스 콘텐츠 생산을 목표로 할 수 있다.

- **역할 분담 설정**: 프로젝트 초기에 기자와 AI의 역할을 명확히 분담한다. AI는 대량의 데이터를 분석하여 트렌드, 통계, 이전 보도 내용 등을 빠르게 집계하고 요약하는 역할을 맡고 기자는 AI가 제공한 정보를 바탕으로 스토리를 구성하고, 기사의 문맥과 톤을 조정

하며, 정확성과 윤리적 측면을 검토하는 데 중점을 둔다.
- **협업 툴과 인터페이스 개발:** AI와 기자 간의 원활한 정보 교환과 상호작용을 위해 특별한 협업 툴과 사용자 인터페이스를 개발한다. 이러한 툴은 AI가 분석한 데이터를 기자가 쉽게 이해하고 활용할 수 있도록 한다.
- **지속적인 피드백과 개선:** 기자들로부터 AI 성능에 대한 피드백을 지속적으로 수집한다. 이 피드백은 AI 모델의 정확성을 향상시키고, 인간 사용자의 요구를 더 잘 충족시키는 방향으로 시스템 개선에 사용된다. AI가 너무 많은 기술적 문제가 있다면, 더 대중적이고 이해하기 쉬운 표현을 사용하도록 학습 데이터를 조정할 수 있다.
- **정기적인 교육과 워크숍:** 기자들에게 AI 툴의 활용 방법을 교육하고, AI의 능력과 한계를 이해할 수 있도록 정기적인 교육과 워크숍을 실시한다. 이는 기자와 AI 간 협업을 더욱 효율적으로 만들고, 기사의 질을 극대화하는 데 도움을 준다.

이러한 협업 접근 방식은 생성형 AI 솔루션의 효과를 극대화하고 인간의 창의성과 AI의 처리 능력을 결합하여 보다 혁신적이고 효율적인 결과를 도출하도록 한다.

구성원의 역할과 책임을 명확히 한다

고객 서비스 애플리케이션을 개발한다고 가정해보자. CEO는 고객 만족도를 어떻게 향상시키고 비용 절감 효과를 어떻게 가져올지에 대한 명확한 비전을 제시할 수 있어야 한다. 또한 회사의 전략과 어떻게 부합하는지, 이를 통해 회사가 어떤 경쟁 우위를 확보할 수 있는지 큰 그림을 그려야 한다. 그리고 예산을 할당하고 주요 자원을 배분하며, 프로젝트가 성공적으로 진행될 수 있도록 전반적인 지원을 아끼지 말아야 한다. 프로젝트의 주요 목표와 핵심성과지표(KPI, Key Performance Indicator)를 확정하고, 이를 기반으로 프로젝트 진행 상황을 지속적으로 모니터링하고 조정하는 것도 CEO의 역할이다. 한마디로 CEO는 전체 전략과 비전을 주도하는 역할이다. AI의 핵심적인 기술은 CEO의 리더십 아래에서만 이뤄질 수 있다. CEO는 AI를 통해 어떤 비즈니스 문제를 해결하고자 하는지, 이로 인해 얻을 수 있는 이익이 무엇인지를 명확히 할 수 있어야 한다.

CTO는 기술적 리더십을 발휘하여 CEO의 비전을 기술적으로 실현하는 역할을 맡는다. AI 기술의 잠재력을 평가하고 이를 도입하기 위한 구체적인 전략을 세운다. 고객 서비스 애플리케이션을 개발하기 위해서는 어떤 AI 모델이 적합한지, 필요한 데이터는 무엇인지 그리고 기술 인프라가 어떻게 구성되어야 하는지 등을 결정한다. CTO는 기술팀을 이끌고 프로젝트를 실제로 구현하고 기술적 장애물을 해결하며 최종 제품이 안정적이고 효율적으로 작동하도록 보장한다.

CEO와 CTO는 서로 긴밀히 협력해야 한다. CEO는 CTO에게 필요한 자원과 지원을 제공하며 프로젝트의 진척 상황을 지속적으로 모니터링 한다. 그리고 CTO는 CEO에게 정기적으로 기술적 진척 상황과 발생 가능한 리스크를 보고한다. AI 모델의 학습 과정에서 데이터 품질 문제가 발생하면 CEO에게 이 문제의 심각성을 설명하고 해결을 위한 추가 자원 배분이나 전략 수정의 필요성을 논의한다. 성공적인 AI 애플리케이션 개발은 통찰력과 중장기 선견력을 가진 CEO의 전략적 비전과 강력한 지원 그리고 경험이 풍부하고 유능한 CTO의 기술적 리더십이 조화를 이룰 때 가능하다.

사업부서는 시장 조사와 고객 요구 사항 분석을 통해 프로젝트의 구체적인 요구 사항을 정의하는 역할을 맡는다. 고객 인터뷰와 설문조사를 통해 사용자들이 필요로 하는 기능과 그에 따른 애플리케이션의 특징을 도출할 수 있어야 한다. 그리고 시장에서의 경쟁 우위를 확보할 수 있는 기능과 차별점을 제안할 수 있어야 한다. 이는 애플리케이션의 비즈니스 가치를 극대화하기 위해 전략적 방향을 설정하고, 고객의 요구 사항을 반영한 AI 도입 이유와 목표를 명확히 하는 것이다.

목표 설정은 사업부서가 시장 동향을 파악하고 고객의 요구 사항을 분석하며 경쟁사와의 차별화 포인트를 찾는 데서 시작된다. 사업부서는 이를 바탕으로 구체적인 개발 범위를 결정하고 예상되는 투자수익율(ROI, Return on Investment)를 평가한다. 이후 마케팅 전략을 수립하고 실행하여 애플리케이션의 출시와 홍보 활동을 담당하며 초기 사용자 반응을 수집하여 향후 개선 사항을 개발부서에 피드백하는 일도

놓치지 말아야 한다. 최종적으로는 구축된 애플리케이션이 실제 비즈니스 환경에서 효과적으로 작동하는지를 평가하고 실제 사용자로부터 피드백을 수집한다. 이 과정에서 사업부서는 애플리케이션이 설정된 목표를 달성하고 있는지, 사용자 만족도가 높은지를 중점적으로 점검한다.

개발부서는 사업부서에서 정의한 요구 사항을 기반으로 실제 애플리케이션을 설계하고 구현하는 부서로 기술적인 측면에서 프로젝트를 이끌어야 한다. 데이터 전처리, API 개발 및 시스템 아키텍처 설계를 책임지며 기술적 구현 가능성을 평가하고, 적절한 기술 스택을 선택하여 애플리케이션을 개발한다. 챗GPT를 활용하기로 결정했다면 해당 모델의 API를 통해 애플리케이션과 연동하는 방안을 마련한다. 이 과정에서 개발부서는 데이터 보안, API 호출 횟수 제한, 응답 시간 최적화 등 기술적 고려사항을 신중하게 다룬다. 또한, AI 모델의 성능을 지속적으로 모니터링하고 필요시 모델을 튜닝하여 최적의 결과를 도출하도록 한다. 데이터 보안과 개인정보 보호를 고려한 안전한 시스템의 구축도 빼놓을 수 없는 중요 사항이다. 애플리케이션의 품질을 보장하고, 유지보수와 업데이트를 통해 제품의 지속적인 개선을 담당하는 부서로서 프로젝트 관리 도구를 활용하여 개발 일정을 관리하고 각 팀원의 역할과 책임을 명확히 하여 효율적인 작업 흐름이 될 수 있도록 한다.

개발부서와 사업부서는 각각 기술적 실행과 비즈니스 전략이라는 상호 보완적인 역할을 수행한다. 그렇기 때문에 긴밀한 협력과 소통은 성공적인 AI 기반 애플리케이션 구축의 핵심 사항이다. 사업부서가 AI가 생성한 콘텐츠의 품질에 대한 피드백을 제공하면 개발부서는 이를 반영하여 모델의 학습 데이터를 조정하거나 모델의 파라미터를 튜닝한다. 개발부서는 사업부서가 AI 모델의 한계와 가능성을 정확히 이해하도록 교육 제공도 게을리 하지 말아야 한다. 사업부서는 비즈니스적 통찰력을 제공하고 개발부서는 이를 기술적으로 실현하며 양 부서가 상호 보완적으로 협력해야 프로젝트는 성공할 수 있다.

문제를 정확하게 정의한다

문제 인식은 모든 프로젝트의 첫걸음이다. 생성형 AI를 활용하여 해결하고자 하는 문제를 명확히 식별하는 것은 프로젝트의 첫 단계이다.

문제를 명확하고 자세하게 정의하는 것은 모든 사업의 출발이라 할 수 있다. 깊이 있는 고민과 토론을 필요로 하며 조직의 구성원들은 현재 상태를 벗어나 변화를 받아들이고 실험하는 개방적이고 혁신적인 문화를 지녀야 한다. 다음과 같은 질문을 끊임없이 하며 토론할 필요가 있다.

- "어떻게 하면 고객에게 자산관리 프로파일을 빠른 시간 내에 정리해 제공할 수 있을까?"
- "어떻게 하면 의사가 임상 문서 작성 시간을 줄여 환자와의 상담

시간을 늘릴 수 있을까?"
- "어떻게 하면 출판사가 책에 포함될 그림들을 신속하고 매력적으로 생성할 수 있을까?"

생성형 AI를 활용해서 문제를 해결하고자 할 때 기술 적용 가능성을 면밀히 검토하는 것은 필수다. 그리고 구체적인 사용 사례를 생각하며 해당 기술이 어떻게 도움이 될 수 있는지 상세히 분석해야 한다.

만약, 고객 서비스를 개선하고자 하는 경우 AI가 자주 묻는 질문에 대한 자동 응답이 가능한지, 그럴 경우 고객 만족도는 어떨지, 생성형 AI 기술로 해결 가능한지 판단하는 것은 매우 중요하다. 기존 데이터, 기술 인프라 그리고 조직의 기술 수용 능력도 함께 고려해야 하며 AI를 학습시키기 위한 충분한 데이터가 확보되어 있는지 이 데이터가 AI 모델 훈련에 적합한지도 확인해야 한다. 구현하고자 하는 기술이 기존 시스템과 호환되는지, 필요한 경우 기술 업그레이드가 가능한지도 고려해야 한다. 기술 도입 후에는 지속적인 모니터링과 평가를 통해 예상하는 대로 잘 작동하는지 확인하고, 필요한 경우 모델을 조정하여 최적의 결과를 도출할 수 있도록 하는 메커니즘도 설정해야 한다.

이를 위해서는 기업에서 생성형 AI 기술을 활용하는 프로젝트에 명확한 목표와 함께 성과지표(KPI)가 설정될 필요가 있다. 예를 들어, 서비스 챗봇을 개발하는 프로젝트를 진행한다면, 프로젝트의 목표는 "고객 응답 시간을 줄이고, 고객 만족도를 향상시키는 것"이 되고, 이 목표를 달성하기 위해 KPI는 다음과 같이 설정할 수 있다.

- **응답 시간:** AI 챗봇이 고객의 질문에 대해 평균적으로 응답하는 시간을 측정한다. 목표는 평균 응답 시간을 기존 대비 50%를 줄이는 것이다.
- **고객 만족도:** 고객 서비스 후 만족도 조사를 통해 수집된 데이터를 바탕으로 고객 만족도를 측정한다. 목표는 만족도 점수를 기존 대비 20% 향상시키는 것이다.
- **자동 처리율:** 챗봇이 인간의 개입 없이 자동으로 처리하는 문의의 비율을 측정한다. 목표는 자동 처리율을 70%까지 높이는 것이다.

프로젝트가 진행되면서는 KPI를 주기적으로 모니터링하며 목표하는 숫자에 도달하고 있는지를 확인해야 한다. 만약 목표에 미치지 못하는 부분이 있다면 AI 모델의 학습 데이터를 보완하거나 대화 스크립트를 수정하는 등의 조정을 통해 성능 개선 여부를 파악해야 한다. 이렇게 KPI를 설정하고 관리하는 것은 프로젝트의 성공을 객관적으로 평가하고 필요한 조치를 시기적절하게 취할 수 있는 기반을 마련해 준다.

환각 문제를 해결한다

챗GPT 같은 대규모 언어 모델은 한 단어 다음에 올 확률이 높은 단어를 제시하는 방식으로 그럴듯한 답변을 내놓는다. 환각(Hallucination)과 창발성(Emergent Ability)에 의해 생기는 현상이다.

'환각'은 생성형 AI가 훈련 데이터에서 얻을 수 없는 정보를 생성하거나 잘못된 정보를 태연하게 사실인 것처럼 생성해 내는 것을 말한다. 마치 사실이 아닌 걸 사실처럼 제시하거나, 존재하지 않는 사건이나 인물에 대해 마치 있는 것처럼 얘기하는 것을 말한다. 반면 '창발성'은 생성형 AI가 훈련 과정에서 명시적으로 가르치지 않았음에도 불구하고 복잡한 데이터 패턴을 내부적으로 이해하고, 이해를 바탕으로 새로운 상황에 적응하거나 반응하는 능력을 말한다. 이 두 용어는 AI의 작동 방식과 한계를 이해하는 데 매우 중요하다.

금융, 법률 등에서 '환각'은 해로운 손님이다. 최근 금융, 법률 등에서 사용하는 생성형 AI 서비스들은 사람이 출처를 확인하는 방법 외에 다른 방법으로도 환각 문제를 해결하고 있다. 바로 검색증강생성(RAG, Retrieval Augmented Generation) 기술이다. 쉽게 말해 외부에서 가져온 정확한 사실을 이용해 생성형 AI 모델의 정확도와 신뢰도를 향상시키는 기술이다. 일반적으로 대규모 언어 모델(LLM, Large Language Model)은 오프라인에서 광범위한 말뭉치로 학습되는데, 학습 이후에는 새로운 정보로 업데이트되지 않아 특정 분야 지식이 필요한 작업에서는 효과가 떨어진다. RAG는 이러한 한계를 극복하기 위한 프레임워크로 관련 정보를 찾아내는 검색 모델과 이를 바탕으로 응답을 생성하는 AI 모델을 결합함으로써 정확하고 신뢰할 수 있는 답변을 제공한다.

사용자가 생성형 AI 기반 시스템에게 "레오나르도 다 빈치가 그린 가장 유명한 그림은 무엇인가요?"라는 질문을 했다고 가정해보자. RAG 시스템은 먼저 이 질문과 관련된 정보를 찾기 위해 거대한 문서 데이터베이스를 검색한다. "레오나르도 다 빈치", "유명한 그림" 등의 키워드를 사용하여 검색을 수행하고 다양한 문서에서 "모나리자", "최후의 만찬" 등 다 빈치의 작품에 대한 언급을 찾는다. 그런 다음 챗 GPT와 같은 생성형 AI 모델에 검색된 문서에서 얻은 정보의 내용을 입력한다. 생성 모델은 이 정보를 종합하여 "레오나르도 다 빈치가 그린 가장 유명한 그림은 '모나리자'이다."라는 답변을 생성한다. 최종적으로 사용자에게 이 답변을 제공한다.

이런 방식의 프레임워크는 기존 데이터셋의 제한을 넘어서는 지식을 활용하여 특정 분야에 대한 맞춤형 응답을 가능하게 한다. 뉴스, 금융, 의학, 법률 등 정보가 지속적으로 업데이트되어야 하는 분야에서 특히 유용하다. 법률이나 규제 정보로 별도 데이터베이스를 만든 뒤, AI 모델이 그 데이터베이스에서만 검색하도록 하는 것이다. 이를테면, AI에게 거대한 참고서를 쥐여주며 "이걸 바탕으로 답변하라.'라고 말하는 것과 같다.

RAG가 주목받는 또 다른 이유는 저렴한 비용 때문이다. LLM을 재학습시키려면 파라미터 수에 따라 천문학적 비용이 들지만, RAG는 모델을 다시 학습시킬 필요 없이 AI가 정확한 답변을 하도록 유도하는 프롬프트 엔지니어링 기술만으로도 가능하다. RAG는 AI와 자연어 처리 분야에서 중요한 발전을 보이며 다양한 응용 분야에서 그 가치를 발휘할 것으로 보인다. 이 프레임워크는 검색과 생성 모델의 장점을 결합하여 전문 분야에서 최신의 정보를 제공하며 LLM의 한계를 극복하는 응답을 제공한다.

15. 미래 전망

LLM의 진화는 현재 진행형

대규모 언어 모델(LLM, Large Language Models)의 개념은 2010년대, 특히 챗GPT 및 BERT(Bidirectional Encoder Representations from Transformers) 같은 모델이 도입되면서 크게 주목받기 시작했다. LLM은 자연어를 처리하고 이해하는 것을 목적으로 설계되었다. 방대한 양의 텍스트 데이터로 훈련되어 다양한 질문과 프롬프트에 대해 일관된 응답을 생성할 수 있다. 인간과 유사한 텍스트를 이해하고 생성한다는 점에서 혁신적이다.

오픈AI가 개발한 챗GPT의 첫 번째 버전은 2018년 6월에 출시되었다. 그 이후로 몇 차례의 반복과 개선이 이루어졌으며 2023년 챗

GPT-4, 2024년 5월 텍스트뿐만 아니라 이미지 및 오디오를 처리하고 생성할 수 있는 멀티모달 기능을 통합한 챗GPT-4o까지 출시되었다. 향후 LLM의 발전은 다양한 측면에서 진화할 것으로 예상된다.

모델의 규모와 복잡성은 계속해서 증가할 것이다. 이는 더 많은 데이터를 처리하고 더 정교한 언어 이해와 생성 능력을 갖추게 된다는 것을 의미한다. 동시에 효율성 향상에도 큰 관심이 모아질 것이다. 현재의 LLM은 막대한 컴퓨팅 자원을 필요로 하지만 앞으로는 더 적은 자원으로도 유사하거나 더 나은 성능을 달성하는 방향으로 연구가 진행될 것이다. 멀티모달 능력의 향상도 중요한 발전 방향이다. 현재 LLM은 주로 텍스트 입력 기반이지만 앞으로는 이미지, 음성, 비디오 등을 입력받을 수 있으며 생성도 가능해질 것이다. 이는 LLM의 응용 범위를 크게 확장시킨다.

LLM의 윤리적, 안전적 측면에 대한 연구도 더욱 활발해질 예정이다. 편향성 감소, 허위 정보 생성 방지, 개인정보 보호 등의 문제를 해결하기 위한 노력은 LLM의 응답을 더 투명하게 한다. 현재의 LLM은 학습 후 고정된 지식을 가지고 있지만, 앞으로는 새로운 정보를 실시간으로 학습하고 기존 지식을 업데이트할 수 있는 능력을 갖추게 될 것이다. 그리고 특정 도메인에 특화된 LLM의 개발도 증가할 것이고 의료, 법률, 금융 등 전문적인 영역에서 더욱 정확하고 신뢰할 수 있는 정보를 제공하는 특화된 모델도 등장할 것이다.

하드웨어 측면에서의 LLM의 향후 발전 방향은 성능 향상과 효율성 증대에 초점을 맞출 것으로 예상된다. 현재 LLM 훈련과 추론에 주로 사용되는 GPU는 지속적으로 발전하여 더 높은 연산 능력과 메모리 대역폭을 제공할 것이다. 동시에 AI 전용 칩인 TPU(Tensor Processing Unit)나 NPU(Neural Processing Unit)의 발전도 가속화될 것이다. 특히 주목할 점은 인간 두뇌의 신경망 구조를 모방한 하드웨어 구조로 더 효율적인 AI 처리를 가능하게 하는 뉴로모르픽(Neuromorphic) 컴퓨팅이다. IBM의 투루노스(TrueNorth) 칩이나 인텔(Intel)의 로이하이(Loihi) 칩이 이러한 접근방식을 채택하고 있다.

양자 컴퓨팅 기술의 발전도 LLM에 큰 영향을 미칠 수 있다. 양자 컴퓨터는 특정 유형의 복잡한 계산을 기존 컴퓨터보다 훨씬 빠르게 수행할 수 있어 LLM의 훈련 속도를 대폭적으로 높일 잠재력을 갖고 있다. 메모리 기술의 발전도 중요한 역할을 한다. 고대역폭 메모리(HBM, High Bandwidth Memory) 기술은 높은 데이터 전송 속도를 제공하여 모델 학습과 추론 시 대량의 데이터를 빠르게 처리할 수 있다. 이를 통해 메모리 대역폭 병목 현상을 줄이고, 더 큰 모델이나 더 많은 파라미터를 효율적으로 사용하여 결과적으로 모델의 처리 속도와 정확도를 향상시킨다. 또한 엣지 컴퓨팅(Edge Computing)을 위한 저전력, 고성능 칩의 개발도 활발해질 것이다.

엣지 컴퓨팅은 데이터 처리 시간을 줄이고 대역폭 사용을 최적화하기 위해, 중앙 데이터 센터가 아닌 데이터가 발생하는 곳과 가까운 네트워크의 가장자리에서 이루어지도록 데이터 처리를 하는 컴퓨팅 개념이다. 엣지 컴퓨팅 환경에서는 데이터 처리와 분석을 클라우드가 아닌 로컬 장치에서 직접 수행할 수 있는데, sLLM(준대형 언어 모델)은 이런 환경에 적합하다(sLLM에 대해서는 이어지는 글에서 자세히 다룬다).

3D 적층 기술이나 광학 컴퓨팅과 같은 혁신적인 기술도 LLM 하드웨어의 미래에 중요한 역할을 하게 될 것이다. 3D 적층 기술의 경우, 삼성전자나 SK하이닉스 같은 기업들이 이미 메모리 칩 생산에 이 기술을 적용하고 있다. 이를 LLM에 적용하게 되면 현재 2D 평면에 배치된 GPU의 코어들을 수직으로 쌓아올릴 수 있으며, 각 층 사이의 연결을 최적화하여 데이터 전송 속도는 높이고 전력 소비는 줄일 수 있게 된다. 결과적으로 LLM의 훈련 시간을 크게 단축시키고 추론 속도를 높일 수 있다.

광학 컴퓨팅의 경우, 빛을 이용해 계산을 수행함으로써 전자 기반 컴퓨팅의 한계를 극복할 수 있다. 예를 들어, 라이트매터(Lightmatter)라는 스타트업은 광학 AI 가속기를 개발 중이다[92]. 이런 기술이 LLM에 적용된다면 행렬 곱셈 같은 AI의 핵심 연산을 빛의 속도로 처리할 수 있을 뿐만 아니라 전력 소비도 크게 줄일 수 있다. 이렇게 되면 현재의 LLM 하드웨어에 비해 훨씬 더 높은 집적도, 처리 속도, 에너지 효율성을 얻을 수 있게 된다. 그러면 현재 GPT-4 규모의 모델을 훨씬 더 작은 하드웨어에서도 실시간으로 실행을 할 수 있게 된다. 반대로는 현재 하드웨어 규모로 훨씬 더 큰 모델의 훈련이 가능하다는 것을 의미한다.

준대형 언어 모델(sLLM)의 등장

챗GPT가 한창 위세를 떨치자 여러 기업에서 데이터 유출 및 보안에 대한 우려를 제기하기 시작했다. 생성형 AI에 입력된 내용은 외부 서버에 전송되어 AI 학습에 활용되므로 한번 업로드된 내용은 회수와 삭제가 불가능하다. 따라서 기업의 중요 정보가 타인의 질문에 대한 답변으로 활용될 수 있는 등 심각한 보안 위험을 안고 있다. 이러한 경고에 따라 많은 회사가 자사 소유의 PC, 태블릿, 휴대폰 및 내부 네트워크에 생성형 AI 시스템의 사용을 금지하기에 이르렀다.

고객 데이터의 외부 전송 우려는 특히 법률 업계처럼 고객의 민감한 민형사 정보를 다루는 영역에서는 심각한 문제가 아닐 수 없다. 이에 대한 대책으로 LLM을 계속 사용하면서도 보안에 대해 매우 엄격한 규칙을 적용하고 감시를 하자는 의견이 있지만, 이러한 접근 방법에 회의적인 기업은 준대형 언어 모델(sLLM, Sub Large Language Model)의 도입을 통해 AI 기술의 혜택을 누리면서도 보안에 대한 우려를 해소하려고 한다.

sLLM은 LLM의 장점을 유지하면서도 더 적은 자원을 사용하여 운영될 수 있는 모델이다. 이러한 모델은 특정 분야나 특정 작업에 최적화되어 더 빠르고 효율적인 처리 능력을 보여준다. 예를 들어, 특정 산업군의 데이터만 학습한 sLLM은 더 적은 데이터와 컴퓨팅 자원을 필요로 하므로 중소기업이나 스타트업에서도 쉽게 도입할 수 있다.

최근에는 사용자의 디바이스에서 직접 실행되는 소형 언어 모델들도 주목받는다. 구글은 2023년 12월 sLLM인 제미나이 나노(Gemini Nano)를, 2024년 2월에는 젬마(Gemma)를 출시하며 sLLM 경쟁에 가세했다. 프랑스의 미스트랄 AI(Mistral AI)는 2023년 12월에 미스트랄 7B(Mistral 7B)를 출시했다. MS는 2024년 1월 파이-3미니(Phi-3 Mini)를, 메타는 2024년 1월 라마3(Llama 3)를 공개했다. 국내에서는 삼성전자의 삼성가우스(Samsung Gauss), 업스테이지의 솔라(Solar), 모레(Moreh)의 모모70B(MoMo-70B) 모델 등이 sLLM이다.

매개변수는 AI 모델이 얼마나 많은 복잡한 명령어를 이해할 수 있는지를 나타낸다. LLM의 경우 매개변수가 1천억 개 이상인데 반해, sLLM의 경우 매개변수가 수억 개에서 수십억 개 정도이다. 제미나이 나노와 젬마, 미스트랄7B, 파이-3미니, 라마3의 매개 변수는 각각 18억 개, 20~70억 개, 450억 개, 38억 개, 80~700억 개 수준이다.

sLLM에 관련된 다음과 같은 몇 가지 주요 특징과 장점을 정리해보자.

첫 번째, 낮은 컴퓨팅 자원 요구와 에너지 효율성이다. 소형 모델들은 대형 모델들에 비해 적은 메모리와 전력으로도 높은 성능을 제공할 수 있다. 이는 특히 모바일 기기와 같은 제한된 자원을 가진 환경에서 매우 유리하다. 2023년 출시한 MS의 파이-2 모델은 27억 개의 파라미터만으로 구성되어 있지만, 최대 25배 더 큰 모델과 비슷한 성능을 보인다. 추론, 언어 이해, 코딩 벤치마크에서 700억 개의 파라미터로 구성된 라마2 모델보다도 성능이 뛰어났다[94]. 이처럼 성능 손실 없이도 더 효율적인 sLLM이 되도록 할 수 있는 다양한 연구가 진행 중이다. 큰 모델에서 핵심적인 지식만 뽑아내어 경량화하는 이른바 지식

증류(Knowledge Distillation) 기술, 모델에서 중복되는 부분을 제거하는 가지치기(Pruning)와 같은 기술은 계속 발전할 것으로 예상된다.

두 번째, 현재 sLLM의 성장 추세를 보면, 거의 모든 산업 분야에서 널리 채택될 가능성이 높아 보인다. 방대한 양의 데이터나 컴퓨팅 파워 없이도 맞춤화가 가능하기 때문에 특정 산업 또는 특정 작업 유형에 맞추어져 훈련될 수 있다. 이를 통해 특정 요구 사항에 더욱 정확하게 대응할 수 있는 AI 솔루션 제공이 가능하다. 이러한 방법은 기업이나 개인이 자신의 데이터를 외부에 공개하지 않고도 자체적으로 모델을 훈련시킬 수 있다는 장점이 된다.

세 번째, IoT 디바이스와 모바일 기술이 계속 발전됨에 따라 sLLM은 온디바이스 AI(OnDevice AI) 애플리케이션을 실행하는 데에도 이상적이며 데이터를 로컬에서 처리하여 더 빠른 응답과 향상된 개인 정보 보호를 제공하는 데도 유용하다. 본질적으로 sLLM의 미래는 다양한 애플리케이션에 통합되어 그 유용성과 AI 기술의 전반적인 환경을 향상시키는 방향으로 진행될 것으로 예상된다. 온디바이스 AI가 발전할수록 sLLM에 대한 관심이 증가할 것이다.[93]

sLLM의 발전은 기술적 장벽을 낮추고 AI 기술의 보급을 더욱 가속화할 것으로 기대된다. 특히 데이터 민감성이 높거나, 비용 및 자원 효율성이 중요한 분야에서 큰 잠재력을 가지고 있다. 시장조사기관 밸류에이츠 리포트(Valuates Reports)에 따르면, sLLM 시장 규모는 2022년 51억 8천만 달러에서 2029년 171억 8천만 달러로 연평균 22.6%로 성장할 것으로 보았다. 이는 향후 5년간 sLLM 시장이 매년 두 배 이

상 성장할 것이라는 예측이다.[95]

그리고 클라우드 기반 LLM과 sLLM 방식을 병행하여 사용하는 경우, 각 방식의 장점을 최대한 활용하면서 단점을 보완하는 전략을 수립해야 한다. 예를 들어, 민감한 데이터는 자체 구축한 인프라에서 처리하고, 일반적인 데이터 처리나 비용 효율이 중요한 작업은 클라우드 LLM을 활용하는 식이다.

온디바이스 AI와 sLLM 결합

온디바이스 AI는 데이터를 클라우드로 전송하지 않고도 현장에서 즉시 처리할 수 있는 기술을 의미한다. 이는 개인 정보 보호와 실시간 처리가 필요한 다양한 상황에서 큰 이점을 제공한다. sLLM은 소형 언어 모델로 기존의 대형 언어 모델보다 훨씬 적은 자원을 사용하면서도 유사한 수준의 성능을 제공하는 기술이다. 이 두 가지 기술의 결합은 여러 면에서 혁신적인 변화를 가져온다.

온디바이스 AI는 챗GPT와 같은 LLM을 기반으로 하는 AI와 작동 방식이 완전히 다르다. 큰 규모의 LLM은 클라우드를 통해 원격지에 있는 데이터센터의 서버 등 컴퓨팅 자원을 바탕으로 연산한 뒤 결과 값을 넘겨 받는다. 하지만 온디바이스 AI는 데이터를 클라우드로 전송하지 않고 로컬 디바이스에서 처리한다. 즉, 정보를 서버로 보내지 않고 자체적으로 정보를 모으고 연산한다. 디바이스 내에서 구현되도록 AI가 가벼워진 것이라 할 수 있다.

　스마트폰과 같은 모바일 기기에 탑재된 온디바이스 AI는 사용자 데이터를 실시간으로 처리하고 개인화된 서비스를 제공할 수 있다. 여기에 sLLM이 결합되면 디바이스는 더 복잡한 자연어 처리 능력을 갖추게 되면서 정교한 사용자 경험의 제공이 가능해진다. 실제 삼성전자는 2024년 초 스마트폰 갤럭시 S24에 자체 LLM인 삼성가우스를 가볍게 해, 온디바이스 AI를 구현했다. 삼성전자 외에도 구글에서 개발한 젬마는 매개 변수가 적어 노트북, PC, 모바일 기기 등에서도 실행이 가능하다. 젬마는 스마트폰에서의 음성 명령 처리, 번역, 요약 등에도 활용된다.

　스마트 홈 시스템에서 온디바이스 AI는 다양한 IoT 기기를 제어하고 모니터링하는 역할을 한다. 여기에 탑재된 sLLM은 사용자의 명령을 이해하고 이에 적합한 응답을 제공하는 역할을 한다. 이러한 조합은 사용자가 더 자연스럽고 직관적으로 기기를 제어할 수 있게 도와준다. 그리고 데이터가 로컬에서 처리되므로 개인정보 보호 측면에서도 장점이 있다.

　또 다른 예로 헬스케어 분야에서의 온디바이스 AI와 sLLM의 결합도 활발히 연구중이다. 일종의 웨어러블 디바이스는 사용자의 건강 데이터를 실시간으로 모니터링하고 sLLM은 이러한 데이터를 분석하여 개인 맞춤형 건강 조언을 제공한다. 심박수나 운동 데이터를 기반으로 한 운동 계획을 제안하거나 특정 증상에 대한 건강 정보를 실시간으로 제공한다.

정리하면, 온디바이스 AI와 sLLM의 결합은 다음과 같은 장점을 제공한다.

- **개인정보 보호 강화:** 데이터가 기기를 떠나지 않기 때문에 사용자의 개인정보를 잘 보호할 수 있다.
- **지연 시간 감소:** 네트워크 통신이 필요 없어 응답 시간이 빨라진다.
- **오프라인 작동:** 인터넷 연결이 없는 환경에서도 AI 기능을 사용할 수 있다.
- **에너지 효율성:** 대규모 데이터 전송이 필요 없어 배터리 수명을 절약할 수 있다.

그러나 한계도 있다. sLLM은 대규모 모델에 비해 성능이 제한적일 수 있으며, 복잡한 작업에는 여전히 클라우드 기반의 대규모 모델을 필요로 한다. 또한 태생적으로 제한된 기기의 컴퓨팅 능력과 메모리로 인해 모델의 규모와 능력에 제약이 있을 수 있다.

이러한 도전에도 불구하고, 온디바이스 AI와 sLLM의 결합은 사용자 경험에 있어 중요한 전환점을 이룰 것이며 엣지 컴퓨팅과 AI의 미래를 형성하는 중요한 요소가 될 것이다. 이는 결과적으로 더 스마트하고, 더 빠르며, 더 안전한 AI 애플리케이션의 개발을 가능하게 한다.

에필로그

2022년 11월, 챗GPT 서비스가 출시된 후부터 지금까지 AI 산업 관계자들이 모인 단톡방은 단 하루도 조용한 날이 없었다. 멤버의 수도 100명 남짓에서 600명을 넘어섰다. 멤버 중 누군가가 실리콘밸리 쪽에서 날아온 뉴스를 올린다. 대부분 빅테크가 발표한 대규모 언어 모델의 새 버전에 관한 기사이다. 이러한 뉴스에 누군가는 탄성을 지르고, 또 누군가는 우리의 현실에 한숨을 내쉰다. 페이스북에서는 하루가 멀다 하고 새로운 포럼이나 컨퍼런스 공고가 나붙는다. 이처럼 생성형 AI 주변에는 바람 잘 날이 없다. 내가 책을 쓰는 내내 그랬다.

앞서 프롤로그에서 언급한 바와 같이, 여러 기업의 리더들은 생성형 AI가 산업 현장에 적용되어 비즈니스적으로 성공한 사례를 책으로 묶어 달라는 부담스러운 숙제를 안겨 주었다. 하지만 많은 작업이 요구되고 자료 수집도 만만치 않을 것으로 예상되어 책 쓰기를 고민했다. 하지만 결국에는 탈고의 순간까지 맞이하게 됐다. 이제는 부담스러웠던 숙제를 해결한 것 같아 마음이 한결 가볍다.

이 책에서 나는 생성형 AI가 어떻게 우리의 일상과 직무, 다양한 산업에 스며들었는지 살펴보았다. 기술의 발전은 늘 우리의 삶에 변화를 가져왔지만, 생성형 AI가 가져온 변화는 쓰나미급이라고 해도 과언이 아니다.

생성형 AI는 단순한 도구 이상의 역할을 한다. 창의성과 효율성의 경계를 허물고, 인간과 기계의 협업을 통해 새로운 가능성을 열어주는 촉매제 역할을 한다. 그리고 업무 효율성을 높이는 것을 넘어 새로운 가치를 창출하고, 비즈니스 모델에 파괴적 혁신을 가져오며, 새로운 직업군의 탄생을 촉진한다.

다양한 사례들을 살펴보면서 생성형 AI의 무궁무진한 가능성도 목격했다. 하지만 생성형 AI가 견인하는 혁신은 이제 시작에 불과하다. 많은 기업과 연구소에서는 이 기술의 다음 단계를 모색하며 새로운 생성형 AI 기술 개발에 박차를 가하고 있다. 현장의 변화에 민감한 기업과 산업계가 이러한 변화의 선봉에 서 있다.

향후 빠른 속도로 진화하는 대규모 언어 모델(LLM), 준대형 언어 모델(sLLM), 온디바이스 AI 등의 분야에서 생성형 AI가 가져올 변화는 그 속도와 깊이에서 지금과는 비교할 수 없을 만큼 혁신적일 것이다. 환각 없는 정확한 응답, 고객에게 정확하게 맞춤 된 금융, 의료, 교육 서비스를 제공하며, 더욱 정교한 언어 이해와 생성 능력을 보여줄 것이다. 특히 sLLM은 특정 작업에 최적화된 성능을 제공해 전문성을 높이고, 온디바이스 AI는 기기 내에서 실시간으로 처리되어 개인정보 보호와 빠른 응답성을 제공할 것이다. 이 모든 발전은 우리 삶의 질을 향상시키고, 산업 전반에 걸쳐 새로운 혁신과 가치를 만들 것이다.

생성형 AI의 발전과 적용은 앞으로도 숨 가쁘게 이어질 전망이다. 더 많은 산업 분야가 혁신의 물결에 올라탈 것이다. 생성형 AI의 잠재력은 현재까지 밝혀진 것보다 훨씬 더 클 수 있다. 앞으로의 여정은 더 흥미롭고, 더 다양한 가능성으로 가득 차 있다. 우리는 생성형 AI가 가져올 변화의 부작용을 경계하면서도 긍정적 변화에 대해서는 열린 자세를 취해야 한다. 이 기술이 가져올 미래를 준비하며 그 가능성을 최대한 활용해야 한다.

마지막으로 이 책을 읽게 될 독자 여러분께 감사를 전한다. 생성형 AI가 우리 삶에 어떤 변화를 가져오는지, 독자의 이해를 넓히는 데 큰 도움이 되었기를 바란다. 함께 만들어 갈 미래가 기대된다.

부록: 주요 생성형 AI 제품 목록

텍스트 생성

- **ChatGPT**: 사용자의 자연어 프롬프트에 대해 답변을 제공하는 AI 챗봇 및 콘텐츠 생성 도구로 오픈AI의 GPT-4 모델을 기반으로 작동한다.
- **Gemini(구 Bard, Google)**: 최신 LLM인 Gemini 1.0에 기반하며 구글의 실시간 검색 결과와 구글 앱 확장 기능에 연결되어 사용자의 질문에 대해 현재의 구글 검색 결과와 데이터를 제공한다.
- **Claude**: 앤스로픽이 개발한 LLM으로 ChatGPT와 유사한 기능을 제공하며, 사용자 질의에 대한 답변 생성, 대화 유지, 텍스트 분석 등의 다양한 작업을 수행할 수 있다. Claude는 안전성과 윤리성을 중시하며 AI의 책임 있는 사용을 촉진하기 위해 다양한 규범과 가이드라인을 따르고 있다. 지속적으로 개선되고 있으며, 최신 버전은 Claude 3 모델군에 속한다.
- **Mistral**: 프랑스 스타트업 Mistral이 개발한 LLM으로 여러 언어를 지원하며 기업과 연구자들이 쉽게 통합하여 사용할 수 있다. 특히 연구 및 개발 분야에

서의 텍스트 분석과 생성 작업에 유용하다.
- **Perplexity**: 실시간 웹 검색(엔진)으로 추출한 최신 정보를 기반으로 사용자 질문에 대해서 직접적이고 종합적인 답변을 제공한다. 답변의 출처를 함께 제시하여 정보의 신뢰성을 높이고 사용자가 추가 질문을 통해 대화를 이어갈 수 있다. 다양한 언어 모델을 활용하며 이미지와 동영상 검색 기능도 제공한다. 빠른 응답 속도와 정확성으로 사용자들에게 호평을 받고 있으며 전통적인 검색 엔진의 대안으로 주목받고 있다.
- **Solar**: 업스테이지가 개발한 LLM으로 107억 개의 매개변수를 가지고 있으며 2023년 12월 허깅페이스의 오픈 LLM 리더보드에서 세계 1위를 차지하며 글로벌 최고 성능을 가진 모델로 인정받았다. 주요 장점으로는 높은 성능과 효율성, 뛰어난 한국어 처리 능력, 다양한 기능, 도메인 특화 등을 들 수 있다. 특히 기업 데이터 학습을 통해 정보 유출과 환각 현상을 방지하는 프라이빗 LLM을 지향하며 다양한 산업 분야에 맞춤형으로 적용할 수 있는 유연성을 갖고 있다.
- **Jasper**: 오픈AI의 GPT 모델을 사용한 AI 기반 콘텐츠 생성형 플랫폼으로 다양한 유형의 텍스트를 자동으로 생성할 수 있다. 마케팅 자료, 블로그 포스트, 광고 문안 등을 손쉽게 작성할 수 있으며 사용자의 지시에 따라 특정 스타일과 톤으로 텍스트를 조정할 수 있다.
- **Neuroflash**: 독일의 AI 소프트웨어로 주로 독일어 텍스트 생성에 최적화되어 있으며 블로그 게시물, 소셜 미디어 포스트, 제품 설명 등 다양한 형식의 콘텐츠를 생성할 수 있는 100개 이상의 텍스트 템플릿을 제공한다.
- **Writesonic**: GPT-3 및 GPT-4 기반으로 작동하며 다양한 종류의 텍스트 템플릿을 제공하는 AI 텍스트 생성기다. Writesonic은 특히 카피, 캡션, 소셜 미디어 포스트, 이메일 등 다양한 콘텐츠 생성에 유용하다.
- **Grammarly**: 주로 텍스트의 교정과 개선을 목적으로 하는 AI 도구로 사용자의 의사소통 맥락을 이해하고 고품질의 관련 콘텐츠를 생성하는 데 초점을 맞추고 있다. 콘텐츠 생성 기능이 있지만 주로 텍스트 교정에 더 중점을 두고 있다.
- **Copilot**: 마이크로소프트365의 일부로 업무 효율성과 비즈니스 결과를 개선

하는 데 도움을 주는 AI 도구이다. Teams, Word, Excel, PowerPoint 등 다양한 마이크로소프트 앱에 통합되어 작업을 자동화하고 최적화하는 기능을 갖고 있다.

- **Cohere Generate:** 코히어(Cohere)사가 개발한 자연어 처리 AI 도구로 텍스트 생성, 요약, 분류 등 다양한 언어 작업을 수행할 수 있으며, 기업이나 개발자가 자신의 응용 프로그램에 쉽게 통합하여 사용할 수 있다.
- **HIX.AI:** 싱가포르에 본부를 두고, GPT-3.5와 GPT-4 언어 모델을 기반으로 다양한 콘텐츠 생성을 지원하며, 120개 이상의 글쓰기 도구를 제공한다.
- **LLaMA:** 메타(구 페이스북)에서 개발한 대규모 언어 모델로 GPT 모델과 유사하게 트랜스포머 아키텍처를 기반으로 하며, 여러 크기(7B에서 65B매개변수)로 제공된다. 이 모델은 오픈소스로 공개되어 연구 및 상업적 목적으로 널리 사용되고 있으며 다국어 지원과 효율적인 학습 능력으로 주목받고 있다.
- **HyperCLOVA X:** 네이버 클라우드가 발표한 LLM으로, 네이버의 방대한 한글 데이터를 학습하여 한국어 처리에 특화된 성능을 가지고 있다. 정보 검색, 콘텐츠 생성, 번역 등 다양한 분야에서 활용될 수 있다. 하이퍼클로바X는 기업들이 자체 데이터와 결합하여 맞춤형 AI 서비스를 개발할 수 있도록 지원해AI 생태계를 확장하고 다양한 산업 분야와의 협력을 추진하고 있다.
- **Bloom:** 빅사이언스(BigScience) 프로젝트의 일환으로 허깅페이스(Hugging Face)와 여러 연구 기관이 협력하여 개발한 대규모 언어 모델이다. 다국어 지원이 특징이며 오픈 소스로 제공되어 다양한 연구와 상업적 용도로 활용될 수 있다.
- **Megatron-Turing NLG:** 엔비디아(NVIDIA)와 MS가 공동 개발한 대규모 언어 모델로 뛰어난 텍스트 생성 능력과 자연스러운 대화 능력을 제공한다.
- **GLM**General Language Model**:** 중국의 칭화대(Tsinghua University)와 Beijing Academy of Artificial Intelligence가 공동 개발한 다국어 지원 언어 모델이다. 다양한 언어에서 고품질의 텍스트 생성 및 자연어 처리 작업을 수행할 수 있다.

이미지 생성

- **DALL-E 2/3:** 정교한 이미지를 생성하며 광고, 디자인, 창작 미디어에 사용된다. 텍스트 설명을 기반으로 사실적이고 창의적인 이미지를 생성할 수 있다.
- **Midjourney:** 텍스트 입력을 토대로 고해상도 이미지를 생성하며 예술 작품 제작, 개념 예술, 디자인 등에 사용된다. 사용자 커뮤니티와의 활발한 상호작용이 특징이다.
- **Stable Diffusion:** Stability AI가 개발한 텍스트에서 이미지로 변환하는 오픈 소스 모델이다. 다양한 스타일과 주제를 생성할 수 있으며 개인과 연구 커뮤니티에서 광범위하게 사용된다.
- **Imagen(Google):** 다양한 응용을 지원하는 이미지 생성 도구로, 높은 해상도의 사실적 이미지를 생성한다. 자연어 설명을 기반으로 이미지 생성에 뛰어난 성능을 보인다.
- **Parti(Google):** 창의적인 이미지 생성 소프트웨어로 복잡한 텍스트 설명을 바탕으로 이미지를 생성한다. 실험적이며 다양한 예술적 표현을 지원한다.
- **Dream by WOMBO:** 창의적인 이미지 생성 플랫폼으로 사용자가 직접 창의적인 이미지를 생성할 수 있다. 다양한 스타일과 주제를 지원하여 예술적 표현에 유용하다.
- **Disco Diffusion(개발자 커뮤니티):** 웹 앱을 통해 이미지 생성을 제공하며 개인 프로젝트, 예술, 연구에 활용된다. 오픈 소스 프로젝트로 사용자 커뮤니티에서 발전시킨 모델이다.
- **Runway ML:** 예술적, 창의적 이미지 생성을 위한 툴킷으로 다양한 디지털 미디어 제작에 활용된다. AI 모델을 쉽게 사용할 수 있는 인터페이스를 제공한다.
- **Lensa**Prisma Labs**:** 이미지 개선 및 변환을 위한 AI 기반 도구로 사진 품질 향상 및 스타일 변화에 쓰인다. 개인 사진을 편집하고 보정하는 데 특화되어 있다.
- **Artbreeder:** GAN을 활용한 이미지 혼합 플랫폼으로 사용자들이 이미지를 혼합하고 변형하여 새로운 이미지를 생성할 수 있다. 예술가, 디자이너 및 일반 사용자들에게 인기가 많다.

- **DeepArt:** 딥러닝을 사용하여 사진을 예술 작품처럼 변환하는 이미지 처리 도구이다. 다양한 예술가의 스타일을 적용하여 독특한 이미지를 생성할 수 있다.

음악 생성

- **MuseNet(OpenAI):** AI를 이용해 다양한 장르의 음악을 작곡하고 생성한다. 클래식, 재즈, 팝, 록 등 여러 장르를 지원하며, 음악 교육과 창작 지원에 사용된다.
- **Jukebox(OpenAI):** 음악 생성 및 작곡 플랫폼으로 다양한 스타일의 음악을 AI가 자동으로 작곡한다. 음성 합성 기능도 포함되어 있으며 엔터테인먼트 산업에 활용된다.
- **AIVA:** 클래식 음악을 작곡하는 AI로 영화 음악이나 게임 음악 제작에 주로 사용된다.
- **Amadeus Code:** 멜로디 생성 및 작곡 도구로 사용자가 쉽게 멜로디를 만들 수 있도록 돕는다. 아이디어를 빠르게 스케치하는 데 유용하다.
- **Harmonai:** 음악 작곡 및 화음 조화를 위한 AI로 음악적 조화를 자동으로 생성한다. 디지털 오디오 워크스테이션과 통합하여 사용할 수 있다.
- **Endel:** AI가 생성한 사운드스케이프 및 음악을 제공하여 사용자의 집중력 향상, 휴식, 수면 등에 도움을 준다. 개인화된 환경 소리를 생성한다.
- **Dream by WOMBO:** 창의적인 음악 생성 플랫폼으로 사용자 입력에 따라 독특한 음악을 생성한다. 비주얼 아트와 음악을 결합한 콘텐츠를 제작할 수 있다.
- **Runway ML:** 음악 및 사운드 생성을 위한 AI 도구 키트로 다양한 오디오 효과와 음악을 만들 수 있다. 비디오 편집 등과 함께 사용할 수 있다.
- **Mubert:** 사용자의 입력에 기반하여 개인화된 음악을 실시간으로 생성한다. 스트리밍, 게임, 라이브 이벤트에 활용된다.
- **Soundful:** AI 기반 음악 생성 플랫폼으로 사용자가 쉽게 고유한 음악 트랙을 만들 수 있게 한다. 다양한 장르와 분위기의 음악을 제공한다.
- **Splash Pro:** AI를 활용한 음악 제작 도구로 비트와 멜로디를 자동 생성한다. 초보자도 쉽게 음악을 만들 수 있도록 돕는다.

- **Beatoven AI**: 사용자가 원하는 감정과 스타일에 맞는 음악을 AI가 생성하는 서비스이다. 다양한 분위기의 음악 트랙을 쉽게 생성할 수 있다.
- **Loudly**: 음악 제작 플랫폼으로 AI가 다양한 장르의 음악 트랙을 제공하며, 사용자 편집 기능도 포함되어 있다.
- **SoundDraw**: AI를 이용해 그림 입력으로 음악을 생성하는 독특한 접근 방식을 제공한다. 시각 예술과 음악을 결합한 창작에 유용하다.
- **Boomy AI**: AI를 통해 누구나 쉽게 자신만의 음악을 만들고 발표할 수 있는 플랫폼이다. 다양한 스타일과 장르를 지원한다.
- **Melodrive**: 실시간으로 감정에 맞춘 음악을 생성하는 AI이다. 비디오 게임, VR/AR 애플리케이션 등에 사용된다.
- **Alysia**: AI 기반 음악 작곡 도구로 가사와 멜로디를 자동으로 생성한다. 뮤지션들이 쉽게 곡을 작성할 수 있도록 돕는다.
- **Soundraw**: 사용자가 원하는 스타일과 기분에 맞춰 AI가 음악을 생성하는 도구다. 다양한 미디어 콘텐츠 제작에 사용된다.
- **Orb Composer**: AI 기반 작곡 소프트웨어로 클래식, 재즈, 록 등 다양한 장르의 음악을 작곡할 수 있다. 작곡가와 음악 프로듀서들을 위한 도구다.
- **Popgun**: AI가 자동으로 반주를 생성해주는 도구로 작곡가가 멜로디를 입력하면 그에 맞는 반주를 제공한다. 음악 창작 과정을 단순화한다.

비디오 생성

- **Runway ML**: 비디오 생성을 위한 창의적 도구 키트로 영상 제작과 편집에 AI 기술을 활용한다. 이미지 및 비디오 생성, 편집, 효과 적용 등을 지원한다.
- **Synthesia**: 리얼한 합성 비디오를 생성하는 AI로 교육, 마케팅 등 다양한 분야에서 사용된다. AI 아바타를 통해 여러 언어로 비디오 콘텐츠를 제작할 수 있다.
- **Lumen5**: 비디오 생성 및 마케팅 도구로 소셜 미디어 및 광고 비디오 제작에 이용된다. 블로그 포스트를 자동으로 비디오로 변환하는 기능을 제공한다.
- **Biteable**: 애니메이션 비디오 제작 플랫폼으로 쉽게 매력적인 비디오를 만들

수 있다. 다양한 템플릿과 사용자 친화적인 인터페이스를 제공한다.
- **InVideo:** AI 기반 비디오 제작 및 편집 플랫폼으로 사용자 친화적인 도구를 제공한다. 비즈니스, 마케팅, 소셜 미디어 콘텐츠 제작에 적합하다.
- **Animaker:** DIY 비디오 제작 도구로 애니메이션 기능을 통해 직접 비디오를 만들 수 있다. 다양한 캐릭터, 배경, 소품 등을 사용하여 애니메이션 비디오를 제작할 수 있다.
- **Wideo:** 마케팅 및 설명 비디오 제작 도구로 비즈니스 프레젠테이션과 광고에 사용된다. 다양한 템플릿과 애니메이션 기능을 제공한다.
- **PowToon:** 비즈니스 및 교육용 비디오 제작을 위한 플랫폼으로 다양한 템플릿과 애니메이션을 제공한다. 프레젠테이션, 튜토리얼, 마케팅 비디오 등에 사용된다.
- **Vyond:** 애니메이션 및 비디오 제작 소프트웨어로 교육적이거나 비즈니스 목적의 비디오를 만들 때 사용된다. 사용자가 캐릭터와 장면을 쉽게 커스터마이즈할 수 있다.
- **DeepBrain:** AI 기반의 리얼타임 영상 생성 도구로 뉴스, 프레젠테이션, 교육 콘텐츠 등에 사용된다. 텍스트를 입력하면 AI 아바타가 자동으로 영상을 생성한다.
- **Magisto^{Vimeo}:** AI 기반 비디오 편집 및 제작 도구로 사진과 비디오 클립을 자동으로 분석하고 편집하여 완성도 높은 비디오를 만든다. 소셜 미디어 콘텐츠 제작에 유용하다.
- **Pictory:** AI를 활용한 비디오 생성 및 편집 도구로 텍스트를 비디오로 변환하는 기능을 제공한다. 마케팅 및 소셜 미디어 콘텐츠 제작에 적합하다.
- **Rephrase.ai:** 텍스트를 입력하면 AI 아바타가 해당 내용을 비디오로 생성한다. 개인화된 마케팅 비디오, 교육 비디오 등 다양한 용도로 활용된다.

코드 생성

- **GitHub Copilot:** GitHub와 OpenAI가 공동 개발한 프로그래머를 위한 AI 도

우미로 코드 작성을 돕고 작업 효율성을 향상시킨다. 다양한 프로그래밍 언어를 지원하며 자동 완성, 코드 스니펫 제공, 문서 작성 등의 기능을 제공한다.

- **AlphaCode:** DeepMind에 의해 개발된 AI 코드 생성 도구로 복잡한 프로그래밍 문제를 해결하는 데 사용된다. 코딩 대회 문제를 해결할 수 있는 수준의 성능을 가진다.
- **TabNine:** Codota가 개발한 스마트 코드 자동완성 도구로 코딩 시간을 단축하고 정확도를 높여준다. 다양한 프로그래밍 언어와 통합되며, 개발자의 코드 작성 속도를 높인다.
- **Kite:** 독립적으로 개발된 AI 기반의 코드 완성 및 제안 도구로 개발자의 코딩을 실시간으로 지원한다. Python을 비롯한 여러 언어를 지원하며 머신러닝 모델을 사용해 코드 예측을 제공한다.
- **Codota:** 자바 개발자를 위한 AI 코드 제안 도구로 자바 코딩의 정확성과 효율성을 높여준다. 다양한 코드 예제와 함께 실시간 코드 제안을 제공한다.
- **Copilot.ai:** 개발자의 코드 제안과 생성을 지원하는 AI 도구로 개발 작업을 간소화한다. GitHub Copilot과 혼동될 수 있으므로 명확한 출처가 필요하다.
- **Deepcode:** Snyk에 의해 개발된 AI 도구로 소프트웨어 코드의 품질과 보안을 개선하는 데 사용된다. 코드 분석을 통해 잠재적인 버그와 보안 취약점을 식별한다.
- **Kite Copilot:** Kite에서 개발한 AI 보조 코딩 도구로 코드 작성을 향상시키고 개발자의 코딩 경험을 개선한다.
- **Replit Ghostwriter:** Replit 플랫폼에서 제공하는 AI 기반 코드 생성 도구로 실시간 코드 제안 및 자동 완성을 제공한다. 다양한 프로그래밍 언어를 지원하며 온라인 코딩 환경에서 사용하기 좋다.
- **CodeT5:** Salesforce Research에서 개발한 AI 코드 생성 모델로 다양한 프로그래밍 언어를 지원하며 코드 완성, 코드 변환, 코드 생성 등을 제공한다.
- **PolyCoder:** 카네기 멜론 대학에서 개발한 AI 코드 생성 도구로 다양한 프로그래밍 언어에서 고성능의 코드 예측을 제공한다. 주로 연구 목적으로 사용된다.
- **PonyAI:** 코드 생성 도구로 자율 주행 소프트웨어 개발에 특화되어 있다. 자율

주행 차량의 알고리듬 개발을 지원한다.
- **CodeWP:** WordPress 개발자를 위한 AI 코드 생성 도구로 WordPress 플러그인 및 테마 개발을 지원한다. PHP, JavaScript 등을 지원하며 WordPress 환경에 최적화된 코드 제안을 제공한다.

참고 문헌

1 Maufe, Z. Five generative AI use cases for the financial services industry. Google Cloud Blog https://cloud.google.com/blog/topics/financial-services/five-generative-ai-use-cases-financial-services-industry?hl=en (2023).
2 CustomGPT.ai. The ChatGPT Plugin Store: Is It Really "The Next App Store?" CustomGPT.ai https://customgpt.ai/chatgpt-plugin-store-overview/ (2023).
3 Wilson, J. How can HR professionals benefit from use of generative AI? Human Resources Director https://www.hcamag.com/ca/specialization/hr-technology/how-can-hr-professionals-benefit-from-use-of-generative-ai/457378 (2023).
4 Linkedin Talent Solutions. Linkedin https://business.linkedin.com/talent-solutions.

5   Galer, S. GenAI-Powered Recruiters Boost Qualified Candidate Pools By 55%. Forbes https://www-forbes-com.cdn.ampproject.org/c/s/www.forbes.com/sites/sap/2023/12/04/genai-powered-recruiters-boost-qualified-candidate-pools-by-55/amp/ (2023).

6   Silbiger, S. The Pymetrics Games – Overview and Practice Guidelines. Oxford University Careers Service https://www.careers.ox.ac.uk/article/the-pymetrics-games-overview-and-practice-guidelines (2021).

7   Marr, B. The Amazing Ways How Unilever Uses Artificial Intelligence To Recruit & Train Thousands Of Employees. https://bernardmarr.com/the-amazing-ways-how-unilever-uses-artificial-intelligence-to-recruit-train-thousands-of-employees/ (2024).

8   Unleashing AI in Unilever: A HR Case Study. https://www.toolify.ai/ai-news/unleashing-ai-in-unilever-a-hr-case-study-450814#google_vignette (2024).

9   Naidu, R. & Coulter, M. From Mad Men to machines? Big advertisers shift to AI. Reuters https://www.reuters.com/technology/mad-men-machines-big-advertisers-shift-ai-2023-08-18/ (2023).

10 Fong, J. 'Create Real Magic' Contest: Coca-Cola's AI-Powered Journey into Creativity. medium https://medium.com/@janicefong/create-real-magic-contest-coca-cola-s-ai-powered-journey-into-creativity-ab6149e2cfcc (2023).

11 현대자동차, 생성형 AI 기술 활용한 '디 올 뉴 싼타페' 디지털 캠페인 컴필레이션 영상 공개. NewsWire https://www.newswire.co.kr/newsRead.php?no=975678 (2023).

12 고민서 & 성승훈. "드디어 올 것이 왔다"…'초거대 AI' 투입한다는 LG 공장 확 달라진다는데. 매일경제 https://m.mk.co.kr/news/it/10960951 (2024).

13 Wolfe, L. How AI-Powered Generative Design is Revolutionizing

the Way We Design Products. medium https://medium.com/@lunawolfe01/how-ai-powered-generative-design-is-revolutionizing-the-way-we-design-products-b24cef864ac7 (2023).

14. How U. S. Steel Uses Generative AI for Manufacturing. TOMORROW'S WORLD TODAY https://www.tomorrowsworldtoday.com/artificial-intelligence/how-u-s-steel-uses-generative-ai-for-manufacturing/ (2023).

15. U. S. Steel Aims to Improve Operational Efficiencies and Employee Experiences with Google Cloud's Generative AI. World Steel Association (2023).

16. US Steel. PROCESS IMPROVEMENTS. US Steel (2024).

17. Generative artificial intelligence takes Siemens' predictive maintenance solution to the next level. Siemens https://press.siemens.com/global/en/pressrelease/generative-artificial-intelligence-takes-siemens-predictive-maintenance-solution-next (2024).

18. NikeDesignGPT-Free Custom Nike Shoe Design. Yeschat.ai https://yeschat.ai/gpts-2OToEhpRYt-NikeDesignGPT.

19. Westerman, C. What Is Matterport? https://www.hometrack.net/blog/what-is-matterport (2023).

20. Lauter, C. Matterport Genesis uses generative AI to design on-demand. Geo Week News https://www.geoweeknews.com/news/matterport-genesis (2023).

21. Matterport Editorial Team. Matterport Announces Genesis: A Generative AI Initiative to Transform How Buildings are Designed, Built, and Managed. GlobeNewsWire https://www.globenewswire.com/en/news-release/2023/06/14/2688136/0/en/Matterport-Announces-Genesis-A-Generative-AI-Initiative-to-Transform-

How-Buildings-are-Designed-Built-and-Managed.html (2023).

22 Bogdan Sergiienko. Generative AI for Fraud Detection: A New Era in Financial Safeguarding for Higher Business Outcomes and Lower Chargebacks Read more at: https://masterofcode.com/blog/generative-ai-for-fraud-detection. master.of.code https://masterofcode.com/blog/generative-ai-for-fraud-detection (2024).

23 미래에셋 증권 AI 기반 자산관리 서비스로 차별화. 미래에셋 https://happy-everything.tistory.com/232 (2023).

24 최문수. 투자자 보호 선도한다…이석우號 두나무, 증권플러스 등 AI 도입 박차. WIKI KOREA http://www.wikileaks-kr.org/news/articleView.html?idxno=139973 (2023).

25 증권플러스 AI 투자친구 '우디' 출시. 두나무 https://blog.naver.com/dunamupr/223134071840 (2023).

26 김현태. 업비트 이상거래탐지 시스템, 고객 자산 1200억원 지켰다. 핀테크경제신문 https://www.fintechtimes.co.kr/news/article.html?no=39251 (2024).

27 Son, H. Morgan Stanley Kicks off Generative AI Era on Wall Street with Assistant for Financial Advisors. https://www.cnbc.com/2023/09/18/morgan-stanley-chatgpt-financial-advisors.html (2023).

28 Morgan Stanley to Launch AI-Powered Assistant for Financial Advisers. PYMNTS https://www.pymnts.com/artificial-intelligence-2/2023/morgan-stanley-to-launch-ai-powered-assistant-for-financial-advisors/ (2023).

29 Research and Development in the Pharmaceutical Industry. Congressional Budget Office https://www.cbo.gov/publication/57126 (2021).

30 Simulations 2.0: The Role of Generative AI in Creating Accurate and

Reliable Models. The Digital Twin Digest | Medium https://medium.com/@thedigitaltwindigest/simulations-2-0-the-role-of-generative-ai-in-creating-accurate-and-reliable-models-b6e45d91d0ba (2023).

31. Gupta, A. & Waldron, A. A responsible path to generative AI in healthcare. Google Cloud https://cloud.google.com/blog/topics/healthcare-life-sciences/sharing-google-med-palm-2-medical-large-language-model?hl=en (2023).

32. Ahmad, W., Ali, H., Shah, Z. & Azmat, S. A new generative adversarial network for medical images super resolution. Scientific Reports 2022 12:1 12, 1–20 (2022).

33. Krenmayr, L. et al. GANerAid: Realistic synthetic patient data for clinical trials. Inform Med Unlocked 35, 101118 (2022).

34. Fox, A. Physician burnout is at an all-time high, says AMA. Healthcare IT News https://www.healthcareitnews.com/news/physician-burnout-all-time-high-says-ama (2022).

35. Generative AI in Healthcare: Current and Future Applications. YouTube https://www.youtube.com/watch?v=3OGpbWLQQbo.

36. Nuance and Epic Expand Ambient Documentation Integration Across the Clinical Experience with DAX Express for Epic. Nuance https://news.nuance.com/2023-06-27-Nuance-and-Epic-Expand-Ambient-Documentation-Integration-Across-the-Clinical-Experience-with-DAX-Express-for-Epic (2023).

37. Halleman, S. 마이크로소프트, Epic partner to integrate Azure OpenAI into EHRs. Healthcare Dive https://www.healthcaredive.com/news/마이크로소프트-epic-azure-open-ai-partnership-ehrs/647784/ (2023).

38. Pifer, R. 마이크로소프트's Nuance integrates GPT-4 into medical scribe. Healthcare Dive https://www.healthcaredive.com/news/마이크로소프트s-nuance-gpt-4-medical-scribe/645534/ (2023).

39 Bevz, R. AWS HealthScribe and Bedrock: introducing generative AI into healthcare. avenga https://www.avenga.com/magazine/aws-healthscribe-and-bedrock/ (2023).

40 BioNeMo | Generative AI Platform | NVIDIA. https://www.nvidia.com/en-eu/clara/bionemo/.

41 Powell, K. NVIDIA BioNeMo Enables Generative AI for Drug Discovery on AWS. NVIDIA https://blogs.nvidia.com/blog/bionemo-on-aws-generative-ai-drug-discovery/ (2023).

42 고은이. 법률 AI시대 성큼…"변호사 업무 싹 바뀐다". 한국경제 (2024).

43 O'Grady, J. LexisNexis Report: What Every C Suite Leader Needs to Know about Legal AI. Dewey B Strategic https://www.deweybstrategic.com/2024/01/lexisnexis-report-what-every-c-suite-leader-needs-to-know-about-legal-ai.html (2024).

44 Thomson Reuters debuts Westlaw Precision. Thomson Reuters https://www.thomsonreuters.com/en/press-releases/2022/september/thomson-reuters-debuts-westlaw-precision.html (2022).

45 Brooker, C. Thomson Reuters Introduces Westlaw Precision: 10 Key Takeaways. Thomson https://www.legalcurrent.com/thomson-reuters-introduces-westlaw-precision-10-key-takeaways/ (2022).

46 Wilkins, S. Casetext Introduces AI Legal Assistant CoCounsel, Incorporating Most Advanced Models From OpenAI. Law.com https://www.law.com/legaltechnews/2023/03/01/casetext-introduces-ai-legal-assistant-cocounsel-incorporating-most-advanced-models-from-openai/ (2023).

47 Marr, B. How Generative AI Is Used To Fight Miscarriages Of Justice At The California Innocence Project. Forbes https://www.forbes.com/sites/bernardmarr/2023/10/06/how-generative-ai-is-used-to-fight-miscarriages-of-justice-at-the-california-innocence-

project/?sh=3390b25b61fd (2023).

48 Hill, C. Thomson Reuters acquires legal research challenger Casetext for $650m. Legal IT Insider https://legaltechnology.com/2023/06/27/thomson-reuters-acquires-legal-research-challenger-casetext-for-650m/ (2023).

49 O'Grady, J. LegalOn Launches Gen AI Assistant for Contract Questions, Summarization, and Drafting. Dewey B Strategic https://www.deweybstrategic.com/2024/02/legalon-launches-gen-ai-assistant-for-contract-questions-summarization-and-drafting.html (2024).

50 Marwaha, V. Introducing LegalOn Assistant: Generative AI for Contract Work. LegalOn Technologies https://www.legalontech.com/post/introducing-legalon-assistant (2024).

51 Browne, R. An AI just negotiated a contract for the first time ever — and no human was involved. CNBC (2023).

52 김태호. LG화학, 英루미넌스 'AI협상가' 도입…'국내기업 최초'. Newswave https://www.newswave.kr/news/articleView.html?idxno=511810 (2024).

53 양한주. 법원에 AI가 뜬다…올해 9월 '판결문 추천 AI' 첫 도입. 국민일보 https://www.kmib.co.kr/article/view.asp?arcid=0019086715&code=61121311&cp=nvhttps://news.kmib.co.kr/article/view.asp?arcid=0019086715&code=61121311&cp=nv (2024).

54 World premiere at CES: Volkswagen integrates ChatGPT into its vehicles. Volkswagen https://www.volkswagen-newsroom.com/en/press-releases/world-premiere-at-ces-volkswagen-integrates-chatgpt-into-its-vehicles-18048 (2024).

55 BMW Intelligent Personal Assistant | BMW ConnectedDrive | BMW UK. https://www.bmw.co.uk/en/topics/owners/bmw-

connecteddrive/intelligent-personal-assistant.html.

56 BMW at the Consumer Electronics Show (CES) 2024. BMW PRESSCLUB GLOBAL https://www.press.bmwgroup.com/usa/article/detail/T0438991EN_US/bmw-at-the-consumer-electronics-show-ces-2024 (2024).

57 Hammerschmidt, C. BMW, Valeo join forces for automated valet parking ⋯ eeNews Automotive https://www.eenewseurope.com/en/bmw-valeo-join-forces-for-automated-valet-parking/ (2023).

58 Pohrebniyak, I. Generative AI in Retail: Reshaping the Shopping to Boost Sales and ROI. master.of.code https://masterofcode.com/blog/generative-ai-in-retail (2024).

59 Stitch Fix. How We're Revolutionizing Personal Styling with Generative AI. https://newsroom.stitchfix.com/blog/how-were-revolutionizing-personal-styling-with-generative-ai/ (2024).

60 Duan, T. A New Era of Creativity: Expert-in-the-loop Generative AI at Stitch Fix | Stitch Fix Technology. Multithreaded https://multithreaded.stitchfix.com/blog/2023/03/06/expert-in-the-loop-generative-ai-at-stitch-fix/ (2023).

61 Wiggers, K. Wayfair's new app uses generative AI to transform your space. TechCrunch https://techcrunch.com/2023/07/25/wayfairs-new-app-uses-generative-ai-to-transform-your-space/ (2023).

62 Tan, N. Celebrate the Season with Decorify. WAYFAIR TECH BLOG https://www.aboutwayfair.com/careers/tech-blog/celebrate-the-season-with-decorify (2023).

63 Wayfair Announces Decorify App for Apple Vision Pro. Wayfair Investor Relations https://investor.wayfair.com/news/news-details/2024/Wayfair-Announces-Decorify-App-for-Apple-Vision-Pro/default.aspx (2024).

64 Carrefour integrates OpenAI technologies and launches a generative AI-powered shopping experience. Carrefour Group https://www.carrefour.com/en/news/2023/carrefour-integrates-openai-technologies-and-launches-generative-ai-powered-shopping (2023).

65 Bain helps Carrefour bring OpenAI's ChatGPT to its shoppers. Consultancy.eu https://www.consultancy.eu/news/8854/bain-helps-carrefour-bring-openais-chatGPT-to-its-shoppers (2023).

66 Generative AI in Gaming Market Size | CAGR of 23.3%. https://market.us/report/generative-ai-in-gaming-market/ (2024).

67 RivetAI. Script Breakdowns in the AI Era. Medium https://medium.com/@rivet.ai/script-breakdowns-in-the-ai-era-94dcd29790e7 (2024).

68 Text to Game: How does AI Assistant (Beta) redefine game creation? Yahaha Studios | medium https://medium.com/yahaha-studios/textto-game-how-does-ai-assistant-beta-redefine-game-creation-7ccfbbd51ef1 (2023).

69 joget. Generative AI and No-Code — A Match Made in Heaven. medium https://jogetworkflow.medium.com/generative-ai-and-nocode-a-match-made-in-heaven-ca6e5684d474 (2023).

70 Kelly, S. Beethoven's 10th Symphony Completed By AI: Premiere October 2021. udiscovermusic https://www.udiscovermusic.com/classical-news/beethovens-10th-symphony-ai/ (2021).

71 서예림. AI 시대 문화예술, 창작의 경계를 허물다. TheAI https://www.newstheai.com/news/articleView.html?idxno=5958 (2024).

72 이덕주. 애리조나주립대 실험…챗GPT가 수학·작문 가르친다. 매일경제 https://n.news.naver.com/article/newspaper/009/0005247359?date=20240120 (2024).

73 Alta. Knewton Alta https://www.wiley.com/en-us/education/alta (2023).

74 Singh, H. The Future of Learning: Generative AI in LMS - Instancy Learning Platform and Social Learning Network. Instancy https://www.instancy.com/the-future-of-learning-generative-ai-in-lms/ (2023).

75 Piedrahta, P. Essential Duolingo Statistics for 2024: Monthly Users, Revenue, and Time Spent. Cooljugator https://cooljugator.com/blog/duolingo-statistics/ (2023).

76 Ofgang, E. What is Duolingo Max? The GPT-4 Powered Learning Tool Explained by The App's Product Manager. Tech Learning https://www.techlearning.com/how-to/what-is-duolingo-max-the-gpt-4-powered-learning-tool-explained-by-the-apps-product-manager (2023).

77 The Transformative Role of Artificial Intelligence in the Publishing Industry. FADEL https://fadel.com/whitepaper-the-transformative-role-of-artificial-intelligence-in-the-publishing-industry/ (2023).

78 Can ChatGPT Help You Write Better Books? WRITERFUL BOOKS https://writerfulbooks.com/can-chatGPT-help-you-write-better-plots-and-page-turning-stories/ (2023).

79 Springer Nature uses generative AI to publish academic book. Research Information https://www.researchinformation.info/news/springer-nature-uses-generative-ai-publish-academic-book (2023).

80 AIFastCash. Forbes Unveils Adelaide: A Game-Changing Generative AI Search Tool. Medium https://aifastcash.medium.com/forbes-unveils-adelaide-a-game-changing-generative-ai-search-tool-0d6fa489ff0d (2023).

81 Digiday. Forbes is building more AI tools for its reporters. https://

digiday.com/media/forbes-built-a-robot-to-pre-write-articles-for-its-contributors/ (2023).

82 Kalim, F. Forbes doubles monthly visitors with Bertie, an AI-driven CMS. https://mediamakersmeet.com/forbes-doubles-monthly-visitors-with-bertie-an-ai-driven-cms/ (2019).

83 We-Curate. Hyper-Personalization with AI and AR: Revolutionizing the Beauty Industry. medium https://medium.com/@we-curate/hyper-personalization-with-ai-and-ar-revolutionizing-the-beauty-industry-496564aa8e11 (2023).

84 Cox, J. L'Oreal snaps up Canadian AI makeup company in digital push. Independent https://www.independent.co.uk/news/business/news/loreal-modiface-takeover-ai-makeup-beauty-digital-firm-virtual-augmented-reality-a8259301.html (2018).

85 Naveen. How 4 Companies Transformed with Generative AI Adoption. kommunicate https://www.kommunicate.io/blog/how-4-companies-transformed-with-generative-ai-adoption/ (2023).

86 Synthesio, I. How L'Or al Uses AI to Predict Consumer Trends and Stay Ahead of Competitors. Synthesio Weekly Insights https://www.linkedin.com/pulse/how-lor%C3%A9al-uses-ai-predict-consumer-trends-stay-ahead-competitors-/ (2022).

87 How L'Or al uses AI to stay ahead of its competition. https://www.digitalcommerce360.com/2022/02/24/how-loreal-uses-ai-to-stay-ahead-of-its-competition/.

88 Kim, Y. 뷰티산업의 경계를 넘어선 로레알. The Miilk https://www.themiilk.com/articles/ab3632b1c (2024).

89 Barber, G. The Generative AI Copyright Fight Is Just Getting Started. Wired (2023).

90 You Just Found Out Your Book Was Used to Train AI. Now What?

The Authors Guild https://authorsguild.org/news/you-just-found-out-your-book-was-used-to-train-ai-now-what/ (2023).

91 WEF. The Future of Jobs Report 2023. World Economic Forum https://www.weforum.org/publications/the-future-of-jobs-report-2023/ (2023).

92 Winn, Z. Startup accelerates progress toward light-speed computing. MIT News https://news.mit.edu/2024/startup-lightmatter-accelerates-progress-toward-light-speed-computing-0301 (2024).

93 김지현. 온디바이스AI 뜨자…LLM 대신 sLLM 급부. 한국일보 https://v.daum.net/v/20240302043152891 (2024).

94 Alford, A. 마이크로소프트 Announces Small Language Model Phi-2. InfoQ https://www.infoq.com/news/2023/12/마이크로소프트-llm-phi/ (2023).

95 변지희. "크고 비싼 LLM 대신 가성비 높은 sLLM"… 빅테크 개발 전쟁에 韓 기업들도 동참. 조선비즈 https://biz.chosun.com/it-science/ict/2024/05/03/TILI5ZARGVDX5JICKRAHP7H6RA/ (2024).

생성형 AI 산업별 활용 트렌드
: 기술에서 비즈니스로

초판 1쇄 발행 2024년 9월 23일

지은이 이호수

펴낸이 이승현
디자인 스튜디오 페이지엔

펴낸곳 좋은습관연구소
출판신고 2023년 5월 16일 제 2023-000097호

이메일 buildhabits@naver.com
홈페이지 buildhabits.kr

ISBN 979-11-93639-21-4 (13320)

- 이 책은 저작권법에 따라 보호받는 저작물이므로 무단 전재와 복제를 금지합니다.
- 이 책의 내용 전부 혹은 일부를 이용하려면 반드시 좋은습관연구소로부터 서면 동의를 받아야 합니다.
- 잘못된 책은 구매하신 서점에서 교환 가능합니다.

좋은습관연구소에서는 누구의 글이든 한 권의 책으로 정리할 수 있게 도움을 드리고 있습니다. 메일로 문의주세요.